Você Decide como Se Sente

o poder da escolha emocional

Gary McKay
Don Dinkmeyer

Você Decide como Se Sente

o poder da escolha emocional

TRADUÇÃO
Claudia Gerpe Duarte

2ª Edição

2004

EDITORA BEST SELLER

Título original: *How You Feel Is Up To You*

Coordenação editorial
Janice Flórido

Editores
Eliel Silveira Cunha
Fernanda Cardoso

Edição
Patricia Nina Chaves

Editoras de arte
Ana Suely S. Dobón
Mônica Maldonado

Revisão
Levon Yacubian

Editoração eletrônica
Dany Editora Ltda.

EDITORA NOVA CULTURAL LTDA.
Direitos exclusivos da edição em língua portuguesa no Brasil
adquiridos por Editora Nova Cultural Ltda.,
que se reserva a propriedade desta tradução.

EDITORA BEST SELLER
uma divisão da Editora Nova Cultural Ltda.
Rua Paes Leme, 524 – 10º andar
CEP 05424-010 – São Paulo – SP
www.editorabestseller.com.br

2004

Impressão e acabamento:
RR Donnelley
Fone: (55 11) 4166-3500

A Rudolf Dreikurs, Harold Mosak, Bernard "Bernie" Shulman e Albert Ellis, que muito nos ensinaram sobre o comportamento e as emoções humanas.

Dedico esta edição atualizada ao meu amigo e co-autor, o falecido Dr. Don Dinkmeyer. A amizade de Don e o que ele fez por mim tanto sob o aspecto pessoal quanto profissional são dádivas que ficarão comigo para sempre.

– Gary D. McKay

Sumário

Agradecimentos ... 9

1 Como Você Se Sente Só Depende de Você ... 11

2 O Que Conta É o Pensamento: *Como as Convicções Criam os Sentimentos* ... 35

3 Quando os Sentimentos Nos Fazem Sofrer: *Primeiros Socorros para Feridas Emocionais* ... 63

4 Culpa: *A Grande Muralha* ... 73

5 Irritação: *A Emoção Mal Compreendida* ... 87

6 Depressão: *Além da Melancolia* ... 123

7 Estresse: *Você Não Pode Se Dar ao Luxo de Não Relaxar* ... 147

8 Ansiedade: *A Única Coisa Que Devemos Temer* ... 177

9 Alegria: *A Busca da Felicidade e do Senso de Humor* ... 195

10 A Visão Mental: *Usando a Visualização para Modificar os Sentimentos* ... 223

11 Contando a Coisa Como Ela É: *Comunicando os Sentimentos* ... 245

12 Encontrando uma Solução: *Resolvendo Conflitos e Sentimentos* ... 277

13 Conclusão: *"Realmente Depende de Mim Como Eu Me Sinto?"* ... 305

Apêndice A: *Diário de Sentimentos* ... 311

Apêndice B: *Propósitos das Emoções Desagradáveis Habituais* ... 315

Agradecimentos

Muitas pessoas contribuíram para a elaboração e a publicação deste livro. Desejamos agradecer a:

Joyce L. McKay e E. Jane Dinkmeyer, que ofereceram ajuda na parte técnica e conhecimento profissional, além de carinho, apoio e estímulo.

Rudolf Dreikurs, Harold Mosak, Bernard Shulman, Albert Ellis, Walter "Buzz" O'Connell, Oscar Christensen e Bill Hillman, professores e colegas cujo trabalho e amizade inspiraram e enriqueceram nosso conhecimento e nossa carreira.

Finalmente, desejamos agradecer à equipe de Impact Publishers, particularmente a Robert Alberti, presidente e editor, cujas críticas, sugestões e edição foram de um valor inestimável para este projeto.

Gary D. McKay
Don Dinkmeyer

1

Como Você Se Sente Só Depende de Você

- Josh estava eufórico; ele conseguira o novo emprego! O seu árduo trabalho de pesquisar os jornais, navegar na internet, dar telefonemas, comparecer a entrevistas finalmente havia sido recompensado. Ele estava nas nuvens.
- Kim chorou amargamente depois que John, seu noivo, rompeu o noivado. A separação parecia ser o fim do mundo. Sua vida estava terminada!
- Brian estava tão furioso consigo mesmo que chegava a tremer. "Mamãe ficou tão chateada! Como fui capaz de aparecer bêbado na festa dela?"
- Pela primeira vez em meses, Tonja teve uma sensação de paz. O chalé era exatamente o que ela imaginara: aconchegante, escondido na floresta, de frente para um lago plácido e cintilante. Aquelas duas semanas de férias seriam relaxantes.

As emoções que Josh, Kim, Brian e Tonja sentiram, ou seja, alegria, tristeza, raiva e paz, são naturais e universais. Todo mundo experimenta vários tipos de sentimentos semelhantes. Na verdade, as pessoas não podem realmente viver sem sentimentos. Exprimidos nas músicas e nos poemas, ilustrados nas pinturas, na televisão, no palco e nos filmes e revelados na literatura, os sentimentos são a essência do que significa ser humano. As emoções não apenas conferem riqueza e significado à vida como também alimentam o tormento e o conflito;

elas proporcionam a amargura e a doçura da existência humana. Você consegue imaginar como seria a vida sem emoções? Você se lembra do Mister Spock da série original de *Jornada nas Estrelas*? A vida seria insuportavelmente monótona sem a alegria e a tristeza que nós, humanos, sentimos.

As emoções podem ser maravilhosas e benéficas, ou desagradáveis e até mesmo dolorosas. Os sentimentos moderados de frustração, estresse ou ansiedade podem nos motivar a agir. Mas os sentimentos fortes, profundos e desagradáveis podem ser prejudiciais. Raiva, tristeza ou ansiedade extremas podem atrapalhar os relacionamentos e os objetivos na vida. Sem dúvida estaríamos bem melhor sem esses sentimentos.

> Beth se sentia extremamente ansiosa ao se dirigir à entrevista de emprego e ia pensando com seus botões:
>
> — Eu sei que vou botar tudo a perder. O entrevistador vai perceber como me sinto incompetente. Eu preciso do emprego, mas não acredito que esteja à altura dele...
>
> *Sua profecia se concretizou; ela pôs tudo a perder!*

Você já teve uma experiência como a de Beth na qual tinha certeza de que tudo ia dar errado? Na verdade, exatamente como Beth, você efetivamente se convenceu a nutrir os sentimentos negativos! As pessoas freqüentemente fazem isso; esse tipo de comportamento não é exclusivo de Beth ou de você. É próprio da natureza humana.

Um certo grau de ansiedade, ou seja, imaginar que tipo de impressão você vai causar, se você está preparado para enfrentar uma situação, é perfeitamente comum. Mas existe uma grande diferença entre perguntar-se o que irá acontecer e prever de antemão o fracasso. Os pensamentos negativos intensos e a ansiedade resultante colocam você no rumo da derrota.

Este livro se destina a ajudar você a controlar as emoções negativas intensas, ou seja, culpa, raiva, depressão, estresse e ansiedade, e aumentar sua alegria e sua felicidade. Você vai descobrir que pode escolher como quer se sentir, que é você quem decide como se sente! Você tem o poder de escolher as emoções que vão enriquecer a sua vida e torná-lo mais feliz.

Vamos começar analisando a natureza das emoções: a finalidade delas, a maneira como os pensamentos e as imagens mentais criam os sentimentos. Você vai aprender a escolher novos objetivos, pensamentos e imagens para produzir emoções mais positivas.

Você vai descobrir o que fazer quando se sentir culpado, zangado, deprimido, estressado ou ansioso. Você vai aprender a se sentir mais alegre, bem-humorado e satisfeito na sua vida.

Vamos falar sobre emoções e relacionamentos, e você vai aprender como expor a outra pessoa os seus sentimentos de tal maneira que a informação seja assimilada! Você também vai aprender a realmente prestar atenção aos sentimentos das outras pessoas e mostrar a elas que você assimilou e compreendeu. Você vai aprender a lidar eficazmente com os conflitos emocionais e a criar uma situação em que ambas as partes saiam vencedoras.

Você Pode Escolher Seus Sentimentos

Muitas pessoas acham que as emoções são mágicas, que simplesmente caem como gotas de chuva ou surgem das profundezas da alma. Essas pessoas não assumem a responsabilidade pelos seus sentimentos: "Não sei o que deu em mim!" Muitas têm absoluta convicção de que outras pessoas ou as circunstâncias da vida fazem com que elas se sintam de uma determinada maneira. Na verdade, as pessoas detêm um controle maior sobre suas emoções do que imaginam.

O dia 11 de setembro de 2001, por exemplo, foi trágico para nós e também para grande parte do mundo. No entanto, as pessoas tiveram reações diferentes. Algumas ficaram indignadas. Outras magoadas. Algumas, revoltadas, queriam vingança. Outras se sentiram assustadas. Muitas ficaram tristes ou deprimidas. E houve também algumas que ficaram agitadas. Um evento, por mais trágico que seja, não nos faz sentir de uma certa maneira. Mesmo em momentos como esse, somos nós que decidimos como vamos nos sentir. Enquanto nação, decidimos ser determinados — o que também é uma emoção forte — a extirpar o terrorismo, tomar todas as precauções para nos proteger e continuar tocando a vida. Expressamos compaixão pelos que foram feridos ou perderam a vida. O mais animador é que, mesmo nos momentos mais sombrios, temos o poder da escolha emocional.

É claro que isso não é tão fácil quanto os Eagles gostariam de nos fazer acreditar: "*get over it, get over it*" ("dê a volta por cima, dê a volta por cima"). E geralmente tendemos a ser céticos com relação à enxurrada de comerciais na televisão sobre os mais recentes medicamentos para curar todos os problemas psicológicos. "Está ansioso? Tome isto. Deprimido? Tome aquilo!"

As emoções envolvem os sentidos (visão, audição etc.), a percepção, a história pessoal, as convicções, os pensamentos, as sensações físicas e o objetivo (o que cada um está tentando alcançar com a emoção.) Considere o seguinte exemplo:

> Suponhamos que, por sorte, você escape por pouco do que poderia ser um acidente grave, ou até mesmo fatal, em uma avenida perto de sua casa. A experiência deixa você se sentindo ameaçado, com medo e ansioso, especialmente porque você precisa passar por essa rua todos os dias para ir ao trabalho.
>
> Nos dias e semanas que se seguem ao episódio, cada vez que você se aproxima do local onde o acidente quase aconteceu, você se vê suando, agarrando com força o volante, respirando rápido e com o coração batendo forte. Você está muito perturbado e com medo de que algo semelhante volte a acontecer. Às vezes você até mesmo encosta no meio-fio para tentar se controlar. Quando finalmente consegue voltar ao normal, você está meia hora atrasado para o trabalho.

A visão do local onde o episódio ocorreu faz você se lembrar dele e também do que poderia ter acontecido. Você tem uma história pessoal com aquele lugar: você poderia ter morrido! Você talvez acredite que, se passar de novo por ali, a história irá se repetir, só que dessa vez você sofrerá um acidente e ele será fatal. Você pode pensar: "Não consigo mais dirigir nesta avenida. Da próxima vez, com certeza vão bater no meu carro e eu vou morrer! Mas eu tenho de ir trabalhar". Esses pensamentos dão origem ao medo, que se reflete em sensações físicas. Você transpira e fica tenso; sua respiração e pulsação aceleram. O medo atende a um propósito — ele faz você ficar ainda mais cauteloso. Mas neste caso, a "cautela extra" significa que você se sente tão ansioso que causa problemas para si mesmo. Suas sensações físicas se tornam de tal modo desagradáveis que você pára para se recompor e acaba se atrasando para o trabalho.

O que você pode fazer então?

Em primeiro lugar, você precisa entender que não tem muito controle sobre a maneira como os seus sentidos assimilam os dados e não há nada que você possa fazer para mudar a sua história pessoal. Mas existem algumas coisas que você pode fazer:

- Ficar mais atento às suas sensações físicas;
- Modificar o significado que você atribui a um evento;
- Ensinar a si mesmo novas maneiras de reagir.

No exemplo do acidente que quase aconteceu, você pode observar quando a sensação de medo começa, ou seja, quando você começa a transpirar etc. No mesmo instante, inspire lentamente algumas vezes. A seguir você pode tomar a decisão de ver a situação de uma maneira diferente. Você pode transmitir a si mesmo uma mensagem diferente a respeito daquela avenida, como: "É perigoso dirigir nesta avenida. Eu quase morri. Mas não morri! A probabilidade de que isso aconteça de novo é mínima. Vou dirigir com cuidado e ficar extremamente atento aos outros carros".

À medida que você passa a encarar o incidente sob outro ângulo e começa a pensar sobre ele de um jeito diferente, você influencia os seus sentimentos. É por esse motivo que dizemos que a maneira como você se sente depende de você.

Para exercitar a sua escolha de novos sentimentos:

1. Identifique os fatores que desencadeiam as sensações e os sentimentos: o que você vê, ouve etc. (ver o local onde o acidente quase aconteceu.)

2. Observe as sensações físicas do seu corpo (suor, tensão, respiração e pulsação mais rápida.)
3. Conscientize-se da sua história pessoal (quase ter morrido), compreendendo seu possível efeito, mas entendendo que ela não pode ser mudada.
4. Reconheça e modifique convicções e pensamentos. Como você encara a situação? O que ela significa para você? ("Na próxima vez o acidente vai acontecer", "Eu vou morrer"). De que outras maneiras você pode encarar o episódio? ("A probabilidade é mínima...")
5. Reconheça e modifique o seu propósito. O que você está conseguindo com esse sentimento? (Tornar-se extremamente cauteloso, mas causando outros problemas para si mesmo). O que você quer alcançar? (Criar coragem e dirigir com prudência).

As Emoções Mudam com Novas Informações

Suponha que você está em um campo de golfe aproximando-se do décimo *green*. De repente uma bola de golfe quase cai sobre a sua cabeça. Depois que se refaz do susto, você fica muito zangado e deixa escapar algumas palavras não muito gentis. A seguir você se volta, querendo dar uma bronca no responsável.

Como uma elevação o impede de avistar o *tee*, você não vê ninguém, e a pessoa que lançou a bola tampouco pode enxergar a sua seção do *fairway*. Não obstante, você está convencido de que o outro jogador não tem consideração e que deveria ter gritado alguma advertência antes de dar a tacada. "Quem ele pensa que é, Tiger Woods?" Você começa a marchar colina acima para dizer ao homem poucas e boas! De repente, você avista um golfista, que parece mais um jogador da defesa de um time de futebol americano vindo lá do alto em sua direção! O que acontece com a sua raiva? É bastante provável que ela se transforme em medo, ou pelo menos em cautela, o que demonstra a rapidez com que as mudanças emocionais podem ter lugar e ilustra o efeito que novas informações podem ter nas emoções.

Eis outro exemplo. Você está no meio de uma discussão com o seu marido ou a sua mulher, os ânimos estão exaltados, e a campainha toca. Ao abrir a porta e deparar com a sua vizinha, você a recebe com irritação por causa da discussão ou você rapidamente se acalma? Se você for como a maioria das pessoas, você não direciona seus sentimentos de raiva para a vizinha. Na verdade, o fato de ela aparecer provavelmente tem o efeito de um balde de água fria, o que mais uma vez mostra como as novas informações influenciam os sentimentos. Elas podem ser externas, como nos exemplos apresentados, ou internas. Você pode fornecer a si mesmo, internamente, novas informações apenas mudando o modo de pensar. As novas informações refletem mudanças na maneira de você perceber as coisas, no significado que você atribui ao evento negativo.

Kim ficou arrasada quando seu noivo rompeu o noivado. No entanto, à medida que o tempo foi passando, ela começou a perceber que provavelmente estava bem melhor sem o noivo do que com ele. Se John não tinha capacidade de manter um compromisso, como seria a vida dela quando estivesse casada com ele? Aos poucos, ela passou a se sentir aliviada em vez de triste. Em outras palavras, Kim começou a pensar diferente. Em vez de pensar que o rompimento era uma coisa terrível, ela reavaliou a situação. Ela até mesmo chegou à conclusão de que fora melhor para ela que aquilo tivesse acontecido, e quando ela assimilou essa idéia, passou a se sentir diferente.

Muitos sentimentos parecem automáticos, como se você estivesse no piloto automático e não pudesse modificá-los. Mas como vimos, as emoções podem mudar de um momento para o outro, especialmente se você se der conta de que as conseqüências de agir com base em certos sentimentos podem ser prejudiciais. As emoções parecem automáticas porque você as ensaiou ao longo de sua vida. Desde que você era criança, até o dia de hoje, você põe em prática essas emoções "automáticas". E, como diz o ditado, "A prática é a mãe da perfeição!"

A ciência revela que nós, seres humanos, somos os únicos animais capazes de raciocinar. Da mesma maneira, somos as únicas criaturas que conseguem escolher as emoções. Pense no seu cachorrinho de estimação. Quando você chega em casa, ele o recebe abanando a cauda. Ele não se mostra amuado porque você ralhou com ele mais cedo, ou porque esqueceu o aniversário dele! Se você se zangar com ele por alguma razão, ele vai fazer qualquer coisa para agradá-lo. Vai abanar o rabo, inclinar a cabeça e seus olhos vão parecer dizer: "Por favor, me perdoe... faço qualquer coisa para você fazer as pazes comigo! Quer que eu traga seu jornal?"

Agora, passe uma reprimenda num amigo, ou no seu cônjuge ou em outra pessoa qualquer... Existe uma chance de você receber um pedido de desculpas, mas também existe uma probabilidade razoável de você "comprar uma briga".

Escolhendo Escolhas

Quando você decide fazer uma escolha, você não perde nada. Você sempre tem a liberdade de escolher retomar os sentimentos e atitudes já conhecidos. A escolha é poderosa; ela liberta. Quando você sabe que pode escolher, adquire a sensação de que está no controle da sua vida.

Embora você possa fazer muito pouco, ou nada, com relação a circunstâncias que resultem de fatores externos na sua vida, você pode decidir como vai reagir a elas. A sua reação está sob seu controle. Você pode escolher como vai encarar a situação e, desse modo, influenciar o seu estado emocional.

À medida que for avançando pelos capítulos deste livro, você aprenderá a criar suas convicções e sentimentos e descobrirá que está em posição de fazer escolhas que o tornarão mais feliz. Enquanto ler e trabalhar com este livro, pense em função da escolha. Que escolhas você quer fazer com relação às suas convicções e ao seu comportamento a fim de influenciar seus sentimentos?

"Homens, Mulheres e Sentimentos"

Vamos deixar um pouco de lado a questão da escolha e examinar outro fator fundamental na equação dos sentimentos: a diferença entre os sexos.

Não há nenhuma dúvida: homens e mulheres são diferentes! E uma forma importante pela qual essa diferença se manifesta é na maneira de lidar com os sentimentos. Sem menosprezar a importância da individualidade de cada um, os estudos mais recentes nessa área mostram que existem diferenças significativas entre homens e mulheres no que diz respeito às emoções.

Pense em como é diferente a maneira como a maioria dos homens e das mulheres é criada. Tradicionalmente, as emoções são vistas como um sinal de fraqueza nos homens. Estes "devem ser" fortes e racionais. A noção de que "homem não chora" foi incutida em muitos meninos. Eles aprenderam a se manter no controle das situações. A raiva é praticamente a única emoção que os homens têm permissão para sentir, e espera-se que eles controlem até mesmo a raiva, exceto quando precisam estabelecer o controle. A expressão da raiva pode se traduzir em violência, verbal ou física.

Historicamente, os homens aprenderam a ser agressivos e competitivos. Com freqüência continuamos a ensinar os meninos a externar a agressividade nas suas brincadeiras, o que inclui o interesse pelas armas e pela guerra, os esportes de competição e a bravura.

As mulheres, por outro lado, sempre foram tradicionalmente criadas para proporcionar apoio e proteção, e a sensibilidade aos sentimentos caminha de mãos dadas com esses objetivos. As mulheres aprendem a ser afáveis e solidárias umas com as outras, com as crianças e com os homens da sua vida. Os relacionamentos e a intimidade têm sido de fundamental importância na socialização das mulheres na cultura ocidental.

Em um contraste direto com seus contemporâneos do sexo oposto, é aceitável que as mulheres chorem. A raiva, no entanto, deve ser evitada e temida.

As mulheres são mais inclinadas a se unir e compartilhar seus sentimentos. Elas são treinadas para cooperar em vez de competir. Expor os sentimentos é uma coisa mais "natural" para as mulheres.

É preciso compreender que essas diferenças entre os sexos são artificialmente induzidas. Elas resultam de expectativas culturais. Felizmente, essas expectativas estão mudando. Por exemplo, a geração atual de jovens adultos do sexo masculino está aprendendo que é aceitável oferecer proteção e apoio, e as mulheres estão tendo sucesso nas áreas competitivas (como nos negócios e nos esportes) que tradicionalmente sempre foram dominadas pelos homens. Mas mesmo assim, a sociedade ainda mantém certas expectativas que influenciam o comportamento masculino e o feminino.

Tanto os homens quanto as mulheres precisam estar conscientes das influências históricas bem como das expectativas tradicionais da sociedade, mas precisam compreender que se trata apenas de influências. Você é um ser humano, individual e único, e pode fazer a sua escolha a respeito de como lidar com seus sentimentos.

Como Você Está Se Sentindo?

Desenvolvemos três ferramentas para ajudar você, homem ou mulher, a se tornar mais consciente de seus sentimentos. Mesmo que você se sinta à vontade e tenha a capacidade de reconhecer e compartilhar seus sentimentos, você provavelmente não tem consciência de todos eles. Registrá-los em um "Diário de Sentimentos" ajudará você a desenvolver sua consciência. Às vezes você pode ter um sentimento que não consegue definir. Para ajudá-lo a identificar os sentimentos, também incluímos uma "Lista de Sentimentos." Tanto o diário quanto a lista encontram-se no Apêndice A no final do livro. Ao terminar de ler este capítulo, sugiro que consulte o apêndice e comece a preencher o seu diário de sentimentos.

Para tornar mais fácil este exercício e outros que você encontrará ao longo do livro, bem como para acompanhar seu crescimento enquanto você desenvolve o seu poder de escolha emocional, recomendamos com insistência que você use um fichário (folhas soltas) para o seu Diário de Sentimentos. Além disso, é interessante que você anote suas respostas aos exercícios de auto-avaliação e autodescoberta.

Você não terá condição de escolher entre diferentes sentimentos se não souber como está se sentindo e quais são as suas opções. Você pode estar pensando: "Estou deprimido há um mês; eu sei o que estou sentindo! Quero me sentir feliz de novo!" É verdade que você pode saber que está deprimido, mas talvez não reconheça outros sentimentos que acompanham a depressão e fazem com que você tenha mais dificuldade em lidar com a tristeza. Você também pode estar zangado, estressado ou ansioso e não reconhecer esses sentimentos enquanto realmente não examiná-los.

Para ajudar você a se tornar mais consciente dos seus sentimentos negativos, criamos o exercício de auto-avaliação, "Escala de Freqüência e Intensidade de Emoções Desagradáveis," na página 22. Preencha sem pressa a escala.

Se você teve dificuldade para responder à escala de auto-avaliação, é possível que não tenha noção de que está experimentando certas emoções. Você pode se sentir pouco à vontade ou ficar apático quando uma coisa adversa acontece mas não consegue identificar o sentimento específico. Pode ocorrer também que você perceba que as pessoas à sua volta se sentem de uma determinada maneira diante de uma determinada circunstância e que a sua reação não é igual à delas. Isso pode estar deixando você confuso.

Aqui estão mais três sugestões que podem ajudar você a se conscientizar mais dos seus sentimentos:

- Pergunte ao seu cônjuge, parceiro ou a um amigo íntimo se ele ou ela notou alguma diferença no seu estado de espírito. É comum as pessoas próximas a você notar coisas a seu respeito com mais clareza do que você mesmo.
- Preste atenção ao seu corpo. Uma experiência que envolva raiva não identificada, por exemplo, freqüentemente acelera a pulsação. Você também pode sentir um aperto no estômago. Fique atento aos sinais que seu corpo lhe dá. Escute-o. Deixe que ele lhe indique quando você precisa se perguntar: "O que estou sentindo neste momento?"

Exercício de Auto-Avaliação

Escala de Freqüência e Intensidade de Emoções Desagradáveis

Segue-se uma relação das emoções desagradáveis que habitualmente as pessoas experimentam. Avalie a freqüência com que você sentiu cada emoção no último mês e anote esse número na escala de "Freqüência."

A seguir, em uma escala de 1 a 5, avalie a intensidade média de cada emoção. Com que intensidade você sentiu cada uma dessas emoções nos últimos trinta dias? Registre esse número na escala de "Intensidade." Use a correspondência a seguir para medir a intensidade dos seus sentimentos:

1 Intensidade Muito Baixa
2 Intensidade Baixa
3 Intensidade Moderada
4 Intensidade Alta
5 Intensidade Muito Alta

Se você não sentiu alguma das emoções no último mês, marque **0** nas duas colunas. (Observação: sugerimos que você tire duas cópias desta escala e as coloque no seu fichário. Preencha a primeira cópia agora. Preencha a segunda depois de ter praticado pelo menos durante dois meses as técnicas ensinadas neste livro. Então compare as duas cópias para verificar as mudanças que ocorreram na freqüência e na intensidade.) Estamos apostando que você constatará que as emoções desagradáveis surgirão com menos freqüência e menor intensidade depois que você compreender que como você se sente depende de você!

	Freqüência	**Intensidade**
Raiva ou irritação	______	______
Contrariedade	______	______
Ansiedade (geral)	______	______
Apatia	______	______
Tédio	______	______
Confusão	______	______
Depressão	______	______
Desespero	______	______
Desapontamento	______	______
Desânimo	______	______
Constrangimento	______	______
Medo (específico)	______	______
Culpa	______	______
Mágoa	______	______
Pena	______	______
Tristeza	______	______
Preocupação	______	______

- Observe seu comportamento. Você pode se ver falando sem parar, chorando sem motivo aparente, batendo portas, correndo de um lado para o outro, sentindo-se apático, sem vontade de fazer coisa alguma. Todos estes comportamentos podem ser indícios de sentimentos não identificados.

Cinco Princípios para Escolher os Sentimentos

O balanço deste capítulo explica cinco princípios-chave que o ajudarão a escolher os sentimentos que você quer vivenciar:

1. Aceite a si mesmo e aos seus sentimentos.
2. Viva no presente — deixe o passado para trás.
3. Identifique o propósito de suas emoções desagradáveis.
4. Tome consciência dos seus pensamentos.
5. Elabore um plano de mudança.

Nos capítulos seguintes você conhecerá mais a fundo cada um destes princípios.

Princípio 1: Aceite a Si Mesmo e aos Seus Sentimentos

> Jerry estava para se submeter a uma cirurgia de câncer de próstata e estava apavorado, mas recusava-se a admitir o que estava sentindo, tanto para si mesmo quanto para os outros. Sob uma forte onda de estresse, tentando combater o medo, ele disse a si mesmo que ia "tirar de letra" a operação. Jerry, um homem alto, robusto, autoconfiante, enfrentava problemas de "homem que é homem" — "homem que é homem não tem medo, homem que é homem enfrenta qualquer situação."
>
> Georgia, a esposa de Jerry, observava o marido debater-se com seus sentimentos. Ela sabia que ele era orgulhoso demais para admitir que estava com medo. Estava preocupada com ele. Alguns dias antes da cirurgia, Georgia telefonou para o cirurgião de Jerry, que disse a ela que tinha vários pacientes que haviam so-

brevivido não só à cirurgia como também ao câncer. Ele então pediu a Harold, um desses pacientes, que telefonasse para Jerry.

Harold, que também era um homem grandalhão que transpirava autoconfiança e sucesso, disse a Jerry:

— Você deve estar apavorado.

— Oh, não, na verdade estou apenas um pouco nervoso — respondeu Jerry.

— É mesmo? — retrucou Harold. — Eu fiquei literalmente apavorado!

Sentado, quieto, Jerry refletiu acerca da reação de Harold. Em seguida disse:

— É, acho que estou com medo, sim.

— É natural; a cirurgia não é nenhum piquenique! — exclamou Harold.

Depois que Jerry admitiu que sentia medo, ele conseguiu falar sobre o sentimento com Georgia. Ele era um homem com uma forte convicção religiosa, e sua fé também ajudou. Quando chegou o dia da cirurgia, embora ainda estivesse com medo, Jerry também estava confiante.

Jerry não foi capaz de lidar com seu medo enquanto não reconheceu e aceitou o fato de que estava apavorado. Somente então ele ficou em posição de fazer novas escolhas, de rezar e conversar a respeito do seu medo. Quando aceitou o que estava sentindo, ele conseguiu se sentir melhor e se acalmar.

Quando você toma consciência dos seus sentimentos, é importante que você se aceite como uma pessoa que nutre esses sentimentos. Paradoxalmente, acreditar que o que você está sentindo é aceitável e que você tem o direito de sentir qualquer emoção, mesmo que não goste da maneira como se sente, é um pré-requisito para escolher novos sentimentos.

Resista à tentação de reprimir seus sentimentos. Não tente evitá-los fazendo exigências ou se punindo: "Eu não deveria me sentir dessa maneira". Esse tipo de atitude não resolve o problema; só dá um jeito de você encobri-lo.

Algumas pessoas não assumem a intensidade de seus sentimentos:

— Não estou zangado, estou só contrariado! — grita Bill. Mas sua esposa, Mavis, pode ter uma opinião diferente acerca da intensidade do sentimento do marido! Quando você sentir uma emoção, assuma-a por completo.

Às vezes você pode descarregar seus sentimentos em alguém ou alguma coisa, como gritar com seu parceiro quando você está furioso com seu chefe, ou chutar o cachorro quando está irritado com o parceiro. Esse tipo de atitude não melhora o seu relacionamento com o parceiro nem com o cachorro e tampouco o ajuda a escolher novos sentimentos.

Se você aceitar o fato de que a maneira como você se sente é perfeitamente admissível, você estará em posição de aceitar-se como você é. E a auto-aceitação possibilitará que você faça novas escolhas.

> Steve, de vinte anos, teve uma discussão com o pai e disse a ele algumas coisas bastante desagradáveis. Mas John — o pai de Steve — recusou-se a admitir que estava magoado; em vez disso, ele sentia uma raiva intensa. Ele não percebeu que sua raiva era um disfarce para a mágoa, mas sua esposa notou. Quando Carol tentou conversar a respeito do assunto, ele simplesmente negou que estivesse magoado e ficou zangado com ela.
>
> John relatou o incidente ao seu melhor amigo. Tom comentou que, se o fato tivesse acontecido com ele, teria ficado muito magoado. John admitiu que fora exatamente isso que Carol lhe dissera e começou a examinar seus sentimentos. Se duas pessoas estão dizendo a mesma coisa, pensou ele, talvez ela encerre alguma verdade. Quando reconheceu e aceitou a mágoa, ele ficou em posição de conversar sobre a questão com o filho.

Princípio 2: Viva no Presente — Deixe o Passado para Trás

Você talvez acredite que não pode mudar a maneira como lida com os sentimentos por causa de experiências passadas. Você talvez se veja como uma vítima do seu passado. Embora seja verdade que você não pode mudar o efeito que as influências do passado tiveram sobre você, você pode mudar o efeito que elas exercem sobre você hoje.

Você tem a capacidade de escolher seus pensamentos. Se você decidir pensar sobre as mágoas do passado, continuará a se sentir mal. Você pode ficar zangado, deprimido, magoado ou assustado ao pensar em como seus pais o maltrataram. Você pode se atormentar, se encher de culpa por suas falhas passadas. Ou então, em vez disso, sempre que você se pegar remoendo o passado, você pode lembrar a si mesmo um simples fato: tudo isso aconteceu ontem e eu estou vivendo hoje. Sempre que pensamentos sobre o passado voltarem a persegui-lo, repita essa frase simples para se lembrar de que tem a capacidade de escolher os seus sentimentos.

Todo mundo sente remorso por coisas do passado. Todo mundo já passou por experiências dolorosas e desalentadoras. Continuar a repassar mentalmente experiências antigas e desalentadoras não deixa você se libertar para as alegrias da vida. Como na música de Willie Nelson: ...Eu poderia chorar pelo tempo que desperdicei, mas isso seria um desperdício de tempo e de lágrimas. E eu sei exatamente o que eu mudaria se pudesse de algum modo voltar atrás. Mas não há mais nada que eu possa fazer agora.

Portanto, você pode ficar se lastimando e pensando em como as coisas "deveriam" ter sido diferentes, condenando os outros ou a si mesmo e sofrendo com isso, ou pode concluir, como Willie, que não há nada que você possa fazer para mudar o passado e decidir concentrar-se no que está acontecendo agora. A escolha é sua.

Princípio 3: Identifique o Propósito de Suas Emoções Desagradáveis

As emoções são energia. Na verdade, nós as criamos para abastecer nosso comportamento. Elas têm uma finalidade: pôr em movimento o carro humano. De forma geral, se o seu propósito é estar perto das pessoas, você gera sentimentos positivos e calorosos para atraí-las. Por outro lado, se quer se distanciar delas, você provavelmente cria sentimentos frios ou hostis para mantê-las a distância.

Embora as emoções encerrem um propósito, podemos não ter consciência dele, enxergando apenas as conseqüências. Quando você se irrita, por exemplo, algum processo se desencadeia — talvez até uma reação que desagrade você —, mas na maioria das vezes você não identifica a finalidade da sua raiva. Você pode achar que ficou zangado por causa de alguma coisa que alguém fez ou disse, no entanto há pessoas, e você provavelmente conhece algumas delas, que não ficam irritadas com coisas que "fazem" você se irritar.

É difícil identificar o propósito das emoções porque ele é grande parte daquilo que você é. Este conceito foi reconhecido pelo já falecido psiquiatra Alfred Adler, que observou que as convicções, os propósitos e a percepção de uma pessoa em relação a uma experiência formam o "estilo de vida" — uma linha de conduta pessoal, que ajuda cada indivíduo a estabelecer seu lugar no mundo. Desde cedo, escolhemos convicções e propósitos que achamos que irão nos ajudar a fazer parte, a nos adaptar ao mundo. Como os estilos de vida são formados na primeira infância, a maioria das pessoas não tem consciência das linhas de conduta que foram criadas muito tempo atrás para organizar sua experiência de vida. Estamos envolvidos demais com a situação para poder entendê-la claramente. Assim, o propósito dos nossos sentimentos permanece em grande parte oculto para nós.

> Carla tinha dificuldade para se relacionar com os homens. Sempre que um relacionamento dava a impressão de estar conduzindo ao casamento, ela ficava nervosa e deprimida. Ela se irritava com facilidade e começava a encontrar mil defeitos no namorado. Julgando-se incapaz de lidar por mais tempo com esses sentimentos, Carla decidiu fazer terapia. Enquanto explorava a infância de Carla, a terapeuta ajudou-a a compreender as escolhas que tinha feito e de que maneira elas estavam influenciando seus relacionamentos atuais.
>
> Pelo fato de o pai de Carla ter deixado a família quando ela tinha seis anos, ela se sentia abandonada. A tera-

peuta identificou o medo de Carla de ser abandonada — a convicção de que qualquer homem que fosse importante na vida dela mais cedo ou mais tarde a acabaria deixando.

Os relacionamentos dela revelavam essa profecia que se auto-realizava. Quando um homem se aproximava demais, ela o afastava, dando o primeiro passo para se proteger do sofrimento.

Embora você não consiga sozinho compreender inteiramente a si mesmo, você pode adquirir uma perspectiva do propósito das suas emoções estudando a tabela do Apêndice B e fazendo alguns exercícios. Você descobrirá que, a partir do momento em que você identifica a finalidade de uma emoção negativa, você está em condições de tomar uma decisão. Você prefere continuar gerando uma emoção que lhe traz sofrimento ou mal-estar ou prefere fazer outra escolha?

A tabela do Apêndice B é apenas um resumo dessas emoções; você vai aprender mais a respeito das emoções específicas durante a leitura do livro.

Mantenha a tabela à mão como uma referência. Talvez seja interessante você tirar uma cópia da tabela, colocá-la no seu fichário e consultá-la quando estiver sentindo uma emoção desagradável. Pense no propósito dessa emoção e se você está disposto a viver com as conseqüências de perseguir essa finalidade.

Escolher novos sentimentos envolve reconhecer, aceitar e modificar o objetivo da emoção perturbadora. Para reconhecer o propósito da sua emoção, examine o que você está obtendo do sentimento. Pergunte para si mesmo: "O que estou tentando conseguir com este sentimento? O que eu quero que aconteça?".

Por exemplo, se você se sentir magoado, reconheça que a mágoa o pode estar motivando a "dar o troco". Dar o troco pode dar continuidade à guerra de sentimentos negativos. Você está disposto a arcar com essas conseqüências? Em vez disso, você pode decidir mudar o seu propósito fazendo com que ele deixe de ser o de dar o troco e passe a ser o de demonstrar compaixão. A pessoa que magoou você também pode estar magoada. Como é possível expressar a sua mágoa e ainda assim demonstrar à outra pessoa que você se importa com ela? Você pode dizer:

— Eu fico magoado quando você... (faz isto ou diz aquilo) ...e imagino que você também esteja magoado, caso contrário não teria me tratado dessa maneira.

Essa declaração pode preparar o caminho para um resultado positivo.

Princípio 4: Tome Consciência dos Seus Pensamentos

Se tiver pensamentos dirigidos para a raiva, você se sentirá irritado. Se você pensar em coisas tristes, se sentirá deprimido. Você pode se tornar ansioso se ficar remoendo os seus temores com relação a situações que ainda não aconteceram. Examine esta questão por si mesmo fazendo o exercício "Pensamentos e Sentimentos", na página 31.

Depois de concluir o exercício, pense sobre a sua experiência. Examine os possíveis significados. Você teve dificuldade para mudar da cena agradável para a desagradável? Se foi este o caso, você acha difícil lidar com sentimentos desagradáveis? Você os rejeita ou reprime? Ou, ao contrário, você teve dificuldade para voltar para a cena agradável? Se foi este o caso, você tem a tendência de ser pessimista com relação ao que acontece na sua vida? Se sua resposta for negativa, será que você tem tido muitas experiências negativas recentemente na sua vida — uma situação temporária? Caso você tenha descoberto que consegue trocar facilmente de cena, é possível que você tenha uma visão otimista da vida e se sinta à vontade ao lidar com os seus sentimentos?

E se você simplesmente não conseguiu fazer o exercício? O que isso pode significar? É possível que você tenha dificuldade para lidar com a fantasia, que você seja uma pessoa muito lógica e metódica. Se for este o caso, você também tem problemas para reconhecer e expressar seus sentimentos? Embora a lógica seja importante para o equilíbrio pessoal, se você não exercitar sua capacidade criativa de visualizar, você deixa de acrescentar riqueza à sua experiência.

Se você tem dificuldade para visualizar, talvez precise de um pouco de treinamento e prática. No capítulo dez vamos abordar a visualização e você terá oportunidade de praticar.

Quase todos nós nos aborrecemos em excesso porque exigimos demais das pessoas, das circunstâncias e de nós mesmos. Acabamos sentindo fortes emoções desagradáveis porque:

- nos recusamos a aceitar as coisas do jeito que elas são;
- exigimos que os outros mudem;
- exigimos que nós mesmos mudemos;
- exigimos que as circunstâncias da nossa vida se modifiquem;
- achamos que precisamos de alguma coisa ou de alguém para ser felizes;
- deixamos de perceber que podemos escolher o que acreditamos, como nos sentimos e como nos comportamos.

Escolher sentimentos mais positivos envolve repensar e reavaliar a maneira como você interpreta os eventos, ou seja, o significado pessoal que você associa ao que acontece na sua vida.

Suponhamos que você esteja aborrecido com a sua amiga Barbara e exija que ela se comporte de outra maneira. Barbara se recusa a mudar. O que a recusa significa para você? Que Barbara não respeita ou não ama você porque se nega a fazer o que você quer? Que ela está apenas sendo teimosa? Ou será que outras pessoas importantes na vida de Barbara a estão conduzindo na direção oposta, ou seja, elas preferem que ela continue a fazer aquilo que você não gosta? A sua interpretação ou significado pessoal afetará seus sentimentos.

Quais são as conseqüências de você continuar a pensar e se comportar dessa maneira exigente? Esse seu comportamento vai influenciar Barbara e fazer com que ela mude? Ele ajuda você a se sentir melhor?

O que aconteceria se você reavaliasse as suas exigências? Se você chegar à conclusão de que pensar e se comportar de

Exercício de Autodescoberta

Pensamentos e Sentimentos

A melhor maneira de fazer este exercício é lê-lo em voz alta, gravando-o em uma fita, e depois tocar a fita, seguindo as instruções. Leia o exercício em voz pausada, tranqüila e com as pausas indicadas mais adiante. Depois que você fizer a gravação e estiver pronto para fazer o exercício, sente-se ou deite-se em uma posição confortável.

Relaxe e feche os olhos. Respire lenta e profundamente algumas vezes, inspire — expire, inspire — expire, inspire — expire. De olhos fechados, visualize um momento do seu passado, uma cena em particular que você tenha achado muito agradável. Caso haja outras pessoas na cena, visualize a expressão delas e o que elas disseram e fizeram. Veja efetivamente a si mesmo e os outros que estão na cena. Ouça o que está sendo dito. Torne-se consciente dos seus sentimentos enquanto você visualiza a cena. Permaneça com ela durante algum tempo, realmente apreciando os sentimentos agradáveis. [PAUSA — APROXIMADAMENTE 1 MINUTO.]

Ainda de olhos fechados, troque a cena e visualize um momento do seu passado em que você tenha se sentindo mal — não uma ocasião excessivamente desagradável, mas que o tenha deixado aborrecido ou contrariado. Se houver outras pessoas na cena, visualize efetivamente a expressão, as palavras e as ações delas. Visualize a si mesmo, vendo as suas expressões, palavras e ações. Concentre-se nos maus sentimentos e permaneça com a cena durante algum tempo. [PAUSA — APROXIMADAMENTE 1 MINUTO.] Ainda de olhos fechados, volte a criar a cena agradável. Se você tiver dificuldade em deixar a cena desagradável, esforce-se bastante para produzir a cena agradável. Volte realmente a apreciar novamente os sentimentos aprazíveis. Recrie a cena agradável e desfrute os bons sentimentos. [PAUSA — APROXIMADAMENTE 1 MINUTO.]

Agora, inspire lenta e profundamente, inspire — expire, inspire — expire, inspire — expire, inspire — expire e abra os olhos. Volte ao presente.

maneira exigente não muda as situações ou circunstâncias, você talvez decida relaxar e renunciar às suas exigências. Como você se sentiria então?

É possível que Barbara não faça o que você quer porque não gosta de ser controlada. Se for este o caso, o fato de você fazer exigências e ficar aborrecido apenas os manterá afastados e não resolverá a situação. Talvez uma mudança no seu ponto de vista fizesse uma enorme diferença! Pense nisso.

Princípio 5: Elabore um Plano de Mudança

A mudança requer metas específicas e realistas, bem como um plano definido para alcançar esses objetivos. Não passaria pela sua cabeça construir uma casa sem um projeto. O mesmo vale com relação à escolha de novos sentimentos. Um plano cuidadoso pode possibilitar que você crie novas respostas emocionais.

Talvez seja interessante que você escreva os seus planos de mudança no seu fichário. Identifique o sentimento que você deseja modificar e o sentimento que quer colocar no lugar dele. Faça então um pouco de brainstorming: anote todas as idéias que surgirem a partir da sua leitura, que possam ajudar você a mudar seus sentimentos. Escolha a idéia ou as idéias que você acha que serão mais úteis para você e relacione os passos específicos que você dará durante, digamos, os próximos sete dias para alcançar o seu objetivo. Avalie o seu progresso depois desse período de teste.

Quando você estiver definindo metas para a mudança, é importante ser o mais específico possível. Dizer "Quero reduzir meus sentimentos negativos" não vai ajudar muito. Escolha metas que sejam desafiadoras (não faz muito sentido visar uma coisa que seja "fácil"); viáveis (para você não se sentir desestimulado); e mensuráveis (para que você possa saber se as alcançou ou não). Procure enunciar suas metas da seguinte maneira: "Vou reduzir a freqüência e a intensidade da minha irritação em 25% no mês que vem".

Você pode rastrear os seus sentimentos de irritação usando a "Escala de Freqüência e Intensidade de Emoções Desagradáveis" apresentada anteriormente neste capítulo (ver página 22) e/ou o "Diário de Sentimentos" (Apêndice A). A seguir, estabeleça passos específicos que você dará para atingir a sua meta (por exemplo, "Vou contar até dez quando uma situação me provocar sentimentos de irritação" ou "Vou lembrar a mim mesmo três vezes por dia que sou eu que me zango porque acho que as coisas sempre devem ser do jeito que eu quero").

Você descobrirá que à medida que se esforçar para atingir uma meta específica, e registrar regularmente o seu progresso no caderno, você começará a identificar padrões que têm se interposto no seu caminho. Você reconhecerá emoções e hábitos específicos que levam você a se perturbar e começará a se concentrar em maneiras de lidar melhor com eles.

Vamos ajudar você a aprender um novo repertório de atitudes e habilidades que o colocarão no controle das suas emoções. Vamos lhe mostrar o caminho para se sentir melhor, mas você precisa empreender a jornada. Modificar as emoções requer coragem, dedicação e esforço. Como você já aprendeu pela sua experiência de vida, a maioria das coisas boas não cai do céu — e o mesmo acontece com relação às emoções mais prazerosas e gratificantes.

Como Você Se Sente Depende de Você

Esperamos tê-lo convencido de que você pode controlar as suas emoções. No decorrer do livro, continuaremos a lhe mostrar meios de escolher e modificar os seus sentimentos. Você pode começar a "praticar o que pregamos" fazendo uma opção neste momento. Escolha encarar a idéia de mudar os seus sentimentos como um desafio e uma oportunidade ao invés de um problema. O seu novo otimismo o motivará a continuar a praticar e progredir. O "Diário de Sentimentos" (Apêndice A) o manterá na direção certa. Fazendo os exercícios de cada capítulo, você irá adquirir prática no mecanismo de fazer escolhas. E congratular a si mesmo ocasionalmente, quando você conseguir, o ajudará a lembrar que *como você se sente depende de você!*

Itens Principais: Capítulo 1

1. Os sentimentos são a essência da natureza humana. As emoções tanto conferem riqueza e significado à vida como alimentam a angústia e o conflito.
2. Você pode escolher como quer se sentir: você tem o poder de escolher emoções que irão enriquecer a sua vida e fazer você mais feliz.
3. As emoções podem mudar em um piscar de olhos, principalmente se você tiver o discernimento de que as conseqüências de agir em função das emoções podem ser prejudiciais.
4. Mesmo que você não possa modificar as circunstâncias externas, você pode mudar a maneira como você encara a situação e desse modo influenciar o seu estado emocional.
5. Siga os cinco princípios abaixo para escolher os sentimentos: (1) Aceite a si mesmo e aos seus sentimentos. (2) Viva no presente — deixe o passado para trás. (3) Identifique o propósito de suas emoções desagradáveis. (4) Tome consciência dos seus pensamentos. (5) Elabore um plano de mudança.
6. Se você aceitar o fato de que é admissível sentir-se como você se sente, você estará em posição de aceitar a si mesmo como você é. E a auto-aceitação permitirá que você faça novas escolhas.
7. Ficar remoendo as falhas ou mágoas passadas o deixa desanimado e o impede de fazer escolhas a respeito de como você quer se sentir e viver atualmente.
8. As emoções são energia. Nós as criamos para alimentar o nosso comportamento. Se você quiser aproximar as pessoas de você, gere sentimentos agradáveis e calorosos para atraí-las. Se quiser se distanciar dos outros, crie sentimentos frios ou hostis para mantê-los afastados.
9. O seu pensamento é que cria as suas emoções. Exemplos: se você tiver pensamentos de raiva, ficará zangado. Se pensar em coisas tristes, se sentirá deprimido.
10. Escolher pensamentos mais positivos requer que você repense e reavalie a maneira como interpreta os eventos.
11. O processo de mudança requer metas específicas e realistas, bem como um plano definido para alcançar essas metas.

2

O Que Conta É o Pensamento

Como as Convicções Criam os Sentimentos

A mente é o seu próprio lugar,
e em si só pode fazer do Inferno
um paraíso e do Paraíso um inferno.

— JOHN MILTON (1608-1674)

No capítulo anterior você aprendeu que as emoções são criadas para atender a uma finalidade. A irritação pode ser uma maneira de estabelecer controle; o constrangimento pode possibilitar que uma atitude reprovável seja justificada. Neste capítulo, vamos examinar outro aspecto das emoções: como as convicções e os pensamentos influenciam os sentimentos.

Se você ouvir no noticiário que um estudante em sua bicicleta foi atropelado por um carro, você poderá ficar triste pelo jovem e com raiva do motorista. O seu vizinho poderá ficar irritado com o ciclista e compadecer-se do motorista. Por que a diferença de sentimentos?

É óbvio que a causa não pode ser o acontecimento, porque ambos ouviram a mesma notícia. O motivo deve ser uma diferença nas atitudes ou convicções de cada um a respeito de ciclistas na rua.

Vamos iniciar nossa discussão sobre a maneira como as convicções influenciam os sentimentos dando uma olhada no papel da percepção. Como você vê o mundo?

A Águia e a Formiga: o Poder da Percepção

O erro mais comum é considerar
que o limite do nosso poder de percepção
também é o limite de tudo que existe para ser percebido.

— C. W. LEADBEATER

Imagine que você é uma águia, voando bem alto sobre o Grand Canyon. Faça uma pausa para visualizar mentalmente o cânion. Se você tivesse de descrever a imagem que lhe vem à mente, você provavelmente diria que o cânion é uma fenda enorme e profunda na terra.

Imagine-se agora como uma formiga no fundo do cânion. Visualize mentalmente o cânion. A sua descrição neste caso provavelmente revelaria que o cânion é constituído por altíssimas montanhas que chegam ao céu.

A partir de seus respectivos pontos de vista, a águia e a formiga vêem o cânion como um lugar imensamente diferente. Nenhuma das duas está completamente certa ou errada. O mesmo acontece com a percepção humana. Somos limitados pelo nosso ponto de vista pessoal. E a nossa perspectiva é um resultado direto daquilo em que escolhemos acreditar.

As Emoções São Criadas pelas Convicções e pelos Pensamentos

No primeiro capítulo, você fez um breve "Exercício de Autodescoberta" que envolve a visualização de eventos agradáveis e desagradáveis do seu passado. Por meio do exercício, você aprendeu que, se escolher pensar em eventos desagradáveis, você terá sentimentos desagradáveis e vice-versa. Segue-se então que você pode escolher os seus sentimentos escolhendo os seus pensamentos. Aquilo que você acredita a respeito de si mesmo e das suas experiências é que cria os seus sentimentos.

Se você acreditar que precisa agradar aos outros, você terá uma intensa reação emocional se isso não acontecer. Você poderá se sentir ansioso, culpado, deprimido ou zangado consigo mesmo ou com as outras pessoas, porque agradar aos outros está associado ao senso de sobrevivência e à auto-estima. Quando você se vir em uma situação na qual você não está agradando, você poderá dizer a si mesmo algo como: "Ele não gostou do que eu fiz. Eu devia ter imaginado. Não suporto quando isso acontece. O que ele vai pensar de mim? Isso é terrível. Sou um fracasso!"

Esses pensamentos refletem o que o psicólogo Albert Ellis chama de "convicções irracionais". Essas convicções são irracionais porque não refletem a realidade. Ninguém agrada a todo mundo o tempo todo. Acreditar que é terrível não conseguir agradar, que você devia ter imaginado, que você não consegue suportar a idéia de não agradar e que por causa desse fracasso você é um fracasso, não é realista e só faz piorar as coisas.

Como Causar Problemas a Si Mesmo Pensando de uma Maneira Irracional

As convicções irracionais interferem na felicidade e causam problemas na vida pessoal e nos relacionamentos. O pensamento irracional com freqüência assume a forma de exigências, de não conseguir suportar, de lamentações e de culpa. O processo funciona da seguinte maneira:

Você faz exigências a si mesmo, aos outros e à vida.

Você proclama a sua incapacidade de lidar com qualquer transgressão da sua exigência: "Não consigo suportar isso".

Você se queixa ou diz que a situação é terrível.

Você culpa os outros ou a si mesmo por frustrar os seus desejos: uma pessoa tem de ser horrível para fazer uma coisa dessas.

No exemplo de falhar em agradar, você se viu em dificuldades por ter em primeiro lugar exigido de si mesmo que agradasse aos outros. A sua convicção irracional ou distorcida de que você **precisa** ou **deveria** agradar criou a convicção de que você não consegue suportar o fato de **falhar** em agradar. Este fato, por sua vez, o leva a se lamentar da situação, a culpar a si mesmo, concluindo que você é um fracasso.

Palavras e Convicções Desanimadoras

A conversa que temos com nós mesmos reflete as nossas convicções. As palavras que usamos são indicações de como estamos convertendo os nossos desejos em necessidades. Querer que algo aconteça (ou não aconteça) é muito diferente de exigir que as coisas sejam diferentes. Querer agradar é muito diferente de ter de agradar. Quando você usa e **acredita** em palavras absolutas como dever, ter que, precisar, você está impondo condições a si mesmo, às outras pessoas e às circunstâncias e eventos. Você não admite exceções.

Além de usar essas palavras absolutas, muitas pessoas fazem declarações radicais a respeito de si mesmas, das condições da vida e de grupos de pessoas. Palavras comuns neste caso são "sempre", "nunca", "tudo", "nenhum"; e declarações como "Sou superior", "Sou uma vítima!" ou "Você sabe como eles são" refletem uma convicção que pode se referir à humanidade em geral ou a determinados grupos de pessoas. Declarações do tipo "Eles são" são convicções que refletem preconceito: "Não podemos confiar (em um grupo minoritário) porque você sabe como eles são!" (É claro que a verdade é que dentro de um grupo as diferenças entre as pessoas são geralmente muito maiores do que as semelhanças!)

Quando você acredita em noções absolutas com relação a si mesmo, às outras pessoas, aos seus problemas do dia-a-dia e àquilo que você quer, você transforma os seus desejos em necessidades. Quando você cria a sua própria verdade, é provável que você fique muito aborrecido se a vida não transcorrer da maneira como você acha que deveria ser.

As pessoas geralmente não reagem bem às exigências umas das outras no que diz respeito a como as coisas "deveriam" acontecer. Quando foi a última vez que você tentou parar de pensar em alguma coisa (como em "Não pense em elefantes!")? O que aconteceu? E a última vez que você fez exigências a uma outra pessoa ("É assim que eu gostaria que você lidasse com isso...")?

Provavelmente a outra pessoa lhe disse aonde você deveria ir e mostrou-se até disposta a ajudar você a arrumar a mala!

Quando você faz exigências, você está encarando os desapontamentos da sua vida como catástrofes. Você pode deixar-se ficar no "horror" das circunstâncias quando as coisas não acontecem do jeito que você acha que elas deveriam acontecer, dizendo a si mesmo coisas como: "Que coisa horrível, terrível, catastrófica!" É claro que a vasta maioria das coisas que acontecem na sua vida não são catástrofes, mas é muito fácil transformá-las em tragédias devido à noção que você incute em sua própria cabeça.

Quase tudo que acontece na vida que desagrada ou contraria as pessoas não é mais do que frustrante, lamentável e, às vezes, inconveniente, mas raramente é catastrófico. Se você realmente acreditar que as decepções e frustrações na verdade são apenas decepções e frustrações, e não catástrofes, você não ficará excessivamente contrariado. Você poderá se sentir adequadamente contrariado, desapontado e frustrado, mas não ficará arrasado. A contrariedade, o desapontamento e a frustração são sentimentos que na realidade favorecem a mudança; as emoções fortes e desagradáveis como a raiva intensa, a depressão e a culpa tendem a bloquear a transformação produtiva.

Quando você gera fortes sentimentos de contrariedade, você não apenas exige que as coisas aconteçam do jeito que você quer (e transforma a situação em uma catástrofe quando isso não é verdade) como também culpa e condena a si mesmo e/ou outras pessoas: "Eu não valho nada", "Ele não vale nada", "Nenhum de nós vale nada". Você condena a si mesmo e aos outros como pessoas em vez de condenar apenas o comportamento inadequado ou falho.

"Não-agüentite" é o termo de Ellis para a convicção de que você não consegue suportar o que aconteceu e que você é fraco e impotente para fazer qualquer coisa. Mas onde está a prova de que você não consegue suportar alguma coisa? Você enfrentou desafios difíceis no passado (por exemplo, mudar de cidade, conseguir um novo emprego, perder um ente querido). Pare de ler por um minuto e pense em um desafio difícil que você enfrentou no passado. Como você lidou com ele?

É bem provável que no início você tenha achado que também não iria conseguir enfrentar a situação, mas conseguiu. E mesmo que as coisas não tenham tido um bom resultado, você "agüentou" e sobreviveu.

Vamos agora dar uma olhada em outro aspecto das convicções irracionais: a origem delas. Quase todos aprendemos a ser irracionais desde bem pequenos.

As Convicções Irracionais Têm Origem nas Interpretações Incorretas da Infância

As pessoas desenvolvem convicções baseadas na maneira como interpretam as suas experiências bem cedo na infância. Os seres humanos têm a tendência de formar significados pessoais que com freqüência são distorções do que efetivamente existe. Quando crianças, as pessoas possuem uma experiência limitada e consideram que as suas interpretações são a verdade absoluta.

> Suponha que seus pais possuíam padrões muito elevados. Sua resposta a esses padrões pode ter sido tentar ser perfeito. Hoje você talvez chegue à conclusão de que acha que precisa ser perfeito porque seus pais tinham padrões elevados e que, por conseguinte, seus pais "causaram" o seu perfeccionismo.

Culpar seus pais pelo seu perfeccionismo seria uma suposição natural, caso você não conhecesse todos os fatos. Suponha que você tinha um irmão ou irmã que não se interessava nem um pouco pela perfeição. O desleixo e a preguiça eram a maneira de ele ou ela chamar atenção. Os mesmos pais, interpretações diferentes. Você precisa assumir a responsabilidade pelas suas interpretações.

Repare que responsabilidade não significa culpa. Quer dizer simplesmente que você fez uma escolha com relação a como interpretar a sua experiência, talvez a melhor escolha que você pôde fazer na época. Assim como você escolheu a sua interpretação, você pode fazer outra escolha hoje.

Embora os pais não façam os filhos acreditar em certas coisas a respeito de si mesmos, eles influenciam as convicções das crianças. Se seus pais enfatizavam a perfeição e você se deixou convencer mas seu irmão não, mesmo assim o perfeccionismo era um valor importante na sua família. Cada criança decidiu o que fazer com relação a esse valor: aceitá-lo ou rejeitá-lo. Desse modo, se você é pai ou mãe, é muito importante que você examine os seus valores. O que você está tentando ensinar aos seus filhos? Trata-se de um valor saudável? Como ele poderia ser interpretado?

Exigências: A Origem das Convicções Irracionais

Os seus pensamentos debilitantes derivam das suas exigências, do fato de você achar que as coisas devem e precisam ser de uma determinada maneira. As exigências que você impõe a si mesmo, aos outros ou à própria vida são a origem das suas convicções irracionais.

Faça agora uma pausa para aprender que exigências você pode estar impondo a si mesmo, aos outros ou às situações da vida fazendo o "Exercício de Auto-Avaliação" na página 42.

As exigências fazem com que você não consiga suportar as coisas, se queixe e culpe a si mesmo ou aos outros, além de criar fortes emoções de contrariedade. Desse modo, quando você ficar excessivamente aborrecido, procure primeiro a declaração de exigência. Pergunte a si mesmo: "De que maneira estou impondo exigências a mim mesmo, aos outros ou à vida? O que estou dizendo a mim mesmo?" A seguir, procure as declarações que refletem o fato de você não conseguir suportar as coisas, as suas queixas e a sua culpa.

Como Parar de Causar Problemas a Si Mesmo Pensando de Maneira Racional

Por conseguinte, para escolher novos sentimentos, você precisa escolher novos pensamentos. Por exemplo, se você se atribuiu 3 ou mais no item "As pessoas devem fazer o que eu quero" na "Escala de Avaliação de Exigências Habituais," você ficará extremamente contrariado se alguém se recusar a fazer o que você quer. O fato de você exigir que as coisas ocorram como você quer fará com que você não consiga suportar o fato de elas não acontecerem dessa maneira, se queixe do horror da situação e culpe a outra pessoa por recusar-se a dar a você o que você exige.

Para diminuir os seus fortes sentimentos de contrariedade, você precisará encarar as situações negativas de uma maneira mais racional e realista. Você terá que:

- Reconsiderar as suas exigências, ou seja, encarar tudo aquilo que você quer como fortes preferências e não como coisas "que têm de acontecer ou que você tem de ter".
- Convencer a si mesmo que você pode suportar que seus desejos sejam violados.
- Compreender que as suas "catástrofes" são na verdade apenas desapontamentos. O fato de a vida lhe pregar uma peça não é horrível, apenas lamentável e talvez inconveniente.
- Aceitar a si mesmo e aos outros como pessoas de valor e aprender a avaliar o comportamento e não o mérito pessoal.

Exercício de Auto-Avaliação

Escala de Avaliação de Exigências Habituais

Abaixo estão algumas exigências habituais que as pessoas fazem. Nós as chamamos de os "Doze Malefícios". Em uma escala de 1 a 5, avalie de que maneira essas convicções se aplicam a você.

1 Aplica-se a mim muito raramente
2 Aplica-se a mim raramente
3 Às vezes aplica-se a mim
4 Aplica-se a mim com freqüência
5 Aplica-se a mim com muita freqüência

(Obs.: Talvez seja interessante você tirar uma cópia da escala, preenchê-la e colocá-la no seu fichário para futura referência.)

1. Tenho que ser perfeito e nunca cometer erros. ____
2. Eu deveria estar sempre no controle da situação. ____
3. Preciso ser bem-sucedido. Não consigo suportar o fracasso. ____
4. Eu deveria agradar e receber aprovação. É horrível ser rejeitado. ____
5. Sou vítima do meu passado ou das circunstâncias atuais e portanto estou destinado a sofrer. ____
6. A vida precisa ser justa. ____
7. As pessoas deveriam fazer o que eu quero. ____
8. Alguns grupos de pessoas são inferiores. ____ ("Todos eles são..." "Eles devem ficar no lugar deles" ou "Eles não deveriam existir"). ____
9. Preciso estar certo. ____
10. Preciso vencer: o fracasso é insuportável. ____
11. Os outros deveriam apreciar as coisas que eu faço por eles. ____
12. A vida deveria ser fácil. ____

Embora essa lista não inclua todas as exigências que as pessoas impõem a si mesmas, aos outros e à vida, ela representa algumas das principais. Estas podem não ser facilmente reconhecidas porque podem ser mensagens ocultas. No entanto, elas estão no âmago das emoções perturbadoras. Com a prática, você conseguirá entender as suas exigências pessoais.

Se você se atribuiu 3 ou mais em algumas dessas convicções, compreenda que essas exigências provavelmente serão as que lhe causarão mais problemas. Quando você estiver emocionalmente transtornado, examine a lista para ver se consegue reconhecer que exigência você pode estar impondo a si mesmo.

O quadro que se segue fornece exemplos da linguagem irracional e da racional. Debaixo de cada conjunto de exemplos existem espaços para você acrescentar as suas próprias declarações pessoais de irracionalidade e racionalidade.

Linguagem Irracional e Racional

LINGUAGEM IRRACIONAL	LINGUAGEM RACIONAL
Declarações de Exigência	***Declarações de Preferência***
Deveria, tenho que, devo, preciso, sempre, nunca, todos, nenhum.	Eu quero, seria melhor se, eu preferiria. Às vezes, alguns.
____________	____________
____________	____________
____________	____________

Declarações do Tipo "Não Agüento"	***Declarações do Tipo "Eu Agüento"***
Não consigo suportar, admitir, lidar com isso. É demais.	Eu consigo suportar, admitir, lidar com isso. É árduo, difícil, penoso, **mas**...
______________________ ______________________ ______________________	______________________ ______________________ ______________________
Declarações de Queixa	***Declarações de Desapontamento***
Horrível, terrível, péssimo, catastrófico.	Frustrante, lamentável, incômodo, inconveniente, decepcionante.
______________________ ______________________ ______________________	______________________ ______________________ ______________________
Declarações de Culpa	***Declarações de Aceitação***
(Eu, ele, ela, eles) sou/é/são maus, desprezíveis, idiotas, canalhas, inúteis.	(Eu, ele, ela, eles) não sou/é/são maus, desprezíveis, idiotas. (Eu, ele, ela, eles) sou/é/são pessoas normais e de valor apesar do eventual comportamento inadequado ou falha ou fracasso.
______________________ ______________________ ______________________	______________________ ______________________ ______________________

Complete o "Exercício de Autodescoberta" que se segue para explorar suas convicções irracionais.

Não Repita o Mesmo Padrão!

Muito bem, você decidiu: "Está na hora de escolher novas convicções!" Você tomou uma firme decisão mas dá consigo caindo na mesma antiga armadilha do "deveria" quando alguma coisa adversa acontece. Sua conversa consigo mesmo pode ser mais ou menos assim: "Droga, eu pus tudo a perder! Eu não deveria ter ficado zangado! Eu deveria ter mantido a calma. Ao ficar zangado, estou dizendo a mim mesmo que os outros deveriam fazer o que eu quero e eu não deveria mais ter esse tipo de sentimento! Isso é horrível! Eu sou um idiota, nunca vou aprender!" Lá vai você de novo, de volta ao mesmo padrão no qual você estava antes de ler este capítulo!

O estratagema é o seguinte: quando escorregar, não seja intransigente com você mesmo; não recaia no padrão anterior! Simplesmente aceite o fato de que você ainda impõe exigências a si mesmo e que você pode escolher novas convicções, mas que isso requer tempo e prática.

Exercício de Autodescoberta

Explorando Minhas Convicções Irracionais

Você pode começar a descobrir as suas convicções irracionais fazendo o exercício que se segue. Anote no seu caderno as seguintes declarações, deixando bastante espaço entre cada uma delas.

Eu deveria/preciso ____________________

Os outros deveriam/precisam ____________________

A vida deveria ____________________

Preencha os espaços em branco. O que você acha que você deveria fazer ou ser? O que acha que os outros deveriam fazer ou ser? Como você acha que a vida deveria ser?

Agora, escreva os seus sentimentos desagradáveis mais freqüentes quando as suas determinações são violadas. Como você se sente quando os outros desrespeitam as expectativas que você tinha com relação a eles? Como você se sente quando a vida o decepciona?

Pense em outras coisas irracionais que você diz para si mesmo quando as suas exigências são violadas. De que maneira você externa o fato de não conseguir suportar a situação, como você se queixa e de que maneira você manifesta a sua culpa?

Suponha, por exemplo, que você tenha se atribuído um número elevado no item "Preciso ganhar" na "Escala de Avaliação de Exigências Habituais". Quando você achar que saiu perdendo em uma situação particular, você poderá dizer a si mesmo que simplesmente "não consegue lidar" com o fato de ter falhado. Você poderá se queixar do "horror" do fracasso e se proclamar inútil por causa desse fracasso.

Debaixo de cada uma das três declarações anteriores, escreva o pensamento completo, ou seja, exatamente o que você diz para si mesmo quando a exigência é violada. Pode ser proveitoso pensar na última vez em que você, os outros ou a vida não corresponderam às suas exigências. Considerando o exemplo de "Eu preciso ganhar", o seu pensamento completo pode ser algo assim:

> "Eu perdi! Não consigo lidar com o fato de ter perdido. Perder é horrível! Nunca vou conseguir ganhar; eu sou realmente um perdedor."

Agora, trabalhe a conversa que você tem consigo mesmo. Procure maneiras de modificá-la e fazer com que ela contenha mais declarações racionais. Converta cada uma das suas três exigências em fortes preferências. Redija três novas declarações de preferência, como: "Eu tenho uma forte preferência por ganhar".

Como você poderia se sentir se convertesse suas exigências em preferências? Se você acha que ainda experimentaria fortes emoções de contrariedade como raiva, depressão, ansiedade ou culpa, compreenda que você apenas modificou as suas palavras e não as suas convicções! Você só experimenta fortes sentimentos de contrariedade quando trata os seus desejos como necessidades.

Debaixo da nova declaração de preferência, escreva um novo pensamento completo. Eis um exemplo:

> "Eu perdi. Não gosto nem um pouco disso, mas consigo lidar com a situação. Perder é irritante e frustrante, mas não é terrível! Não sou um perdedor; apenas perdi desta vez. Ainda sou uma pessoa de valor."

Pense na sua experiência com este exercício. Você consegue perceber como a linguagem irracional é poderosa? Como você pode acabar muito contrariado ao se convencer desse absurdo? Você consegue compreender que pensar em função de preferências em vez de exigências produz sentimentos diferentes? É extremamente provável que você vá precisar de tempo e prática para modificar a conversa que tem com você mesmo e colher os benefícios completos do pensamento racional. Use o seu diário para acompanhar o curso dos seus sentimentos e convicções, bem como para reeducar seu mecanismo de pensamento para criar convicções mais racionais.

Uma Palavra Final a Respeito das Exigências

Nem todas as frases que contêm os verbos dever e precisar são exigências. Algumas são apenas declarações de fatos, probabilidade ou intenção.

As declarações condicionais, outra idéia que aprendemos com o Dr. Ellis, expressam condições que precisam ser satisfeitas para que uma coisa ocorra. Por exemplo, você pode dizer para si mesmo: "Para que eu (consiga um novo emprego, passe no exame, ou qualquer outra coisa) então preciso (fazer o que é necessário para me sair bem e obter êxito)". Esta é uma afirmação verdadeira. Ela representa uma declaração condicional. Ou seja, ela é uma declaração do tipo "Para que — então": "Para que tal coisa aconteça então eu preciso..." Essa declaração não produzirá fortes sentimentos de contrariedade porque não é uma exigência, apenas uma declaração de condições.

No entanto, as declarações condicionais são capciosas. Elas podem ser convertidas em exigências e lhe causar problemas se você não satisfizer as condições e se você for intransigente consigo mesmo por causa disso. Suponha, por exemplo, que você queira conseguir um novo emprego mas não seguiu o seu plano para obter um. Você começa a se culpar pelo que você não fez: "Eu deveria ter respondido a anúncios todos os dias e não respondi. Por conseguinte, sou idiota e preguiçoso, condenado a trabalhar a vida inteira neste emprego sem futuro!" Não compare o seu mérito pessoal ao fato de você não satisfazer condições, caso contrário você estará fazendo uma exigência e ficará extremamente aborrecido se as coisas não saírem como você planejou.

As declarações de probabilidade expressam o que irá ocorrer na presença de certas condições. "Se eu fizer tal e tal coisa, tal e tal coisa deverá ocorrer". Uma declaração de probabilidade só lhe causará problemas se você for intransigente consigo mesmo se sua predição não se tornar realidade.

As declarações não intencionais expressam falsas intenções: "Eu deveria me esforçar para modificar minhas convicções irracionais; eu realmente deveria"... e você não tem a menor intenção de fazer isso! As declarações não intencionais são freqüentemente usadas para enganar a você mesmo e os outros. Alguém diz:

— Você deveria fazer isso.

E você responde:

— É mesmo, eu deveria. — (Intenção oculta: — ...mas não vou fazer!)

As Seis Grandes Desculpas Passivas

Você recebeu informações a respeito do relacionamento entre os pensamentos e os sentimentos. Você viu como as exigências, o fato de você não conseguir suportar as coisas, as queixas e a culpa provocam fortes emoções negativas e como você pode escolher novas maneiras de pensar.

No entanto, outras maneiras de pensar colocam a responsabilidade dos pensamentos fora de você. Essa linguagem é chamada de "passiva" porque implica que você é simplesmente alguém que recebe passivamente os seus sentimentos. Quando você usa e acredita na linguagem passiva, você na verdade "abre mão do seu poder". Isso quer dizer que você confere a terceiros ou às circunstâncias da vida o poder de controlar os seus sentimentos. Você encontrará a seguir algumas declarações passivas habituais.

1. "Ela/ele me fez." Quando você acredita que outras pessoas ou circunstâncias controlam os seus sentimentos (como "Tal coisa faz com que eu me sinta..."), você está impotente para escolher novos sentimentos a não ser que uma outra pessoa ou situação mude. Você se coloca à mercê de alguém ou de alguma coisa. Quando você acredita que alguém "faz você se sentir...", você está tentando evitar ser responsável pelos seus sentimentos. Mas você aprendeu que é responsável pelos seus sentimentos; ninguém pode "fazer" você nutrir um determinado sentimento sem a sua cooperação. Muitos terapeutas aumentam a confusão sobre quem é responsável pelos sentimentos perguntando ao paciente: "E como isso faz você se sentir?"

2. "Perdi a calma." Esta declaração sugere que a calma é um objeto que você carrega no bolso ou na bolsa e que simplesmente cai para fora! O Dr. Rudolf Dreikurs, psiquiatra, escritor e palestrante, costumava dizer: "Nós não perdemos a calma; nós a jogamos fora!"

3. "Alguma coisa tomou conta de mim." Esta declaração implica que você está no poder de uma força externa que controla a maneira como você se sente e se comporta. Quando você diz que "alguma coisa tomou conta de você", você está negando a sua responsabilidade pelos seus sentimentos e transferindo-a para forças extrínsecas ao seu controle. Se você se vir em meio a uma enchente, um incêndio ou um terremoto, esta é uma declaração legítima. Caso contrário, os seus sentimentos são responsabilidade sua!

4. "Não estou sendo eu mesmo hoje." Esta é uma desculpa fascinante! Se você não está sendo você, quem você está sendo? Você é sempre você, com todas as suas qualidades e defeitos.

5. "Vou tentar." Quase todas as pessoas quando dizem "Vou tentar" freqüentemente estão querendo dizer que estão com medo de não conseguir fazer seja lá o que for que estão tentando fazer, ou que na verdade não têm a menor intenção de fazê-lo! Mas elas não querem admitir esse fato nem para si mesmas nem para os outros. Elas têm medo de falhar, e se efetivamente falharem, elas poderão dizer "Bem, pelo menos eu tentei" e desse modo se livram de uma situação difícil. Existe uma enorme diferença entre tentar e fazer. Se lhe pedissem para "tentar" sair da cadeira, você ficaria parcialmente fora da cadeira, esforçando-se para se levantar. A tarefa não seria realizada. Se você decidisse sair da cadeira, você simplesmente sairia, você faria alguma coisa, em vez de simplesmente tentar fazê-la. Dizer "vou tentar" é comprar uma apólice de seguro contra o fracasso. Faça ou deixe de fazer uma coisa, mas não "tente"; você apenas estará frustrando e enganando a si mesmo.

6. "Sim, mas...". Esta frase é uma maneira inteligente de dizer não. Você a emprega quando acha que deveria fazer uma coisa que você na verdade não quer fazer mas não quer dizer não diretamente porque essa resposta poderia provocar um conflito. O jogo "sim, mas" é mais ou menos assim, alguém diz:

— Por que você não...

E você responde:

— Sim, mas... — E apresenta boas razões pelas quais a sugestão da pessoa não dará certo.

Na verdade, você primeiro concorda com a sugestão da pessoa e a seguir cancela o fato de ter concordado com um "mas" e apresenta os seus motivos para rejeitar a idéia.

As pessoas do tipo "sim, mas" podem ser muito criativas. Elas empregam com eficácia vários sinônimos para "mas" como "no entanto," "contudo," "embora," "ainda assim," "e." Elas lerão um livro como este e dirão "sim, mas..." para cada sugestão que lerem! Elas não apenas dizem "sim, mas..." para os outros, como também para si mesmas: "Tenho certeza de que eu teria mais energia se fizesse um pouco de exercício, mas não tenho tempo".

Assuma a Responsabilidade — Escolha uma Linguagem Ativa

Se você realmente quer escolher novos sentimentos, precisa "ficar atento à sua linguagem." Seja ativo, assuma a responsabilidade. Diga: "Eu escolho me irritar" ou "Eu me deprimi por causa de tal coisa", "Essa é uma boa idéia, vou fazer isso" ou "Não, obrigado, não quero fazer isso". Quando você escolher e realmente acreditar na linguagem ativa, você sentirá o poder da escolha emocional e terá consciência de que é responsável pela mudança.

Estratégias Mentais para Controlar os Sentimentos — "Cuidando" dos Seus Sentimentos

Você pode escolher novos sentimentos modificando deliberadamente seu modo de pensar. Neste capítulo, você aprendeu que acreditar em certas palavras como "deveria," "não consigo," "é horrível" e em declarações de inutilidade afeta a maneira como você se sente. Essas palavras descrevem o modo como você percebe os eventos. Nesta seção, você encontrará algumas estratégias para os seus sentimentos.

Desafiando e Contestando. Você pode desafiar uma convicção irracional contestando-a ativamente. Na verdade você elabora um argumento que contradiz a convicção. As perguntas que se seguem são úteis no processo da contestação.

1. O que estou pensando? (Estou fazendo exigências e dizendo que não consigo suportar a situação, me queixando ou culpando?)
2. Que provas existem de que essa convicção é correta?
3. Quais são as conseqüências de continuar a acreditar nisso?

Quando você usar esta técnica, registre no seu diário as suas respostas a cada uma das perguntas. Escrever as respostas lhe dá a oportunidade de estudar minuciosamente as suas conclusões.

Mike é técnico de computador e recentemente foi demitido do seu emprego em uma loja de computadores. Siga a linha de pensamento de Mike para entender como funciona o processo do desafio e da contestação. Usando o sistema, Mike faria as seguintes perguntas e as responderia, escrevendo as respostas no seu diário.

1. O que estou pensando? *É horrível perder o emprego! Eu deveria ter sido mais eficiente. Não consigo suportar o fato de ter perdido o emprego. Nunca mais encontrarei um emprego tão bom quanto aquele; sou um incompetente!*

2. Que provas demonstram a veracidade desta convicção? (Ele usa várias perguntas para desafiar sua convicção): *Na verdade não existem provas. Eu posso ter dificuldade para aceitar a situação, mas ela certamente não é horrível. Um desastre natural poderia ser classificado como horrível, mas o que aconteceu comigo dificilmente pode ser chamado de desastre natural!*

   Que provas existem de que eu deveria ter sido mais eficiente?
   Talvez tivesse sido melhor se eu tivesse sido mais eficiente, mas não existe nenhuma razão pela qual eu deveria ter sido.

Dizer a mim mesmo que eu deveria ter sido mais eficaz acrescenta uma conotação moral aos meus erros, e até onde eu sei, ser ineficiente não é imoral.

Que provas existem de que eu não consigo suportar o que aconteceu?
Na verdade não existem provas. Enfrentei situações difíceis no passado e lidei eficazmente com elas. Lembro-me de uma ocasião em que...

Que provas existem de que eu sou incompetente?
Não há provas. Eu posso não ter sido totalmente competente nesse emprego, mas fiz bem muitas coisas como... Além disso, tenho competência em... Ademais, já consegui outros empregos antes e não existem provas de que não obterei outro tão bom quanto esse.

3. Quais são as conseqüências de continuar a acreditar nisso?
Se eu continuar a achar que a situação não tem esperança, que eu nunca serei capaz de conseguir outro emprego tão bom quanto esse, é bem provável que eu não encontre outro emprego. Eu talvez tenha de me contentar com um emprego de que não goste!

Contestar os pensamentos negativos de uma maneira vigorosa e específica pode mudar os seus sentimentos. Mike agora está preparado para criar uma convicção racional que consolidará os seus novos sentimentos:

> É lamentável que eu tenha perdido o emprego. Eu gostaria de ter sido mais eficiente. Não gosto de ter perdido o emprego, mas consigo lidar com o fato. Conseguir outro emprego será difícil, mas eu sou capaz disso!

Expulsando Energicamente a Antiga Convicção. Esta técnica é útil depois que você identifica as suas convicções irracionais e racionais. Quando você se apanhar sentindo-se, concentre-se no que você está dizendo para si mesmo, a sua convicção irracional identificada. Depois grite em silêncio: "Fora!" ou "Pare". Imediatamente a seguir oponha a sua nova convicção racional aos seus pensamentos irracionais. Observe a mudança nos seus sentimentos.

Ao gritar em silêncio a sua convicção, você está vigorosamente assumindo o comando dos seus pensamentos e decidindo livrar-se da convicção. Antes de anunciar para si mesmo a nova convicção racional, você talvez tenha de expulsar aos gritos várias vezes a convicção antiga para livrar-se dela.

Independentemente da técnica que você escolher para modificar seus sentimentos, sempre que você experimentar eventos desagradáveis faça a si mesmo as quatro perguntas seguintes:

O que estou sentindo?

Em que estou pensando?

Que escolhas eu tenho ao examinar a situação?

Que escolha me ajudará a tirar o melhor proveito desta situação?

Suas respostas a essas perguntas o colocarão no caminho para escolher emoções mais positivas. Depois de ter respondido às perguntas, eleja e use a técnica — ou mais de uma — que o levará para onde você quer ir.

Burt era um advogado que estava se preparando para enfrentar uma difícil questão judicial na presença de um juiz que não gostava muito dele. Alguns dias antes do julgamento, Burt ficou extremamente ansioso e teve insônia. Por sorte, ele se lembrou do que tinha aprendido a respeito dos pensamentos e sentimentos em um grupo de apoio pós-divórcio. Ele começou a aplicar o que aprendera aos problemas que estava tendo naquele momento.

Quando Burt começou a examinar seus pensamentos, ele percebeu que estava tornando a situação catastrófica e prevendo o fracasso. Ele examinou as alternativas, ou seja, que convicções e sentimentos eram necessários para que enfrentasse a experiência. Chegou à conclusão de que precisava de coragem, mas como iria consegui-la? Quando começou a desafiar e contestar seus pensamentos, ele substituiu o derrotismo por uma conversa corajosa consigo mesmo, na qual ele dizia que iria sobreviver independentemente do resultado do julgamento. Quando Burt decidiu que seria bem-sucedido porque estava bem preparado, algo que sabia fazer muito bem, a sua ansiedade diminuiu e ele conseguiu dormir.

O Passo Seguinte: Enxergar o Positivo no Negativo

Como você viu, você não está preso à sua maneira atual de ver as coisas. Você pode escolher vê-las de outro jeito para criar para si mesmo alternativas de percepção. Uma importante alternativa é perceber o potencial positivo de uma situação que, sob outros aspectos, é negativa. A criação de alternativas de percepção exige uma mudança de ponto de vista, e parar de se concentrar no que é negativo e passar a enxergar o positivo é em geral muito útil.

Considerando o exemplo de Mike, que perdeu o emprego, você poderá perguntar: quais são as maneiras alternativas que ele tem de perceber essa experiência?

Ele poderia achar a experiência terrível e temer que iria se unir aos sem-teto. Ele poderia considerar a experiência lamentável mas não devastadora. Ou ele poderia ver a experiência como uma oportunidade para encontrar um emprego mais interessante e até para montar o próprio negócio.

Cada uma dessas maneiras de pensar produz sentimentos diferentes. Se Mike ficar pensando que tudo é um horror, é bastante provável que ele fique deprimido. Se ele encarar a experiência como lamentável, ele provavelmente ficará adequadamente desapontado, triste e levemente ansioso. Se ele escolher ver a experiência como uma oportunidade, mesmo assim poderá se sentir desapontado, mas ao mesmo tempo estará animado com as possibilidades. Ele também poderá se sentir aliviado por saber que agora está livre para procurar essas possibilidades.

Decidir ver uma situação como uma oportunidade possibilita que você avance diretamente para sentimentos e ações positivos. Você ainda pode reconhecer que a situação é lamentável, mas voltar a atenção para os aspectos positivos dos eventos permite que você siga em frente.

Quanto mais rápido você passar a enxergar o potencial positivo, mais rápido você produzirá sentimentos positivos, o que por sua vez dará origem à ação positiva. Criar alternativas de percepção possibilita que você se concentre na oportunidade apresentada por um evento que sob outros aspectos é negativo.

Voltar-se para o que pode ser aprendido com uma experiência é outro tipo de alternativa de percepção. Se você cometer um erro, em vez de se censurar concentre-se no que você pode aprender com o seu erro. Planeje outras ações no futuro.

Por conseguinte, criar alternativas de percepção envolve concentrar-se na oportunidade ou potencial positivo da experiência, bem como no que pode ser aprendido como resultado da experiência.

Eis alguns exemplos adicionais das alternativas de percepção:

- **Situação:** a sua melhor amiga vai se mudar.
  Meus pensamentos: "Isso é horrível. Vou sentir muito a falta dela. Não consigo suportar...".
  Alternativa de percepção: "Vou poder visitá-la e descobriremos coisas emocionantes para fazer na cidade onde ela vai morar".
  Meus novos sentimentos: Desapontada, mas esperando com prazer o momento de visitá-la.

- **Situação:** o seu filho é apanhado colando em uma prova na escola.
  Meus pensamentos: "Que horror! Não consigo suportar isso. Eles devem estar pensando que sou um péssimo pai (ou mãe)! Ele vai se arrepender de ter colado!".
  Meus sentimentos: Deprimido, zangado.
  Alternativa de percepção: "Talvez ele esteja tendo dificuldade com essa matéria. Ou pode ser que ele ache que tem de me dar a alegria de tirar uma nota alta. Vou conversar com ele e descobrir. Tenho certeza de que podemos resolver a questão".
  Meus novos sentimentos: Desapontado, mas animado com a possibilidade de resolver o problema.

Assuma a Responsabilidade pelas Suas Ações para com os Outros

Você aprendeu que é responsável pelos seus sentimentos, que são os seus pensamentos que fazem você ter fortes emoções desagradáveis e que através dos seus pensamentos você pode cancelar essas emoções. Este fato não dá a você permissão para fazer o que quiser com as outras pessoas (e se elas não gostarem, azar delas!). Existe uma coisa chamada colaborador responsável.

Se você deliberadamente cria um evento destrutivo, sem respeitar as outras pessoas envolvidas, você é um colaborador responsável. As outras pessoas não teriam tido reações negativas se você não tivesse se comportado de uma maneira negativa. Por conseguinte, o fato de que todo mundo cria as próprias convicções e sentimentos não o deixa livre para dizer ou fazer o que quer sem se responsabilizar pelos resultados.

Melinda era muito controladora e perfeccionista. A opinião dela era que "Qualquer coisa que vale a pena ser feita merece ser feita corretamente". Ela era muito crítica com relação aos esforços da sua filha Carrie de oito anos. Nada do que a menina fizesse era bom o suficiente.

Exercício de Autodescoberta

Criando Alternativas de Percepção

Pense em uma situação que lhe desperte fortes sentimentos de contrariedade. Escreva uma alternativa de percepção. Procure a oportunidade e o potencial positivo da situação. Se esta estiver no passado, pense no que você aprendeu. Use o seguinte formato para o exercício.

Situação ______________________________

Meus pensamentos ______________________________

Alternativa de percepção ______________________________

Meus novos sentimentos ______________________________

Recorra a este exercício como uma maneira de criar alternativas de percepção sempre que você tiver pensamentos e sentimentos de contrariedade.

Melinda foi chamada à escola para uma reunião na qual a professora disse que Carrie carecia de autoconfiança e tinha pavor de cometer erros. Por conseguinte, ela se recusava a tentar fazer as coisas. A professora tinha conversado com Carrie e descobrira um padrão de pensamento repetitivo que a criança verbalizava: "Tenho que fazer as coisas direito e não consigo". Com essa convicção, não é de causar surpresa que ela se recusasse a tentar.

Melinda havia transmitido a sua atitude para a filha. Suas críticas constantes fizeram com que Carrie se sentisse inadequada. Melinda precisa compreender que as suas convicções e o seu comportamento contribuem para o desânimo da filha. Ela precisa estimular a criança concentrando-se nos esforços e nas qualidades dela. Melinda pode iniciar esse processo examinando o próprio desejo de controle e perfeição.

A Escolha É Sua: Objetivos, Convicções e Sentimentos

Suponha que você acabou de romper um relacionamento. Você teve vários relacionamentos ultimamente e está desanimado, acreditando que não consegue manter um relacionamento. Qual é a finalidade do seu desânimo? Se você examinar a tabela de "Propósitos das Emoções Desagradáveis Habituais" (Apêndice B), descobrirá que o desânimo pode servir ao propósito de você dar a si mesmo permissão para dar tempo ao tempo ou desistir. Se você acredita que não consegue manter um relacionamento, você provavelmente vai desistir.

Examine os seus pensamentos. Talvez você esteja dizendo a si mesmo algo como:

> — Nunca vou conseguir encontrar alguém. Vou acabar sozinho. Isso seria horrível. Eu simplesmente não vou conseguir suportar essa situação! O que eu tenho que faz com que isso sempre aconteça?

Se você dissesse essas coisas para si mesmo, certamente acabaria desanimado, talvez até deprimido. Apenas porque você ainda não encontrou ninguém, que prova existe de que você nunca encontrará ninguém? Mesmo que você nunca encontre ninguém, que provas existem de que ficar sozinho seria horrível? Talvez não seja a situação que você prefere, mas isso não significa que seja horrível. Pode ser ou não difícil de aceitar, mas não existe nenhuma prova de que você não conseguiria suportá-la. Muitas pessoas permanecem solteiras e têm uma vida feliz e produtiva.

A sua pergunta "O que eu tenho que faz com que isso sempre aconteça?" pressupõe que você seja o único culpado pelo fracasso dos relacionamentos. Este é um ponto de vista bastante onipotente!

Você precisa reacender a sua coragem. Para fazer isso, tome a decisão de que não irá aceitar a sua convicção irracional. Você poderia mudar seu modo de pensar dizendo a si mesmo, por exemplo:

— O fato de eu não ter encontrado ninguém até agora não significa que eu nunca encontrarei uma pessoa. Não sou inteiramente responsável pelo fracasso dos relacionamentos que tive até agora. Além disso, mesmo que eu não encontre alguém e acabe sozinho, não posso dizer que seja uma situação horrível, embora possa ser frustrante e lamentável. Sou capaz de lidar com ela. Posso examinar a minha participação nos fracassos e ver como posso agir de maneira diferente.

Se você decidiu dizer a si mesmo essas coisas em vez de "Eu nunca etc." você estará em posição de resolver o problema e seguir em frente. A sua última declaração, "Posso examinar..." é uma alternativa de percepção: você decidiu verificar o que pode aprender com seus erros. Talvez você seja perfeccionista; os perfeccionistas não encontram defeitos apenas em si mesmos; eles também enxergam imperfeições nos outros. Talvez ninguém tenha demonstrado estar à altura das suas expectativas. Ou então, será que você quer controlar as coisas ou acha que os outros devem fazer o que você quer? As pessoas resistem a ser controladas e a ceder. Talvez seja interessante você pedir a opinião de um amigo chegado.

Agora que você chegou à conclusão de que é possível encontrar alguém e que você não ficará arrasado se isso não acontecer, você pode agir em função dessa nova convicção. Você agora tem a coragem de continuar a tentar. Além disso, você conseguiu esclarecer um pouco a sua participação no problema e pode tomar medidas para mudar as suas expectativas e exigências com relação aos outros.

Tornando-se um "AEP"

Desenvolvemos uma fórmula simples de três passos para ajudar você a se lembrar do processo necessário para escolher novos sentimentos. Nós a chamamos de fórmula AEP.

A — *Aceite* a si mesmo e aos seus sentimentos. Como você aprendeu, a mudança envolve inicialmente você se aceitar com todos os seus sentimentos, compreendendo que você é um ser humano imperfeito. Aprenda a avaliar apenas o seu comportamento e não o seu valor pessoal. Se você não aceitar a si mesmo, não será capaz de aceitar os seus sentimentos, e se você não aceitar os seus sentimentos não conseguirá mudá-los. A mudança exige aceitação; pode parecer paradoxal, mas é simplesmente um fato da vida.

Quando você começar a mudar os seus sentimentos, você cometerá erros. Nessas ocasiões, a aceitação torna-se crucial para a auto-estima.

Sempre que você tiver dificuldade para aceitar a si mesmo ou os seus sentimentos, aceite o fato de que você não está aceitando a si mesmo! Lembre-se de que a aceitação é a chave.

E — *Escolha* novos propósitos, convicções e sentimentos. As emoções servem a um propósito. Aprenda a reconhecer o que você está tentando conseguir com um certo sentimento. A tabela no Apêndice B, "Propósitos das Emoções Desagradáveis Habituais", poderá ajudar você a identificar a finalidade do sentimento que o está amofinando. Determine se alcançar esse objetivo irá beneficiar você a longo prazo. Você está disposto a arcar com as conseqüências?

Lembre-se de que as suas convicções geram os seus sentimentos. Quando você decidir encarar os eventos perturbadores como lamentáveis em vez de horríveis, ou como oportunidades em vez de obstáculos, você produzirá novos sentimentos. Pergunte a si mesmo: "De que outras maneiras posso olhar para esta experiência?"

P — *Ponha* em prática as novas escolhas. A mudança exige ação. Não basta simplesmente pensar a respeito de como as coisas podem ser diferentes; você precisa torná-las diferentes por meio da ação. Aja em função de seus novos propósitos, convicções e sentimentos.

À medida que você for avançando na leitura do livro, nós o lembraremos da fórmula AEP. Lembre-se de que para se tornar um AEP você:

A — Aceita a si mesmo e aos seus sentimentos.

E — Escolhe novos propósitos, convicções e sentimentos. "De que outras maneiras posso interpretar o que está acontecendo?"

P — Põe em prática a nova escolha. Age em função dos seus novos propósitos, percepções e sentimentos.

Itens Principais: Capítulo 2

1. O que você acredita a respeito de si mesmo e das suas experiências produz as suas emoções.
2. As convicções irracionais (convicções que não refletem a realidade) interferem na felicidade e causam problemas na vida pessoal e nos relacionamentos. O pensamento irracional freqüentemente assume a forma de exigências, da convicção de que você não consegue suportar a situação, de queixas e de culpa.
3. Quando você acredita em noções absolutas com relação a si mesmo, aos outros ou aos seus problemas do dia-a-dia, bem como ao que você quer, você está convertendo os seus desejos em necessidades. Quando você cria a sua própria verdade, é provável que fique extremamente contrariado quando a vida não transcorrer como você acha que deveria.
4. Quando você faz exigências, ou seja, diz a si mesmo que a vida, os outros ou você deveriam ou precisam ser de uma certa maneira, você está encarando os desapontamentos como catástrofes, e dizendo a si mesmo que a situação é péssima, horrível ou terrível.
5. Quase todas as coisas desagradáveis que acontecem na vida das pessoas são meramente frustrantes, lamentáveis e, às vezes, inconvenientes, mas raramente catastróficas.
6. Quando você cria intensos sentimentos de contrariedade, você não apenas exige que as coisas aconteçam como você quer (e considera a situação uma catástrofe quando verdade não é), como também culpa e condena a si mesmo e/ou os outros.
7. Você também diz a si mesmo que não consegue suportar o que está acontecendo e que você é fraco e impotente para fazer qualquer coisa. Mas onde está a prova de que você não pode suportar alguma coisa? Você enfrentou desafios difíceis no passado.

8. A origem de uma convicção irracional é a exigência. Exigir faz com que você não consiga suportar a situação, se queixe, culpe e produza fortes emoções de contrariedade. Assim sendo, quando você ficar excessivamente aborrecido, procure primeiro as declarações de exigência.
9. Você pode transformar as convicções irracionais em racionais e criar sentimentos menos intensos, o que o estimulará a resolver os problemas. Ao compreender que as suas exigências são na verdade apenas fortes preferências, você poderá suportar a situação quando os seus desejos forem violados.
10. Tenha em mente que a maioria das "catástrofes" são na verdade desapontamentos.
11. Você pode aceitar a si mesmo e aos outros como pessoas de valor apesar de um comportamento falho ou inadequado.
12. Assuma a responsabilidade pelas suas emoções. Não use uma linguagem passiva como: Ele/ela me fez sentir..." ou "Alguma coisa tomou conta de mim". Diga e acredite no seguinte: "Eu escolhi ficar zangado"; "Eu me deprimi".
13. Desafie, conteste e expulse energicamente suas convicções irracionais.
14. Veja o lado positivo do negativo. Pergunte a si mesmo: qual é a oportunidade, o potencial positivo ou o que pode ser aprendido desta situação desagradável?
15. Assuma a responsabilidade pelas suas ações para com os outros. O fato de todo mundo criar as próprias convicções e sentimentos não o deixa livre para dizer ou fazer tudo que você bem entende sem a devida responsabilidade pelo resultado.

3

Quando os Sentimentos Nos Fazem Sofrer

Primeiros Socorros para Feridas Emocionais

Muito bem, você se convenceu. A idéia de assumir o controle das emoções é atraente. Você gostaria de começar de imediato, mas não sabe exatamente por onde começar. Você reconhece que terá de agir de alguma maneira para fazer escolhas com relação aos seus sentimentos. E você prevê que essas ações provavelmente envolverão um certo mal-estar. Sugerimos que você comece no ponto de menor desconforto e vá avançando pouco a pouco em direção às tarefas que exigem mais esforço.

O fato de você começar devagar lhe proporcionará mais chances de sucesso. Embora você deseje trabalhar as questões emocionais complicadas da sua vida, sugerimos que não comece no nível mais difícil. Seus objetivos finais provavelmente estão muito distantes, e seria desanimador, quem sabe impossível, atingi-los, a não ser que você se aproxime gradualmente, subindo um degrau de cada vez.

Se você decide, por exemplo, iniciar um programa de caminhada porque ouviu dizer que andar três quilômetros em trinta minutos várias vezes por semana é bom para a saúde, e tentar alcançar essa meta no primeiro dia, provavelmente você desistirá. Se em vez disso você começar devagar e aumentar gradativamente o percurso e o ritmo da caminhada no decorrer de várias semanas, as suas chances de sucesso serão excelentes. Portanto você vai usar esse mesmo processo para começar a exercitar o poder da escolha emocional. Comece lentamente e aumente pouco a pouco o nível de dificuldade no decurso das próximas semanas.

Os procedimentos deste capítulo equivalem aos "primeiros socorros" para ajudar você a "enfaixar" as emoções feridas para obter um alívio temporário quando você iniciar o processo da mudança. Leia e comece a aplicar estas idéias. Trata-se de procedimentos simples, mas podem se revelar ferramentas poderosas, especialmente quando combinadas com outras que você irá aprendendo à medida que avançar na leitura do livro. Ao acabar de ler o capítulo, você estará pronto para se decidir por um ou dois caminhos que sugerimos para você começar.

A Prática do Exercício Físico

Você provavelmente conhece os benefícios do exercício para a saúde física, mas talvez não saiba que o exercício físico também é bom para a saúde mental. Quando você está irritado, ansioso ou estressado, o exercício pode ajudá-lo a drenar a energia gerada por essas emoções. Se você estiver deprimido, o exercício físico pode energizá-lo e ajudar a combater o desânimo.

Como uma maior quantidade de sangue e oxigênio é bombeada para o cérebro quando você está em atividade, o exercício físico também pode ajudar a aguçar a sua capacidade de raciocínio. A prática regular do exercício também ajuda a aumentar a concentração. Se você não estiver praticando regularmente exercícios aeróbicos, comece agora. Leia alguns bons livros sobre exercícios e depois consulte um médico enquanto elabora um programa de exercícios personalizado.

Relembrar Êxitos do Passado

Uma maneira de iniciar o processo de mudança é relembrar e apoiar-se nos antigos êxitos. É comum as pessoas esquecerem que tiveram muitas experiências positivas. Que desenvolveram maneiras de enfrentar desafios difíceis e obtiveram êxito.

Quando você deparar com novos desafios, vasculhe na sua memória experiências iguais ou semelhantes do passado, ocasiões em que você se saiu bem. Como você lidou com a situação? O que você fez especificamente? Como você pode aplicar essa estratégia ao seu desafio atual?

> Jenny tinha pela frente uma entrevista sobre seu trabalho de conclusão do ano letivo com o professor de história, que era intransigente e perfeccionista. Ela temia que o trabalho não estivesse à altura dos padrões dele, embora achasse que tinha feito o melhor que podia. Ela também tinha a tendência de ficar na defensiva quando alguém a criticava.
>
> Jenny lembrou-se de um confronto semelhante que tivera com uma professora de inglês no segundo grau. Ela sobrevivera à entrevista simplesmente ouvindo a professora e agradecendo pelas sugestões dela, de modo que decidiu empregar a mesma estratégia na situação atual. Em decorrência da sua decisão, a entrevista terminou de uma maneira positiva para ambos. O professor entendeu melhor a perspectiva de Jenny, que por sua vez aprendeu muito com a crítica construtiva do professor.

Seguindo Exemplos

Esta é uma tática que envolve observar pessoas que parecem administrar com eficácia seus sentimentos. O que elas têm que as torna bem-sucedidas? Como é a aparência delas? O que elas dizem? O que você pode aprender com elas que pode valer a pena ser incorporado ao seu comportamento? Observe particularmente como elas usam o contato visual, a expressão facial, a postura, os gestos, o tom e o volume da voz e a linguagem para se expressar com eficácia.

Ler a autobiografia de pessoas bem-sucedidas pode lhe fornecer pistas a respeito da eficiência delas. Procure maneiras de seguir o exemplo delas. Ou então procure personagens de ficção ou da vida real que você admira e identifique as atitudes e comportamentos específicos que os levaram a ser bem-sucedidos.

Entrevistas

As entrevistas podem ser combinadas à pratica de seguir exemplos. Escolha um amigo ou colega que você admire e em quem confie. Explique os problemas que você está tendo com suas emoções e pergunte a ele como ela administra os sentimentos. Experimente alguns dos tipos de comportamento eficazes sugeridos.

Auto-instrução

Os atletas, oradores públicos e atores usam a auto-instrução para entrar no estado de espírito adequado antes de uma apresentação. A auto-instrução envolve dar a si mesmo instruções positivas quando você estiver praticando novas atitudes e sentimentos. Já que dizer a si mesmo para não fazer alguma coisa costuma gerar um conflito interior, concentre-se em o que fazer em vez de em o que não fazer. Crie declarações positivas. Eis alguns exemplos que outras pessoas acharam proveitosos:

"Fique tranqüilo."
"Vá com calma."
"Você consegue."
"Você vai sobreviver."
Para interromper pensamentos negativos: "Este baixo astral (seus pensamentos negativos) é realmente necessário?"
"Relaxe."
"Fique frio."
"Vá com calma."
Faça uma prece, como "Senhor, me ajude neste momento."

Evitar o Primeiro Impulso

Esta técnica envolve examinar imediatamente o seu sentimento, interrompendo-o antes que você se permita ficar mais aborrecido. Se alguém, por exemplo, faz alguma coisa para provocar sua irritação, vire para a direção oposta. Assim que você perceber o primeiro lampejo de raiva, diga para si mesmo "Pare" e respire fundo.

Pegando a Si Mesmo

Para levar a abordagem anterior um pouco mais adiante, use o seguinte procedimento de três passos. Os psicoterapeutas adlerianos Harold Mosak e Rudolf Dreikurs o chamam de "Pegando a Si Mesmo" porque, na verdade, você se pega tendo uma emoção inapropriada e decide mudar. Os passos deste processo são os seguintes:

Primeiro Passo: "Depois". Você se pega sentindo determinada emoção que você deseja mudar depois de ela se manifestar. Por exemplo, suponhamos que você quer se reeducar para reduzir sua irritação. Você diz a si mesmo: "Muito bem, isto é algo que me irrita e, nesta situação, não vou ficar irritado". Você está realmente firme e decidido, mas não agüenta e explode. No momento em que você reconhece que não agüentou, e se não se censurar por ter feito isso, você dá o primeiro passo em direção à mudança. Diga para si mesmo: "Tudo bem, eu não agüentei. Como vou lidar com a situação da próxima vez?" Se você repetir este processo com bastante freqüência e trabalhar em cima dele, você estará pronto para avançar para o segundo passo de pegar a si mesmo.

Segundo Passo: "Durante". Depois de praticar um pouco, você descobrirá que começa a se pegar durante a manifestação de uma emoção. Enquanto a situação ainda se desenrola, você reconhecerá sua irritação e a interromperá: "Escute aqui, eu (você se pega)... quero dizer, por que não conversamos sobre o assunto?" Se você não condenar a si mesmo mais tarde por ter começado a perder o controle, e em vez disso se parabenizar, você acabará chegando ao terceiro passo.

Terceiro Passo: "Antes". Agora você pode começar a se pegar antes que a emoção se manifeste. Em outras palavras, você está aprendendo a não deixar que outras pessoas ou as circunstâncias da vida induzam os seus sentimentos — você assumiu o controle!

O Uso de Lembretes e Sinais

É claro que você já ouviu histórias de pessoas que amarram um barbante no dedo para se lembrar de alguma coisa. Eis algumas idéias que você pode usar como sinais:

- Escreva suas auto-instruções em fichas de arquivo, como "Ombros para trás, cabeça erguida, caminhe com confiança" ou "Fique atento ao tom de voz." Consulte as fichas sempre que precisar de instruções.
- Coloque suas auto-instruções ou outros lembretes positivos na sua agenda onde você irá vê-las o dia inteiro.
- Coloque um slogan ou instruções no espelho do banheiro como um lembrete do que você precisa se lembrar durante o dia.
- Compre um relógio de pulso com diferentes alarmes ou toques que soem de meia em meia hora. Ajuste o relógio para bipar você o dia inteiro. Escolha uma mensagem mental positiva para dizer a si mesmo sempre que o bipe soar.
- Coloque cartuns que o façam lembrar de si mesmo em um lugar onde você os veja com freqüência.

Distrair-se

Escolha assuntos positivos nos quais poderá pensar ou planeje atividades a que possa se dedicar quando der consigo entregando-se a pensamentos e sentimentos negativos. Algumas pessoas verificam que concentrar-se em uma prece ou mantra favorito as distrai e faz com que se afastem dos pensamentos negativos.

A distração não é idêntica à negação ou à repressão. As pessoas que negam seus sentimentos o fazem inconscientemente. Reprimir os sentimentos é simplesmente soterrá-los, e os sentimentos soterrados podem ser desenterrados! A distração é diferente; trata-se da escolha consciente de se concentrar em temas positivos.

Agir "Como Se"

O Dr. Harold Mosak sugere a técnica de agir "como se". Um antigo conto folclórico europeu descreve o método de agir como se.

> Um homem cujo rosto era deformado tinha vergonha de aparecer em público. Ele contratou um fabricante de máscaras para fazer para ele a máscara de um belo rosto de homem. Com o seu novo "rosto" e bem mais confiante, ele começou a se relacionar com as pessoas da localidade. Ele conheceu uma jovem e passou a cortejá-la. O relacionamento deles aprofundou-se e o casamento estava prestes a acontecer. Na véspera do casamento, à noite, ele não conseguiu mais se conter; tinha de confessar o que fizera. Assim sendo, contou à noiva a história da desfiguração e do fabricante de máscaras. Ele tirou a máscara para mostrar à futura esposa a sua verdadeira aparência. Ela não viu nenhuma diferença. O homem olhou no espelho e, vejam só, o seu rosto se tornara igual à mascara!

Este conto ilustra o poder que encerra o desempenho de um papel. Se você representar um papel por tempo suficiente, você entra dentro dele, as suas convicções começam a mudar.

As crianças pequenas são particularmente competentes na representação de papéis, mas esta habilidade freqüentemente é perdida quando elas se tornam adultas e passam a viver no "mundo real". É chegada a hora de recuperar essa aptidão.

Agir "como se" pode influenciar poderosamente a sua vida. Por exemplo, se você costuma ficar nervoso diante de situações novas, agir como se você estivesse confiante e relaxado lhe confere a oportunidade de experimentar os resultados de um novo desembaraço e confiança.

Você pode estar pensando: "Mas isso não é uma mistificação, um fingimento, uma falsa impressão?". Não! Você desempenha papéis o tempo todo. Você se lembra quando foi à entrevista do seu primeiro emprego? Você não procurou causar a melhor impressão possível? Você também não faz a mesma coisa quanto tentar atrair uma pessoa com quem deseja sair?

Como o homem e a máscara, a sua aparência física pode afetar a maneira como você se sente. Se você estiver zangado com a sua chefe e deixar que ela saiba como você está se sentindo não for prudente, use um espelho para praticar e exibir uma aparência cordial. Utilize um gravador para treinar um tom de voz agradável e escolher as palavras adequadas.

Agir "como se" pode ser comparado a experimentar um par de sapatos novos para ver como você se sente neles. E à semelhança do que acontece com o par de sapatos novos, o novo papel pode ser incômodo no início, mas você conseguirá pouco a pouco "torná-lo confortável".

Concentrar-se no Procedimento, Não nos Resultados

Muitas pessoas se perdem ao tentar mudar porque se concentram em monitorar "como estão se saindo" durante o processo. Imagine tentar dirigir um carro dessa maneira. Se você ficasse constantemente avaliando o seu progresso, você poderia acabar se chocando com outro carro!

Concentre-se no que você está fazendo, na tarefa que tem diante de si. Guarde a sua avaliação para quando concluir a incumbência.

Tim tinha pela frente uma difícil apresentação para o chefe. Ele precisava defender o projeto do seu departamento para atingir as metas de produção da empresa. Tim estava nervoso; ele sabia que futuras promoções poderiam depender do seu desempenho.

Ele se preparou para a reunião analisando cuidadosamente a sua apresentação. Decidiu permanecer concentrado na tarefa independentemente de como se sentisse durante a entrevista. Ele conseguiu obter êxito dizendo para si mesmo, todas as vezes que se sentia ansioso a respeito de como estaria se saindo: "Atenha-se ao assunto, concentre-se no que você está fazendo".

Apesar de não ter conseguido sair incólume da experiência, ele causou uma boa impressão. O chefe aprovou o projeto e congratulou Tim pelo desempenho de sua equipe.

Embora todas as idéias deste capítulo possam ajudá-lo, não é necessário que você aplique todas de uma vez. Escolha uma ou duas para começar e guarde as outras para quando precisar. Decida por onde começar baseado em quão à vontade você se sente com relação às idéias, onde você acredita que pode ter sucesso.

Itens Principais: Capítulo 3

1. Exercite-se. Quando você está irritado, ansioso ou estressado, o exercício pode ajudar a drenar a energia criada por essas emoções. Se você estiver deprimido, o exercício físico poderá animá-lo e ajudar a combater o desânimo.

2. Relembre êxitos do passado. Quando você se vir diante de novos desafios, vasculhe na sua memória experiências iguais ou semelhantes no passado, ocasiões em que você obteve êxito, e aplique as estratégias que você usou na época ao seu desafio atual.
3. Siga o exemplo de pessoas eficientes. Isso envolve estudar pessoas que parecem administrar com eficácia os sentimentos e descobrir o que você pode aprender com elas.
4. Entreviste alguém que você admira e em quem confia. Explique quaisquer problemas que você esteja tendo com as suas emoções e pergunte à pessoa como ela administra os sentimentos dela.
5. Pratique a auto-instrução. Dê a si mesmo instruções positivas quando estiver exercitando novas atitudes e sentimentos. Exemplos: "Fique tranqüilo"; "Vá com calma".
6. Evite o primeiro impulso. Reagir à provocação com a primeira coisa que você tem vontade de fazer freqüentemente reforça o comportamento da outra pessoa. Volte-se na direção oposta.
7. Pegue a si mesmo. Aprenda a se apanhar quando tiver uma emoção inadequada e esforce-se para mudar.
8. Use lembretes e sinais. Coloque em lugares bem visíveis lembretes de vários tipos de mudanças que você deseja realizar.
9. Distraia-se. Escolha temas positivos sobre os quais pensar ou planeje atividades às quais possa se dedicar quando der consigo entregando-se a pensamentos e sentimentos negativos.
10. "Aja como se". Esta atitude pode exercer uma poderosa influência na sua vida. Por exemplo, se você costuma ficar nervoso em situações novas, agir como se você estivesse confiante e relaxado lhe dá a oportunidade de experimentar os resultados da nova confiança e desenvoltura.
11. Preste atenção ao que você está fazendo e não à maneira como está fazendo. Concentre-se no que estiver fazendo durante o processo de realizar uma mudança em vez de se fixar em como você está se saindo. Fazer uma avaliação durante o processo pode interferir nos seus esforços. Faça a sua apreciação depois de concluir a tarefa.

4

Culpa

A Grande Muralha

Pratique o mal ou sinta-se culpado, mas não faça as duas coisas; é trabalhoso demais.

— RUDOLF DREIKURS

O arrependimento e o remorso são sentimentos naturais quando cometemos erros ou fazemos uma coisa que prejudica outra pessoa. Esses sentimentos podem nos levar a efetuar mudanças no nosso comportamento.

No entanto, os sentimentos de culpa vão além do arrependimento e do remorso. De acordo com o psicólogo Walter "Buzz" O'Connell e sua colega Elizabeth Hooker, "Os sentimentos de culpa são provenientes da horrível confusão entre o julgamento do valor das pessoas e dos eventos, e o julgamento do valor das ações. Todas as pessoas são mais do que as suas ações".

O problema da culpa, portanto, não é nos sentirmos mal com relação ao que fizemos; é nos rotularmos como pessoas más por causa do que fizemos.

Pam era geniosa. Ela freqüentemente gritava com Frank, o filho de sete anos, quando ele a aborrecia. Ela se sentia culpada, punindo-se por meio de declarações como: "Eu não deveria ficar tão zangada. Os bons pais são mais pacientes. Sou uma péssima mãe!" Mais tarde, ela pedia desculpas a Frank:

— Me desculpe por ter gritado com você, Frank. Às vezes a raiva toma conta de mim.

Depois de se desculpar, Pam se sentia melhor. Mas seus sentimentos de culpa e subseqüentes pedidos de desculpas não a compeliam a mudar seu comportamento. E não demorava muito para que ela desse consigo gritando com Frank, sentindo-se culpada e novamente pedindo desculpas. O ciclo continuava.

Como Pam grita com o filho, ela automaticamente pressupõe que não é uma boa mãe, em vez de compreender que teve uma atitude inadequada. A experiência de Pam é comum. Quantas vezes você já não deu consigo em uma situação semelhante, ou seja, você se comportou de uma maneira inadequada e rapidamente concluiu que é uma má pessoa?

Como no caso de Pam, a culpa freqüentemente resulta em sentimentos e atitudes indesejados, em vez de desenvolver novos tipos de comportamento. Na verdade, a culpa é freqüentemente um substituto para a mudança. Quando você encontra pessoas sem-teto, você pode ter pena delas, e se sentir culpado porque tem um emprego e um teto sobre a sua cabeça. No entanto, em vez de fazer alguma coisa para aliviar o problema dessas pessoas, você pode deixar que a pena que sente delas e o sofrimento proveniente da sua culpa sejam suficientes.

Às vezes o sentimento de culpa conduz à ação, mesmo que o propósito da ação seja possibilitar que você se sinta melhor e não beneficiar a pessoa que você prejudicou. Suponha que Pam tivesse deixado Frank ficar acordado até mais tarde ou comprado um brinquedo para ele para compensar a sua explosão de raiva. Estaria ela ensinando Frank a tirar vantagem da culpa da mãe? Esta é uma lição medíocre para Frank e uma solução insatisfatória para Pam.

A Culpa Pode Servir a Vários Propósitos

Como revela a tabela "Propósitos das Emoções Desagradáveis Habituais" (Apêndice B), a culpa pode servir a várias finalidades. Vamos examinar mais de perto alguns desses propósitos.

Punir a Si Mesmo

Quando você acha que agiu de maneira inadequada, você pode se punir com a culpa. Esta dói e portanto torna-se a punição perfeita. Mas o castigo não é um propósito duradouro. Depois que você paga o preço, ou seja, experimenta os sentimentos de culpa, você está livre para "pecar de novo".

Desafiar a Obrigação

> Os sogros de Al estavam para ir visitá-los. Embora Al não se desse bem com Sam, seu sogro, Victoria, a mulher de Al, pediu a este que prometesse ser civilizado com Sam e não fizesse nada que o aborrecesse. Al achava que devia respeitar a vontade de Victoria, de modo que prometeu agir como ela estava pedindo, apesar de realmente "não conseguir suportar" as constantes críticas de Sam.
>
> Chegou o dia da visita e Sam começou logo, criticando o carro novo de Al. "Pouco prático e muito caro", foi a crítica de Sam. Al ficou quieto, fervilhando por dentro. Depois de mais três investidas, que incluíram a cor do tapete de Al e Victoria, e o restaurante que Al escolhera para o jantar, Al explodiu e disse umas verdades para o sogro.
>
> Ao ver a expressão de Victoria, Al imediatamente sentiu-se culpado. Ele achou que não deveria ter perdido a cabeça, mas "foi simplesmente mais forte do que ele".

O conflito de Al entre o que ele sentia que deveria fazer, ou seja, ceder aos desejos de Victoria, e o que ele queria fazer, ou seja, dizer a Sam poucas e boas, gerou o seu sentimento de culpa por ter explodido. Ele sabia que, apesar de ter prometido respeitar a vontade de Victoria, não tinha na verdade a intenção de fazer isso. Os seus sentimentos de culpa resultavam diretamente do seu comportamento de desafio.

Desculpar-se por Agir de Maneira Inadequada

Quando você se sente culpado, você sofre. Por que você deveria sofrer mais ainda tentando mudar? Já não basta o sentimento de culpa?

Sem dúvida você já teve a experiência de se esquecer de cumprir uma obrigação ou de não se mostrar à altura das suas expectativas ou das de outra pessoa. E você pode ter se sentido culpado por causa disso. Se você sentiu culpa, você estava dizendo a si mesmo que "deveria" ter feito o que era esperado de você (ou que não deveria ter feito). Mas a seguir você pode ter se desculpado pensando: "Estou ocupado demais", "Eu simplesmente esqueci" ou "Ela espera demais de mim". Em outras palavras, você cria desculpas para o comportamento que você considera inadequado. Como você julga a sua atitude inapropriada, você se sente culpado, e a culpa serve para "desculpar" o seu mau procedimento.

Demonstrar Superioridade

Você já teve a seguinte experiência? Você está se sentindo culpado porque chegou tarde ao trabalho e alguém teve de substituir você. No entanto, outra pessoa que fez a mesma coisa não parece se importar. Você então pode pensar: "Qual é o problema dessa pessoa? Ela não dá a mínima para o que aconteceu? Bem, eu pelo menos me importo!"

Esses pensamentos indicam que o propósito da sua culpa é demonstrar superioridade. Ao se sentir culpado, você pode menosprezar aqueles cujo caráter, na sua opinião, deixa a desejar.

Proteger-se dos Fortes Sentimentos de Raiva

> Jana foi criada em um lar no qual a raiva não era considerada um sentimento que pudesse ser expressado e que era severamente punido. Por outro lado, a culpa era esperada. Desse modo, a culpa era uma reação familiar e segura. Não é de causar surpresa que Jana tivesse problemas com a raiva. A crítica das outras pessoas fazia com que ela se sentisse culpada com relação ao seu comportamento. O fato de a crítica ser ou não merecida não fazia nenhuma diferença. Ela não podia correr o risco de ficar zangada.

Jana é obviamente uma pessoa infeliz e um excelente alvo para as críticas. Embora a raiva possa ter sido passível de punição na sua família de origem, Jana não vive mais com ela. Nos seus relacionamentos atuais, Jana poderá descobrir que expressar a raiva que sente quando não merece a crítica abrirá o caminho para melhores sentimentos e uma maior proximidade. Esta atitude certamente poderá elevar a sua auto-estima e livrá-la da culpa.

Expressar "Boas Intenções Que na Verdade Não Temos"

Se você quiser causar uma boa impressão ou desejar que alguém o deixe em paz sem escolher novos tipos de comportamento, a culpa pode servir a esse propósito. Ao sentir-se culpado, você com freqüência convence a si mesmo e aos outros de que as suas intenções são boas. Mas você sabe o que se diz a respeito das boas intenções!

Se você realmente tem boas intenções, você agirá de um modo diferente. Você fará o que é necessário ou apropriado sem se sentir culpado.

Motivar uma Mudança Positiva

A culpa também pode servir a propósitos vantajosos. A culpa pode ser um indício de que você precisa realizar algumas mudanças, se você interpretá-la dessa maneira e tomar algumas decisões positivas. O problema é que a maioria das pessoas pára nos sentimentos de culpa. Esta não as estimula a efetuar mudanças permanentes no comportamento.

Convicções Que o Fazem Ter Propensão para a Culpa

Se você nutre uma ou mais das seguintes convicções irracionais, você é vulnerável a sentimentos de culpa.

Preciso Ser Perfeito. O perfeccionismo é uma arapuca para o sentimento de culpa. Se você acha que precisa ser perfeito, você não consegue tolerar erros. E como o fato de você ser humano implica que você cometerá erros, você se sentirá culpado. A sensibilidade do perfeccionista à crítica o torna vulnerável aos sentimentos de culpa.

Preciso Agradar aos Outros. As pessoas que querem agradar o tempo todo sempre falham, pois é impossível agradar continuamente a todos. Além disso, as outras pessoas manipulam esse tipo de pessoas, aproveitando-se da culpa delas. As pessoas que querem agradar continuamente não conseguem dizer não. E se você não consegue dizer não, você se sentirá sobrecarregado e culpado.

Preciso Estar Certo. Ter que estar certo é um fardo impossível. Você precisa saber tudo e ser capaz de convencer os outros de que eles estão errados. Esta tarefa nem sempre pode ser realizada e a culpa se faz presente.

Preciso Estar no Controle. Estar no controle nas situações interpessoais requer uma tremenda quantidade de energia. As pessoas e as situações têm um jeito especial de fugir ao nosso controle e você, o controlador, pode não ser capaz de lidar com essa realidade. Além disso, aqueles que tentam dominar o autocontrole de vez em quando encontram fendas na sua armadura e podem sentir-se culpados quando perdem o controle, como acontece às vezes com todos os seres humanos.

Preciso Ajudar os Outros. As pessoas que cronicamente oferecem ajuda, inclusive os conselheiros profissionais, psicólogos, enfermeiros, para citar apenas alguns, com freqüência oferecem ajuda quando esta não é solicitada. A ajuda não requerida freqüentemente irrita as pessoas. Quando sua ajuda é rejeitada, as pessoas que sempre querem ajudar equiparam a recusa da ajuda à rejeição pessoal. Até mesmo a ajuda solicitada pode falhar. Você pode não oferecer a ajuda da maneira que alguém espera, por exemplo, e sentir-se culpado se as coisas não derem "certo".

Não Consigo Suportar Quando as Pessoas Ficam Zangadas Comigo. Se você é um dos milhões de pessoas que têm medo de ser alvo de raiva, você pode se sentir culpado quando os outros ficam zangados com você. Você pode não deixar que os outros sejam responsáveis pela raiva deles.

Preciso Ter Sucesso. À semelhança dos perfeccionistas, aqueles que buscam o sucesso ficam sobrecarregados, sempre tentando chegar na frente ou ser os primeiros. Como o sucesso constante é uma meta impossível, essas pessoas são uma presa fácil para os sentimentos de culpa.

Sou Inferior aos Outros. Os sentimentos de inferioridade e a culpa caminham de mãos dadas. As pessoas que se consideram inferiores se sentem culpadas por acreditar que têm menos valor do que os outros. Na base da inferioridade delas está a convicção de que "para ter valor, eu deveria ser melhor do que os outros". Em decorrência disso, elas atravessam a vida com um medidor, comparando constantemente o seu desempenho com o dos outros. Com freqüência elas dão consigo aquém do que esperavam.

Os Pensamentos e os Sentimentos de Culpa

Você pode determinar de que maneira você se convence a ter sentimentos de culpa examinando os seus pensamentos. Os pensamentos que produzem culpa freqüentemente resultam em declarações a respeito do seu valor pessoal e estão repletos de termos absolutos como deveria, devia, tenho que, preciso, sempre, nunca, não consigo, horrível. Eles refletem as convicções pessoais que acabam de ser discutidas. Eis alguns exemplos:

> "Cometi um erro. Eu não deveria ter feito aquilo. Isso é horrível. Não consigo suportar a idéia de cometer erros (Implicação: "Eu deveria ser perfeito"). Sou um inútil".
>
> "Boyd ficou aborrecido comigo porque deixei de fazer o que ele queria. ("Eu tenho de agradar aos outros" ou "Não consigo suportar quando as pessoas ficam zangadas comigo"). Não consigo suportar a idéia de tê-lo desapontado. Isso é terrível! Sou uma pessoa horrível".
>
> "Eu devia saber que isso não se faz! ("Tenho de ser perfeito" ou "Preciso estar certo"). Ela fez com que eu causasse uma má impressão e não consigo suportar isso! Sou um total idiota!"
>
> "Eu não deveria ter dito aquilo. Eu o magoei ("Preciso estar no controle" ou "Tenho de ajudar os outros") e isso é imperdoável! Nunca sei quando devo ficar de boca fechada. Sou uma pessoa terrível".

Quando você ataca o seu caráter em vez de simplesmente julgar as suas ações, você se sente culpado. No entanto, se você se concentrar na ação que você não gosta e recusar-se a avaliar o seu valor com base nos erros cometidos, você sentirá remorso, mas não culpa. E o remorso, ao contrário da culpa, tem uma chance muito maior de motivar a mudança.

Para "livrar-se das culpas", você tem de escolher outro tipo de conversa para ter consigo mesmo. Você precisa se livrar das noções absolutas e das declarações de autocondenação. Observe a dramática mudança na intensidade dos sentimentos quando os pensamentos que produzem a culpa nos exemplos acima são expressos na linguagem que reflete um novo tipo de conversa.

> "Cometi um erro. Isso é lamentável, mas dificilmente pode ser considerado horrível, e eu realmente desejaria não tê-lo cometido. Não gosto de cometer erros, mas isso não é horrível. Posso suportar a idéia. Não deixo de ter valor por ter cometido o erro. Vou corrigi-lo."
>
> "Boyd ficou aborrecido comigo porque deixei de fazer o que ele queria. Sinto tê-lo desapontado, mas não posso agradá-lo o tempo todo. Mesmo assim, sou uma pessoa de valor. Vou refletir a respeito do assunto e decidir se agradá-lo era ou não a coisa apropriada a ser feita, ou se as expectativas dele eram irrealistas."
>
> "Embora eu talvez tivesse me saído melhor se estivesse mais bem informado, o fato é que eu não estava. Sou capaz de suportar a idéia de causar uma má impressão embora na verdade não a aprecie. Não sou um total idiota, mesmo que tenha me comportado tolamente. Vou ver se consigo me preparar melhor da próxima vez, mas isso não é uma garantia de que eu saberei tudo."
>
> "Gostaria de não ter dito aquilo. Mas eu disse. E é lamentável que eu tenha magoado, mas não é imperdoável. Às vezes, não sei quando devo ficar de boca fechada, mas não é verdade que eu nunca saiba quando fazer isso. O que eu disse não me torna uma pessoa terrível."

Usar e acreditar a linguagem mais moderada e imparcial apresentada nos últimos exemplos o livrará da armadilha da culpa e possibilitará que você comece a resolver o problema da culpa. Você adequadamente se arrepende do que fez, você sentirá remorso, mas não terá de suportar o fardo adicional e desnecessário da culpa.

Como Posso Parar de Me Sentir Culpado?

Quando você der consigo se sentindo culpado, use os quatro passos seguintes para "livrar-se da culpa".

1. Examine a finalidade da sua culpa. O Apêndice B ou as descrições de propósito deste capítulo poderão ajudar você nessa tarefa.
2. Analise as suas convicções e pensamentos. Por exemplo, você acha que precisa ser perfeito, estar certo ou sempre ajudar os outros? De que maneira a sua convicção conduz à culpa? O que você está pensando? Anote os seus pensamentos. Procure termos absolutos como "deveria", "devia", "tenho que", "preciso", "horrível", "sempre", "nunca".
3. Escolha novos pensamentos. Escreva novas idéias usando uma linguagem que reflita seu remorso e conduza à resolução de problemas. Use palavras como "gostaria", "desejaria", "seria melhor se", "lamentável", "tenho valor". Exercite-se repetindo seus pensamentos para si mesmo até a sua culpa diminuir.
4. Decida o que você quer fazer. Você tem basicamente duas opções:
   a. Continuar a se sentir culpado.
   b. Comprometer-se com um futuro comportamento. O que você fará de maneira diferente? Faça alguns planos específicos.

Tenha Coragem de Ser Imperfeito

A vida é um trabalho em andamento.

— CARL WEATHERS

A meta da mudança não é a perfeição. Tentar ser perfeito é negar a sua condição humana. Quando você tiver coragem de ser imperfeito, você estará preparado para reconhecer o seu sucesso e corrigir os seus erros.

Concentre-se em qualquer progresso ou esforço genuíno. Conceda a si mesmo o mérito pelo que você fez em vez de ficar pensando no que falta fazer. Encare os seus erros como oportunidades de aprendizado. A maior parte das grandes invenções começou com o fracasso. Anos atrás um engenheiro da 3M desenvolveu uma cola que não grudava permanentemente. Anos depois, outro funcionário da 3M descobriu uma utilização para a cola e os Post-Its foram criados!

Aplique a Fórmula AEP

A — *Aceite* a si mesmo e aos seus sentimentos. Se você já está preparado para se livrar da culpa, comece por aceitar o fato de que você está se sentindo culpado e que isso é aceitável. Embora a culpa o impeça de efetuar mudanças positivas, compreenda que não é errado sentir-se culpado. Você tem o direito de nutrir seus sentimentos.

E — *Escolha* novos propósitos, convicções e sentimentos. A tabela do Apêndice B, "Propósitos das Emoções Desagradáveis Habituais", poderá ajudá-lo a identificar o propósito da sua culpa. Você quer atingir essa finalidade? Tentar alcançar esse objetivo está sendo útil para você?

Digamos que você esqueceu o aniversário da sua mãe e está se sentindo culpado. De acordo com a tabela, os propósitos da culpa são: punir a si mesmo; desafiar a obrigação sem a admissão aberta do desafio; desculpar-se por agir de uma maneira inadequada; demonstrar superioridade; proteger-se de fortes sentimentos de raiva ou expressar boas intenções que na verdade você não tem.

Suponha que você esteja tendo dificuldade para identificar a finalidade da sua culpa. Se for este o caso, examine os seus pensamentos. Eles não apenas lhe mostrarão como você se obriga a sentir-se culpado como também lhe dará informações sobre o propósito da sua culpa. Imagine que você diz a si mesmo:

> Eu devia ter me lembrado do aniversário da mamãe. Ela sempre se lembra do meu. Como pude ser tão desatencioso! Não consigo suportar a idéia de ser desatencioso! Isso é terrível. Ela não merece um filho relapso como eu.

Declarações como essa revelam que a finalidade da sua culpa é obviamente a autopunição. Se você disser a si mesmo que esquecer o aniversário dela foi horrível, mas você tinha muitas coisas na cabeça, a intenção da sua culpa provavelmente é que você desculpe a si mesmo. O que interessa é o seguinte: a sua conversa consigo mesmo freqüentemente pode revelar o propósito dos seus sentimentos.

Para "livrar-se da culpa", você precisa modificar o seu propósito e as suas convicções. Essa mudança significa que você precisa parar de exigir, dizer que não consegue suportar a situação, se queixar e culpar. A maneira como você percebe a situação precisa refletir essa mudança de propósito em uma linguagem clara e razoável. Você decide então dizer para si mesmo:

> É lamentável que eu tenha esquecido o aniversário da mamãe. Eu sei que ela está magoada e provavelmente achando que eu não me importo com ela. Mas eu me importo com ela, mesmo tendo sido desatencioso. Não há desculpa para o meu problema de memória. A verdade é que eu me dei mal! Está na hora de parar de pensar em mim e me concentrar nos sentimentos da minha mãe.

Se você expressar seu novo propósito com declarações racionais como essas, você poderá continuar aborrecido consigo mesmo, mas não se sentirá culpado. Em vez disso, você estará se concentrando nos sentimentos da sua mãe.

Você poderia decidir reformular essa idéia. Pergunte ao seus botões: "O que posso aprender com este erro?" Talvez você precise imaginar um jeito de se lembrar do aniversário da sua mãe. Existe uma oportunidade aqui? Se você e a sua mãe não conversam sobre sentimentos com muita freqüência, o seu erro proporcionou um veículo para uma possível comunicação.

P — *Ponha* em prática as novas escolhas. Depois de decidir modificar seu objetivo e a conversa que tem consigo mesmo, você está pronto para colocar em ação o seu novo propósito. Por exemplo, depois de ter esquecido o aniversário da sua mãe, você poderia demonstrar a sua compaixão telefonando para ela ou visitando-a, caso ela more perto. Peça simplesmente desculpas e escute o que ela tem a dizer. Não apresente justificativas; apenas diga que sente muito e reconheça como ela deve estar se sentindo:

— Mamãe, esqueci o seu aniversário e estou triste por causa disso. Foi falta de consideração da minha parte. Imagino que você esteja magoada, e com razão.

Dê à sua mãe a oportunidade de retrucar. Se ela quiser desculpá-lo, não aceite; você não está telefonando para que sua mãe o livre de uma situação difícil. Diga simplesmente que não existe desculpa para o esquecimento e, se possível, convide-a para jantar para uma comemoração atrasada. Se não for possível estar pessoalmente com ela, talvez você possa enviar para ela a bolsa que ela queria, mas somente depois de discutir a situação com ela. Caso contrário, o presente poderia parecer uma maneira de você se livrar da culpa. Se ela negar que está magoada, aceite o direito dela de não discutir o que está sentindo.

A culpa, como outras emoções, tem seus objetivos, e pode tornar-se uma força positiva, se você a tornar assim. Ao modificar os seus padrões de pensamento e a sua maneira de perceber as coisas, você pode converter a culpa em uma ação positiva e começar a derrubar "a grande muralha".

Pontos Principais do Capítulo 4

1. O problema da culpa não é o fato de você se sentir mal com relação ao que fez e sim de você se rotular de "má pessoa" por causa do que fez.
2. A culpa pode servir aos seguintes propósitos: para você se punir, para desafiar a obrigação, para se desculpar por ter agido de uma maneira inadequada, para demonstrar superioridade, para se proteger de fortes sentimentos de raiva, para expressar "boas intenções que você na verdade não tem" e para motivar a mudança positiva.
3. Interprete a culpa como um sinal de que você precisa fazer algumas modificações positivas e agir em função dessa decisão.
4. Existem certas convicções que fazem com que você tenha tendência para sentir culpa: Tenho que ser perfeito, preciso agradar aos outros, tenho que estar certo, preciso estar no controle, tenho que ajudar os outros, não consigo suportar quando as pessoas ficam zangadas comigo, preciso ter sucesso e sou inferior aos outros.
5. Você pode determinar como você se convence a ter sentimentos de culpa examinando os seus pensamentos. Os pensamentos que produzem a culpa freqüentemente dão origem a declarações sobre o seu valor pessoal e estão repletos de termos absolutos como deveria, devia, tenho que, preciso, sempre, nunca, não posso, horrível.
6. Quando você ataca o seu caráter em vez de simplesmente julgar as suas ações, você se sente culpado.
7. Para "se livrar da culpa": examine a finalidade da sua culpa, analise suas convicções e pensamentos, escolha novos pensamentos e decida o que você quer fazer.
8. Tenha coragem de ser imperfeito. Quando você tiver coragem de ser imperfeito, você estará preparado para reconhecer os seus sucessos e corrigir os seus erros.

5

Irritação

A Emoção Mal Compreendida

Nenhum homem pensa com clareza de punhos cerrados.

— GEORGE JEAN NATHAN

Você já teve um dia como o que é descrito a seguir, um dia em que não deveria ter saído da cama?

O seu péssimo dia começa cedo. Bobby, de seis anos, tenta fingir que está doente e você é obrigado a empurrá-lo porta afora. Faye, de dez anos, esqueceu de entregar a você o aviso sobre a reunião de pais que ela encontrou embolada na calça jeans suja. Você vai ter de reorganizar seus compromissos.

O trânsito está engarrafado e você chega dez minutos atrasada ao trabalho. Sua chefe lhe dá uma bronca e você tem vontade de arrancar os cabelos dela pela raiz!

Durante o almoço, o garçom é desastrado e derrama sopa na sua roupa nova. Você deseja que ele seja demitido.

Uma tempestade anuncia o fim de um dia extenuante e, adivinhe, você esqueceu o guarda-chuva! Você agarra um jornal e o coloca sobre a cabeça. Enquanto você espera para atravessar a rua, um carro salpica lama

> no seu sapato. Você grita com o motorista, que está falando no celular, e faz gestos para acompanhar o grito.
>
> A meio caminho de casa o carro pára e você se lembra de que o seu marido avisou que precisava abastecer; você tem vontade de berrar!
>
> Finalmente, você chega em casa, pronta para compartilhar os horrores do seu dia e seu marido diz:
>
> — Você acha que teve um dia difícil? Espere só para ouvir o que eu passei!
>
> Você lembra a si mesmo que matar as pessoas é crime.
>
> Quando você se senta para jantar, o telefone toca. Um banco está querendo lhe enviar um cartão de crédito; o seu crédito foi pré-aprovado. Você gostaria de não ter jogado o telefone no gancho com tanta força porque você talvez tenha de comprar um novo.
>
> Quando você volta para a mesa de jantar, seus filhos estão debaixo dela chutando um ao outro. Por saber que não pode devolvê-los, você os manda para o quarto com uma severa repreensão. Seu marido então lhe passa um sermão porque você está sendo muito dura com as crianças!

Vamos enfrentar os fatos: existem muitas coisas com as quais podemos ficar zangados neste mundo. Crianças malcriadas, parceiros que não cooperam, funcionários preguiçosos, chefes difíceis, vendedores grosseiros, políticos corruptos; a lista de elementos irritantes é infinita. Mas será que ficar zangado vale a pena ou trata-se de uma energia desperdiçada? A irritação lhe faz algum bem? Ela faz você conseguir o que quer? E a que custo? Somente você pode decidir.

A irritação é a mais confusa e mal compreendida das emoções. No livro *Your Perfect Right*, os psicólogos Robert Alberti e Michael Emmons sugerem o seguinte dilema:

> Ela é diversamente caracterizada como "pecaminosa" (devendo, por conseguinte, ser evitada a todo

custo), "libertadora" (devendo, portanto, ser expressa a todo custo) e todas as opções intermediárias.

Confusa, controvertida; não é de causar surpresa que muitas pessoas não saibam o que fazer a respeito da irritação. Vamos ver se podemos elucidar um pouco este problema. Começaremos por examinar os mitos que cercam essa enigmática emoção.

Mitos Populares sobre a Irritação

A irritação, como todas as emoções, faz parte da condição humana. Temos a capacidade de sentir irritação, assim como temos a capacidade de sentir alegria. No entanto a irritação, ao contrário da alegria, está coberta de mitos.

Estude a tabela sobre mitos e realidades que apresentamos a seguir.

A discussão sobre mitos e realidades implica que você nunca deve se zangar? De modo nenhum! Como salientamos, é a irritação crônica que cria os problemas de saúde e de relacionamento. Você pode aprender quando a irritação é uma reação apropriada e quando é melhor fazer outras escolhas.

Muito bem, chega de mitos. Vamos agora discutir a sua irritação. O que faz você estourar? Preencha a "Escala de Provocação da Irritação" na página 90 para examinar o que o provoca.

A Irritação: Mitos e Realidades

MITO	REALIDADE
As pessoas são naturalmente agressivas. Séculos de guerra comprovam esse fato.	As pessoas têm a faculdade de ser agressivas, assim como têm a faculdade de amar. As guerras acontecem por razões políticas, econômicas ou religiosas. Os seres humanos evoluem mais por meio da cooperação do que da hostilidade.

Reprimir a irritação é sempre prejudicial à saúde. Por conseguinte, é melhor extravasá-la.	A direção da irritação, ou seja, para dentro ou para fora, não é a questão. O problema é a irritação crônica e contribui para as doenças do coração, a hipertensão, o colesterol elevado, os problemas digestivos e do estômago, a dor de cabeça e a vulnerabilidade às infecções.
Extravasar a irritação é catártico e a catarse é boa para a alma.	A catarse pode ser boa para a alma mas nem todo mundo vivencia a irritação como catártica; algumas pessoas sentem culpa quando estão zangadas.
Expressar a irritação nos livra dela.	Agir com irritação reforça as ações de irritação. Ao agir com irritação com relação a outra pessoas ou objetos inanimados (por exemplo, socar travesseiros) as pessoas exercitam a raiva.

Exercício de Auto-Avaliação

Escala de Provocação da Irritação

Para todos nós existem fatores que desencadeiam nossa irritação, coisas que acontecem às quais reagimos com raiva. Você encontrará a seguir várias situações que têm o potencial de estimular a irritação. Em uma escala de 0 a 5, avalie o nível de provocação que cada situação apresenta para você.

0 Não me irrita.
1 Muito raramente me irrita.
2 Raramente me irrita.
3 Às vezes me irrita.
4 Com freqüência me irrita.
5 Sempre me irrita.

1. Quando eu acho que as coisas não são justas. ____
2. Ser interrompido quando estou ocupado. ____
3. Quando estou assustado. ____

4. Quando estou ansioso. ____
5. Quando as coisas não acontecem quando eu quero que elas aconteçam. ____
6. Quando as pessoas não fazem o que eu acho que elas deveriam fazer. ____
7. Quando não me mostro à altura das minhas expectativas. ____
8. Quando as coisas não ocorrem como eu acho que elas deveriam. ____
9. Quando estou com pressa. ____
10. Quando estou estressado. ____
11. Quando acho que fui traído. ____
12. Quando me sinto encurralado. ____
13. Quando cometo um erro. ____
14. Quando estou cansado. ____
15. Quando me sinto culpado. ____

Um valor igual ou maior do que 3 em um dos itens indica uma situação na qual você pode estar vulnerável. Estas são as circunstâncias que têm a probabilidade de desencadear a sua irritação, pelo menos parte do tempo.

Certamente essas não são as únicas situações passíveis de irritar você, mas elas representam algumas que são típicas. Se você tiver consciência de outras situações que provocam a sua irritação, relacione-as no seu diário e atribua a elas um valor entre 0 e 5.

Conscientizar-se do que desencadeia a sua irritação é um primeiro passo para aprender a controlá-la. Quando você estiver consciente do que provoca a sua irritação, poderá ficar alerta quando essas situações ocorrem. Você poderá então escolher as técnicas que considerar mais proveitosas para controlar a sua irritação.

Muito bem, agora que você já tem uma certa noção do que provoca a sua irritação, vamos examinar algumas idéias para determinar se a irritação é um problema para você.

A Irritação Representa um Problema para Mim?

O psicólogo Ray Novaco ajuda as pessoas a examinar a irritação que sentem levando em conta os quatro aspectos seguintes da emoção.

1. Freqüência. Com que freqüência você fica zangado? A irritação ocasional pode ser saudável e apropriada. Mas se você se irrita com freqüência, tanto você quanto as pessoas à sua volta provavelmente não aproveitam muito a vida! Pense no ditado: "Não faça tempestade em copo d'água!" Quase todos fazemos isso de vez em quando, mas algumas pessoas são "especialistas em fazer tempestade em copo d'água!"

2. Intensidade. Qual a intensidade da sua irritação? Você geralmente fica apenas um pouco irritado, profundamente irritado, ou mais ou menos irritado? Os acessos de fúria e de raiva podem causar problemas de saúde e de relacionamentos.

3. Duração. Você em geral se refaz rapidamente da irritação ou você tem a tendência de ficar remoendo a sua raiva? Ficar ruminando o que nos provocou de um modo geral nos deixa ainda mais zangados. Horas mais tarde você poderá atacar o alvo da sua irritação ou outra pessoa.

> Tom tinha uma empresa de reformas. Ele conseguira um contrato para construir um anexo a uma casa. O fiscal da prefeitura declarou haver encontrado uma violação do código e recusou-se a autorizar a obra. Tom ficou lívido; a norma não fazia sentido.
>
> Ele ainda tinha uma visita a fazer naquele dia, para entregar um orçamento a um novo cliente para a construção de uma garagem. Ele dirigiu até o local ruminando a irritação que sentia do inspetor:
>
> — "@*#% desgraçado! Se ele tivesse pelo menos meio cérebro..." resmungava ele com seu botões.
>
> Ao chegar à casa do cliente em perspectiva, ele ainda estava furioso. Ele foi seco com o proprietário, que educadamente recusou a proposta.

Tom permaneceu zangado remoendo a situação que provocara a irritação. Sua irritação foi transportada para o novo relacionamento e ele acabou saindo prejudicado.

Quando você fica zangado, quanto mais rápido você conseguir lidar com a irritação e se livrar dela, melhor será para você e para todo mundo.

4. Tipo de Expressão. De que maneira você expressa a sua irritação? Você permanece em silêncio e se recolhe, punindo a outra pessoa com o silêncio? Você se vinga da outra pessoa deixando de cooperar? Ou você grita e berra? (Podemos ferir com palavras.) Ofender verbalmente, rotular, acusar e ameaçar desestimulam a cooperação. (No décimo primeiro capítulo, você aprenderá a expressar seus sentimentos de uma maneira que não represente ameaças.) Algumas pessoas são fisicamente agressivas. Se você tem tendência à violência, vá procurar ajuda agora!

Para determinar se a irritação representa um problema para você, examine as conseqüências da sua emoção. Pergunte a si mesmo:

- A irritação me ajuda ou me magoa?
- Ela me faz conseguir o tipo de relacionamento que eu quero?

Caso você não se sinta satisfeito com as respostas que deu às perguntas anteriores, pense nas alternativas para a irritação que serão discutidas a seguir.

E Se Eu Não Me Permitir Ficar Zangado?

As pessoas que não reconhecem a irritação que sentem, ou que ficam zangadas mas não ousam demonstrá-la, possuem uma exigência oculta a respeito de expressar a irritação. Em algum ponto da infância elas podem ter aprendido que coisas ruins acontecem quando ficam zangadas.

> Mary Lou sofria de dores de cabeça cuja causa os médicos não conseguiam descobrir. Ela procurou uma terapeuta que desconfiou que Mary Lou talvez estivesse experimentando uma irritação oculta. A terapeuta incentivou Mary Lou a examinar a sua infância. Seus pais eram pessoas muito controladoras. Quando Mary Lou ficava zangada, os pais ficavam horrorizados e a olhavam com desaprovação. Eles não tomavam conhe-

cimento dela, não durante um curto espaço de tempo para deixar que ela se acalmasse como outros pais poderiam fazer, e sim durante horas! Ela sentia que não deveria ficar zangada. Ela não aprendeu alternativas para defender os seus direitos, de modo que freqüentemente se tornava o capacho nos relacionamentos.

A terapeuta ajudou Mary Lou a aprender a reconhecer a irritação. Ela também ajudou Mary Lou a desenvolver maneiras apropriadas de expressar a irritação e a examinar formas de resolver os conflitos.

Se você tem dificuldade para reconhecer ou expressar a sua irritação, você pode ter sido criado em uma família na qual as demonstrações de irritação representavam uma ameaça à estabilidade familiar. Nesse tipo de atmosfera, os membros da família ficam distantes uns dos outros. A irritação pode não ser a única emoção que é reprimida. Manifestações de amor e carinho também podem ser controladas.

Se você sente tensão no corpo, se tem tiques nervosos, problemas de estômago ou se fica nervoso de tempos em tempos, você pode estar experimentando os resultados de uma irritação não reconhecida. Comece a prestar atenção no que o seu corpo está tentando lhe dizer. Procure conflitos ou frustrações que acompanhem os sinais do seu corpo. Pense nos eventos e tente achar exigências ocultas.

Quando você tem consciência da sua irritação, você está em posição de decidir se deve ou não expressá-la. Lembre-se de que a irritação não é errada. Existem ocasiões em que a irritação é uma reação apropriada e outras nas quais é melhor fazer outras escolhas. A decisão deve se basear nas conseqüências dos seus sentimentos e ações.

Entendendo Como Você Lida com a Irritação

Você poderá entender como você lida com a irritação analisando como a irritação e outros sentimentos eram vistos na sua família de origem. Essa informação poderá ajudá-lo a esclarecer melhor os problemas que você possa ter com a irritação. Você estará então em posição de tomar novas decisões.

Considere as seguintes perguntas. Escreva as respostas no seu diário.

- De que maneira a sua família lidava com os sentimentos? Como os seus pais demonstravam amor? Desaprovação? Alegria? Tristeza? Entusiasmo?
- Quais eram as regras da família a respeito da irritação? Era aceitável ficar zangado? Os membros da família tinham permissão para expressar raiva? De que modo? O que acontecia quando um deles ficava zangado? O que acontecia quando você ficava zangado?
- Se a expressão aberta da irritação, ou de quaisquer outros sentimentos, não era permitida, de que maneira os membros da família demonstravam os sentimentos deles?

Se a irritação era proibida na sua família, você talvez tenha chegado à conclusão de que a irritação é perniciosa e não deve ser expressada, ou possivelmente nem mesmo sentida. Por que você não deve ficar zangado se alguém pisar no seu pé? Embora você possa escolher fazer outra coisa em vez de ficar zangado caso isso aconteça, a questão é que existe uma grande diferença entre decidir não ficar zangado e "não dever" ficar zangado. Quando você decide não ficar zangado, você está exercendo a sua faculdade de escolha. Você também poderia ter escolhido ficar zangado. Mas quando você tem uma exigência, você abre mão da sua capacidade de escolha, seguindo em vez disso um comando cego que pode não ser o melhor para você. Quando você escolhe, você está agindo. Quando você segue uma exigência, você está simplesmente reagindo a uma antiga programação.

Você pode ter descoberto que a irritação, permitida ou não, fazia com que você conseguisse o que queria na sua família. É natural que você continue a utilizar um método que funciona. No entanto, esse método pode ser prejudicial à sua saúde e aos seus relacionamentos. Que outras maneiras existem de você conseguir o que deseja? Além disso, que concessões precisam ser feitas para que outras pessoas também possam obter o que querem?

Agora que examinamos a possível origem das suas atitudes a respeito da irritação, está na hora de explorar a natureza da irritação.

Por Que as Pessoas Ficam Zangadas?

Lembre-se de que as emoções alimentam as suas ações, ou seja, elas lhe conferem a energia para pôr em prática as suas convicções. Além disso, cada emoção que você sente satisfaz para você um propósito específico. Vamos rever os propósitos da irritação. A irritação é usada para:

- Adquirir ou manter o controle, ou evitar ser controlado. A irritação pode ser usada para controlar os outros quando tentamos levá-los a fazer o que queremos ou impedi-los de fazer o que não queremos. Através da irritação você tenta mostrar quem é que manda. Ela é útil para manter a distância e isso é uma tentativa de evitar ser controlado. A pessoa que usa a irritação para manter a distância tem medo da proximidade. Ela encara a proximidade como rendição em vez de cooperação.
- Vencer. Os jogadores de futebol, por exemplo, podem usar a irritação para alimentar a sua vontade agressiva de ganhar. A irritação também pode ser usada para obter vantagem em uma discussão ou para intimidar.
- Ir à forra. Se alguém é magoado, a irritação é gerada para punir o ofensor.
- Defender os seus direitos. Se alguém desrespeita os seus direitos, você poderá gerar a irritação para se defender.

Vamos examinar mais de perto cada finalidade da irritação e considerar algumas alternativas.

Controlar. Existem três tipos de controle.

1. Controle dos outros. Quando você tenta controlar os outros, é quase certo que irá sofrer resistência. Poucas pessoas gostam de ser controladas.
2. Controle de si próprio. O autocontrole pode ser negativo ou positivo. Se você exerce um controle tão intenso sobre si mesmo que não se permite ter sentimentos, você tem um problema. No entanto, se você deliberadamente exerce o autocontrole a fim de manter um bom relacionamento, a finalidade pode ser positiva.
3. Controle da situação. Você define os limites do que está disposto a aceitar, mas a outra pessoa é livre para escolher dentro desses limites. O controle da situação pode provocar resistência, mas também pode dar origem à cooperação.

Suponha que seu filho deixe pegadas de lama no chão. Você pode usar o controle da situação para definir as escolhas que seu filho tem. Se ele não estiver disposto a limpar ou tirar os sapatos sujos de lama antes de entrar em casa, ele poderá limpar a sujeira que fizer.

Em um nível de adulto para adulto, o controle da situação poderia estar definindo os seus limites com o seu cônjuge ou parceiro.

Imagine que você e seu parceiro só desfrutam algumas atividades em comum. Ele quer que você se interesse pelo seu mais recente hobby. Você pode estabelecer os seus limites. Você participará com ele da nova atividade desde que ele esteja disposto a se envolver com alguma coisa de que você também goste.

Vencer. O desejo de vencer não precisa necessariamente ser competitivo! Para alguém ser um vencedor, não é preciso que haja um perdedor. Você pode promover uma situação em que todos ganhem. A concessão mútua é a base da cooperação. Se você se aproximar de um conflito com a idéia de que as duas pessoas podem vencer, que vocês buscarão um acordo mutuamente aceitável, você não precisará ser motivado pela irritação.

Joe e Alan eram sócios em um pequeno negócio. Surgiu uma oportunidade de expansão. Joe era audacioso e quis logo correr o risco, mas Alan era cauteloso. Teve início uma discussão.

No dia seguinte, Joe aproximou-se de Alan.

— Esta discussão não está nos levando a lugar nenhum. Já somos sócios há muito tempo e não quero brigar com você. Será que existe uma maneira de chegarmos a um acordo para que ambos fiquemos satisfeitos com a situação?

Alan ficou em silêncio durante alguns instantes mas a seguir expressou o medo que sentia de eles estarem dando um passo grande demais. Joe ouviu o que o outro tinha a dizer e depois disse como se sentia a respeito de perderem a oportunidade. Depois de discutir alguns pontos, decidiram procurar investidores a fim de analisar os riscos.

Ir à forra. A vingança quase sempre cobra um preço de você e do relacionamento. Você pode evitar ir à forra se perceber que a pessoa que o fere freqüentemente age em função da própria mágoa, quer ou não você tenha contribuído para o sofrimento dela.

Defender os Seus Direitos. Não existe nenhum motivo para você se tornar um capacho; ninguém precisa tolerar maus-tratos e injustiça. Nesses casos, você deve se defender.

Mas a irritação não é a sua única escolha para defender os seus direitos. Você pode estabelecer os seus limites, permanecer calmo porém firme, insistir em ser tratado com imparcialidade e procurar acordos em que todos saiam ganhando.

Matt, o filho de quinze anos de Margie, às vezes era rude e exigente. Certo sábado, Matt queria que a mãe o levasse de carro até a casa de um amigo. Margie disse a ele que tinha um compromisso do outro lado da cidade e que não poderia dar a carona na hora que ele desejava, mas que o levaria à casa do amigo mais tarde, quando voltasse. Matt ficou zangado e exigiu que ela o levasse na hora que ele queria. Margie retrucou com calma e firmeza:

— Estou vendo que você está zangado, mas não gosto que falem desse jeito comigo. Se você quiser minha cooperação, você pode pedir o que quer civilizadamente e respeitar as minhas necessidades. Aí então talvez possamos chegar a um acordo.

Em vez de alimentar o fogo discutindo com Matt, Margie simplesmente optou por permanecer firme e estabelecer os seus limites.

Às vezes a proteção também envolve defender os direitos de outra pessoa, como os de uma criança. Uma vez mais você precisa decidir se a irritação é a melhor maneira de alcançar a proteção.

Agora que examinamos os propósitos da irritação, vamos voltar a atenção para o processo pelo qual você passa para ficar zangado.

Como Você Se Irrita?

À semelhança de outros sentimentos, as emoções são criadas pelas convicções, pelo que você diz a si mesmo a respeito dos eventos. A experiência do exercício seguinte pode ajudar você a perceber de que maneira você se irrita.

Aprender a reconhecer e lidar com os pensamentos desagradáveis menos intensos e os sentimentos resultantes ajuda a evitar a irritação desnecessária. Na próxima vez que você ficar zangado, pense nas seguintes perguntas:

Exercício de Autodescoberta

Como Você Se Irrita

Pense em um incidente no qual você tenha ficado apenas contrariado, e não zangado, com outra pessoa.

Feche os olhos e relaxe, respirando profundamente. Imagine-se nessa cena. Visualize completamente a situação: veja a outra pessoa e a si mesmo. Se você e ela estavam falando, ouça as palavras. Concentre-se no que você está pensando. O que você está dizendo a si mesmo sobre o que aconteceu? Respire fundo algumas vezes, abra os olhos e escreva o que você estava dizendo a si mesmo.

Visualize novamente a cena. Desta feita, diga para si mesmo palavras mais fortes. Continue a emitir palavras bem fortes até ficar zangado. Permaneça na cena até ficar realmente irritado. Abra então os olhos e escreva o que você disse a si mesmo.

O que você descobriu? Talvez no início, quando estava aborrecido, você estivesse apenas pensando em como estava se sentindo desapontado ou desconcertado pelo fato de a pessoa tê-lo decepcionado. Mas quando você se levou a ficar zangado, você provavelmente fez a si mesmo declarações horríveis. Talvez você estivesse fazendo exigências com relação ao comportamento da outra pessoa, como "Ele deveria ou precisa" agir de acordo com as suas expectativas. O mais provável é que você estivesse fazendo declarações como "Não consigo suportar" isso. E no final, você provavelmente estava rejeitando a pessoa e agredindo-a verbalmente, considerando-a completamente má.

É assim que a irritação começa. Primeiro dizemos a nós mesmos coisas desagradáveis e temos sentimentos do mesmo teor, como o desapontamento, a contrariedade, o medo.* A seguir, ficamos mais impetuosos e passamos a adotar as atitudes de exigir, não conseguir suportar, nos queixar e culpar, e acabamos ficando com raiva.

---

* No décimo primeiro capítulo, você encontrará uma discussão sobre a comunicação dos sentimentos associados à irritação.

- Quais os outros sentimentos que estou sentindo junto com a irritação?
  Suponha que uma amiga traia a sua confiança. É provável que inicialmente você fique magoado.

- De que maneira eu me irrito? Qual é a minha convicção irracional?
  Você poderia dizer para si mesmo: *Não se pode confiar em ninguém! Como ela pôde fazer isso comigo? Não consigo engolir isso! Ela é desprezível. Eu devia ter imaginado. Vou dar um jeito nela!*

- Qual a finalidade da minha irritação?
  Você quer ir à forra "dando um jeito nela".

- Existe uma maneira mais racional de examinar a situação? O que posso dizer para mim mesmo em vez de fazer exigências, não conseguir suportar as coisas, queixar-me e culpar?
  Você poderia dizer a si mesmo: *Tudo indica que não posso confiar a ela os meus segredos, mas isso não significa que todo mundo não seja confiável. Estou magoado, mas consigo agüentar. Vou sobreviver! Talvez eu devesse ter imaginado que isso iria acontecer, mas da próxima vez certamente serei mais cuidadoso. Ela tem qualidades que eu aprecio, mas esta sem dúvida não é uma delas!*

- Como você poderia reformular tudo isso? (Ver o segundo capítulo). Qual é o potencial positivo da situação? Existe uma oportunidade ou algo a ser aprendido? Qual seria uma perspectiva divertida?
  Você poderia dizer a si mesmo: *Bem, pelo menos aprendi os limites do meu relacionamento com ela. Ela é uma pessoa agradável sob vários aspectos, mas não é uma pessoa a quem se possa confiar segredos.*
  Ou então, a partir de uma perspectiva divertida: *Agora estou em pé de igualdade com os astros de Hollywood: sou o assunto do dia na cidade!*

- Como posso modificar o meu propósito? Que importância o controle realmente tem para mim? Tenho que ganhar, ou existe uma maneira de ambos sairmos vencedores? Quais as conseqüências de eu ir à forra? De que outra maneira posso defender os meus direitos?

Vingar-se da amiga que traiu a sua confiança só atrairá a represália. Ao tomar a decisão de não mais compartilhar os seus segredos com ela, você está defendendo os seus direitos como indivíduo. Você também assume o controle da situação ao determinar os limites do seu envolvimento com a pessoa. Você também poderá querer expressar a sua mágoa e discutir o assunto com ela.

Como alternativa, você poderia chegar à conclusão de que esta é uma situação na qual a irritação é a melhor resposta. Se esta for a sua decisão, não deixe de manter o respeito pela outra pessoa ao expressar a irritação. Nada de acusações ou ofensas verbais; cite apenas os fatos. Você poderia dizer:

— Estou muito zangado porque eu confiei em você quando lhe contei... Eu me sinto traído.

Diretrizes para Expressar a Irritação

No seu importante livro, *Anger: The Misunderstood Emotion* (Irritação: A Emoção Mal Compreendida), a psicóloga social Carol Tavris explica que expressar a irritação pode ser eficaz apenas quando satisfaz às cinco seguintes condições:

1. Ela é dirigida ao alvo. Chutar o cachorro ou socar travesseiros não o ajuda a lidar com a raiva que você sente do seu cônjuge, do seu sócio ou do seu chefe.
2. Ela satisfaz o seu desejo de recuperar o controle e buscar justiça. O desejo de estabelecer o controle freqüentemente resulta de um sentimento de falta de controle. Procurar a justiça simplesmente implica que você acha que está sendo tratado injustamente e quer garantir que vai obter um tratamento justo.
3. Ela promove uma mudança no comportamento ou lhe oferece novas informações a respeito do comportamento da pessoa. Esta condição é crucial para você decidir se

vai ou não expressar a sua irritação. A sua atitude será proveitosa? A pessoa vai "se corrigir"? Ou você poderia aprender alguma coisa que talvez explicasse o comportamento desatencioso da pessoa?

4. A irritação é expressada de forma a ter significado para a outra pessoa. Em alguns casos, uma expressão direta é melhor; em outros, precisamos ter cuidado com a escolha das palavras. Com algumas pessoas, você poderia dizer:

   — Estou muito zangado com você porque... — E a frase é bem compreendida e a cooperação aumenta.

   Com outras, é melhor identificar e expressar os outros sentimentos associados à irritação, como o desapontamento, o medo ou a frustração:

   — Fico frustrado quando encontro a louça empilhada na pia, porque só posso começar a preparar o jantar depois de lavar tudo.

5. O fato de você expressá-la estimula a cooperação em vez de retaliação. Envolver-se em um confronto irado de vontades e vingança não vai trazer alívio à sua irritação. A sua finalidade ao expressar a irritação é resolver o problema. Se você julga que este será o resultado que irá conseguir, vá em frente. Mas se você acha que a pessoa não vai aceitar a sua reação e vai querer ir à forra, será melhor que você faça outras escolhas.

Certa noite, Bill e Joan Campbell estavam tendo uma discussão acalorada sobre os pais de Bill. Joan achava que eles estavam interferindo no casamento deles. Comentários críticos e irados voavam de um lado para o outro.

Tudo começou com o comentário de Joan:

Não agüento mais seus pais entrando aqui em casa quando bem entendem. Não temos mais tempo para ficar sozinhos. Eu já disse a você milhares de vezes como me sinto com relação a isso e você simplesmente não faz nada!

Bill ficou tenso, seu rosto ficou vermelho e ele gritou:

— Não me diga! E a sua mamãe?! Ela sempre telefona quando estamos tentando jantar!

Joan lançou-lhe um olhar feroz e rosnou:

— Se você chegasse em casa mais cedo, poderíamos preparar o jantar na hora devida e os telefonemas dela não nos interromperiam, não é verdade?

Bill retrucou:

— Você sabe que tenho de visitar os clientes quando eles podem me receber; é o meu trabalho. Eu não interfiro no seu trabalho!

E por aí foi. Ambos acabaram ficando magoados e dormindo em quartos separados. O dia seguinte tampouco foi agradável.

De que outra maneira Joan poderia ter enfrentado o seu problema com os pais de Bill? Se ela sentia que falar diretamente com os sogros iria piorar as coisas, ela poderia ter se aproximado de Bill com mais respeito, expressando o seu desânimo na tentativa de resolver o problema. Ela poderia ter dito:

— Bill, estou desanimada porque seus pais estão sempre vindo aqui sem avisar. Como nós dois trabalhamos, dou muito valor aos momentos que passamos a sós.

Esta abordagem poderia suscitar a cooperação de Bill. Se isso não acontecesse, Joan poderia ter de ser mais enérgica.

— Estou muito zangada porque seus pais aparecem sem avisar! O tempo que temos para ficar sozinhos é precioso para mim.

Estratégias de Controle da Irritação

Experimente cada uma das estratégias a seguir para descobrir qual delas funciona melhor para você. Dedique um tempo razoável a cada uma; não abandone uma estratégia com excessiva rapidez, pois é preciso prática para dominá-las. Além disso, reveja estratégias dos capítulos anteriores que possam ser aplicadas ao controle da irritação; várias dessas idéias estão relacionadas no terceiro capítulo.

Avalie a Sua Irritação. Existem diferentes graus de irritação, que oscilam entre a mera contrariedade e a cólera. Você pode aprender a monitorar a sua irritação avaliando a intensidade dela em uma escala de 1 a 5 (1 = contrariedade e 5 = cólera). Ao avaliar a sua irritação, você aprende quais as situações que apresentam a maior probabilidade de provocar você. Quanto maior o valor atribuído, mais arraigados estão os seus pensamentos de hostilidade e maior o esforço exigido para modificá-los.

Você vai descobrir que o valor que você atribui a uma situação particular muda com o tempo. Por exemplo, você poderia atribuir um 3 a uma situação e, alguns dias depois, ao examiná-la de novo, conferir a ela um valor menor. No entanto, se você tivesse ficado remoendo a situação, você poderia chegar a atribuir a ela um 5.

Se a sua avaliação diminuir, pense na maneira como isso aconteceu. Que mudanças você realizou na sua maneira de pensar? Analogamente, se o valor que você atribuir à situação se mantiver inalterado ou aumentar, a que pensamentos você está se apegando ou que novos pensamentos hostis você está criando?

Use o seu diário para acompanhar o curso dos incidentes de irritação. Anote o evento ou a pessoa que provocou a sua irritação, os seus pensamentos, o seu propósito e a sua avaliação de 1 a 5 da intensidade da sua irritação.

Controle o Nível do Seu Estresse por Meio da Visualização e de Conversas Consigo Mesmo. A irritação é uma das emoções associadas ao estresse. Quando mais você aprender a lidar com o estresse, mais controle você terá sobre a irritação. Vamos analisar detalhadamente o estresse no sétimo capítulo. Por enquanto, queremos discutir como você pode usar a visualização e as conversas consigo mesmo para reduzir os seus sentimentos de irritação. Quando isso acontecer, o seu estresse também diminuirá; os dois processos caminham de mãos dadas.

A visualização o ajuda a ensaiar respostas. Antes de visualizar um evento desagradável, crie frases que você possa dizer a si mesmo e que o ajudarão a ser bem-sucedido ao lidar com o evento. Decore as frases. Eis algumas que foram úteis para outras pessoas:

- Vá com calma.
- Fique tranqüilo.
- Seja respeitoso.
- Relaxe.
- Mantenha a calma.
- Controle-se.
- Seja específico, atenha-se ao ponto.
- Procure obter uma situação em que todos saiam ganhando.
- Mantenha o respeito mútuo.
- Mantenha a voz calma.
- Não leve as coisas tão a sério.
- Respire fundo.
- (Seu mantra de meditação).
- Descontraia-se.

Comece com a visualização progressiva, ou seja, escolha uma situação na qual você se sinta contrariado ou levemente irritado. Quando você aprender a lidar com essa situação, avance para um incidente que tenha provocado uma irritação ligeiramente mais intensa e assim por diante. Eis como você deve proceder:

> Feche os olhos e respire algumas vezes para relaxar. Escolha uma cena que aconteça com freqüência e que costuma deixá-lo irritado ou uma cena recente que tenha provocado a sua raiva. Crie com clareza a cena completa na sua mente. Veja e ouça a si mesmo e a outra

pessoa. Quando você começar a ficar zangado, introduza as suas frases tranqüilizadoras.

Repita a cena até alcançar um estado de calma, independentemente do que a outra pessoa estiver fazendo. Aliás, se você permanecer calmo, existe uma boa possibilidade de que a outra pessoa acabe se acalmando; é difícil lutar sem um oponente.

Se você tiver dificuldade para inserir as frases tranqüilizadoras, você talvez tenha de interromper à força a sua irritação. Você pode fazer isso gritando interiormente: "Pare". Faça isso até interromper a irritação e então, imediatamente, introduza a frase tranqüilizadora.

Você pode se preparar dessa maneira para os eventos que provocam a irritação, mas acontecimentos inesperados podem pegá-lo de surpresa. No entanto, quanto mais você ensaiar as reações aos eventos esperados, mais você aprenderá sobre o controle da irritação. O que você aprender poderá ser transportado para o inesperado.

Pratique as visualizações durante cerca de dez minutos três vezes por dia. Prossiga até ficar satisfeito com a melhora que alcançar.

Com a prática, você também poderá usar esse trabalho de visualização nas suas convicções irracionais, para reeducar-se a converter a sua reação de irritação em contrariedade, desapontamento ou frustração. Para fazer isso, visualize a cena, veja a outra pessoa e você mesmo, exatamente como fez anteriormente. Examine seus pensamentos e esforce-se bastante para transformar em pensamentos mais racionais as suas exigências e o fato de não conseguir suportar as situações. "É desagradável, mas não é horrível."

Se esse procedimento não funcionar para você, talvez você precise praticar mais a visualização ou desenvolver uma âncora de sentimento. A ancoragem envolve a visualização e um sinal físico. (O décimo capítulo apresenta uma discussão detalhada da visualização e da ancoragem.)

Use o Senso de Humor. No nono capítulo vamos discutir a importância do humor no controle das emoções. No momento, queremos discutir o humor como uma maneira de lidar com a irritação.

Assim como a "música acalma a besta selvagem", o humor acalma as convicções selvagens. A não ser que o humor envolva a zombaria e a humilhação, é impossível ficar ao mesmo tempo zangado e rir da situação que provoca a irritação. Quando você aprender a rir daquilo que desperta a sua ira, você terá mudado a sua maneira de perceber o evento. O riso pode dissipar o poder do ofensor. Experimente. Pense em uma situação que provoque a sua irritação. Descubra o que existe de engraçado no incidente. (Tenha em mente, é claro, que ninguém gosta de fazer papel de palhaço, de modo que você não pode deixar que a outra pessoa ache que você está rindo dela!)

Agora que você aprendeu a rir diante da provocação, eis algumas mensagens mentais engraçadas que você pode dizer para si mesmo quando começar a ficar irritado:

- "Não faça tempestade em um copo d'água."
- "Divirta-se e mantenha a calma."
- "Não arranque os cabelos; você não vai querer ficar careca em público!"

Crie você mesmo outras frases.

Desenvolva a Empatia. Quando uma pessoa fica zangada, ela geralmente se concentra na irritação que está sentindo, querendo culpar a outra pessoa envolvida e exigindo conseguir o que quer. Ela se esquece de que a outra pessoa também tem objetivos, convicções e sentimentos. Os objetivos, convicções e sentimentos do outro não são mais importantes, mas são tão importantes quanto os dela. Ignorar o outro cria problemas no relacionamento. Sugerimos que você pense no seguinte quando estiver zangado com outra pessoa.

- Qual será o objetivo da outra pessoa? Ela está tentando controlar você, se vingar, vencer ou se proteger?
- Em que será que essa pessoa acredita? Ela está pensando que você está sendo injusto, tentando controlá-la ou querendo se vingar?
- Será que existe alguma coisa no passado dela que esteja influenciando a irritação dela? O que poderá ser? (É claro que esta pergunta se aplica a pessoas que você conhece bem.)
- Que condições podem estar influenciando o comportamento dela? Será que alguém a aborreceu e ela está descarregando a irritação em você? Será que você não é o verdadeiro alvo? Será que ela carece da habilidade de externar a irritação com respeito? Será que existem problemas de saúde envolvidos? Será que ela está com medo de alguma coisa?
- Você tem conhecimento de todos os fatos? Existem circunstâncias atenuantes?

Harry deu pela falta do seu cartão de crédito. No início ele ficou preocupado, achando que poderia tê-lo deixado cair em algum lugar. A seguir ele examinou seus recibos e descobriu que usara o cartão pela última vez na sua loja de computadores predileta. Ele começou a ficar zangado porque, afinal de contas, o gerente o conhecia. Por que ele não tinha ligado? Harry então ligou para o gerente.

— George, aqui é o Harry. Eu esqueci aí o meu cartão de crédito?

— Esqueceu, Harry. Você o deixou aqui na quinta-feira passada e eu...

Harry o interrompeu zangado:

— Por que você não me telefonou? Eu estava apavorado! Estava com medo de tê-lo perdido.

— Eu telefonei, mas você não estava. Deixei um recado na secretária eletrônica.

— Conversa! A secretária está sempre ligada e não recebi nenhuma mensagem sua!

— Harry, juro por tudo que é mais sagrado, eu deixei um recado! Você pode perguntar a Marsha, ela estava do meu lado quando eu telefonei. Talvez a sua secretária eletrônica esteja com algum problema.

— Não há nenhum problema com a minha secretária eletrônica!

Harry continuou a falar enfurecido, sem parar, recusando-se a acreditar em George. Quando desligou o telefone, ele resolveu dar uma olhada na secretária, para eliminar a remota possibilidade de que George estivesse com a razão. E não é que ele estava? A secretária eletrônica estava com defeito! Harry agora estava sem graça e sentindo-se culpado. No carro, enquanto se encaminhava para a loja, Harry ia pensando em como iria pedir desculpas a George.

A moral da história é a seguinte: "Antes de dar uma bronca em alguém, verifique os fatos". No entanto, se a pessoa tiver sido negligente ou feito mal a você deliberadamente, a história é diferente. Nessa circunstância, a sua irritação seria compreensível.

Quando você leva em consideração o ponto de vista da outra pessoa, você desenvolve empatia. Você é capaz de "se colocar no lugar dela". Quando você sente empatia, a sua irritação pode desaparecer. Você se encontra então em posição de discutir com calma o problema.

Não obstante, às vezes você pode ser excessivamente compreensivo. Quando você é maltratado, a irritação pode ser a atitude certa para lidar com a hostilidade. Mas mesmo assim, você pode agir com respeito ao responder com irritação, evitando a agressão verbal, por exemplo, e atendo-se ao ponto em questão.

— Não vou tolerar que você grite comigo! Se você quiser discutir o assunto com calma e tentar encontrar uma solução, estou disposto a cooperar. Caso contrário, vou encerrar a discussão!

Leve alguns momentos agora pensando em alguém; um amigo, namorado ou namorada, ou desconhecido com quem você tenha se zangado recentemente. Faça a si mesmo as perguntas descritas anteriormente ou considere a possibilidade de modificar a sua estrutura de referência na tentativa de entender o ponto de vista da pessoa.

Preste Atenção à Sua Linguagem Corporal. Existem dois tipos de linguagem corporal: o que o seu corpo está tentando dizer a você e o que você está dizendo aos outros com o seu corpo.

Pense nos sinais que o seu corpo dá a você quando você está prestes a ficar irritado. Você fica tenso? Sente enjôo? A sua respiração fica rápida e superficial? Você sente calor? Você tem um espasmo ou um tique nervoso? Todos eles são possíveis indícios de que uma pessoa está prestes a ficar enraivecida. Se você tiver dificuldade em identificar os seus sinais, pergunte a uma pessoa com quem você tenha intimidade se ela nota mudanças no seu corpo quando você está prestes a se enfurecer.

Quando você se tornar consciente dos sinais do seu corpo, você poderá interromper o processo por meio da conversa consigo mesmo, usando alguns dos exemplos apresentados anteriormente. Por exemplo, se você sente que seu corpo fica tenso, você pode dizer a si mesmo para relaxar e respirar fundo algumas vezes.

O outro lado da linguagem corporal diz respeito às expressões faciais, à postura do corpo, aos gestos e ao tom de voz que você usa quando está irritado ou prestes a se irritar. Um amigo íntimo pode efetivamente ajudá-lo a identificar a linguagem corporal que você usa para informar a outras pessoas que você está zangado.

Eis alguns possíveis sinais de irritação:

- Sobrancelhas erguidas.
- Lábios apertados.

- Olhos semicerrados ou arregalados.
- Postura rígida.
- Resmungar.
- Avançar vigorosamente na direção da outra pessoa.
- Cruzar os braços sobre o peito.
- Apontar o dedo para a outra pessoa.
- Colocar as mãos nos quadris.
- Levantar a voz.
- Tom de voz áspero.
- Voltar-se para o outro lado.

Você consegue se lembrar de outros sinais?

Quando você se torna consciente das mensagens que envia com o corpo, você se encontra em posição de modificar a sua linguagem corporal. Se você notar, por exemplo, que está olhando para o outro lado e contraindo os músculos faciais em uma expressão de poucos amigos, você pode fazer mudanças deliberadas na sua linguagem corporal. Combinar mudanças nos gestos corporais, na postura e no tom de voz com o relaxamento e a conversa apropriada consigo mesmo pode ajudar você a permanecer calmo em uma situação que de outro modo poderá se tornar tensa.

Uma palavra a respeito da linguagem corporal. Ela pode significar coisas distintas para pessoas diferentes. Além disso, a comunicação em geral acontece em padrões e não em gestos e expressões individuais. A maioria das pessoas, por exemplo, supõe que braços cruzados sobre o peito indicam que a pessoa está na defensiva. Mas também pode significar que ela está simplesmente relaxando. Se os braços cruzados estiverem combinados com outra linguagem corporal que possivelmente indique irritação, é bem provável que a pessoa esteja zangada. Quando você quiser identificar como outra pessoa está se sentindo, procure o padrão e não expressões individuais. (E lembre-se também de que existem importantes diferenças culturais na linguagem e gestos corporais!)

Livre-se dos Fantasmas do Passado. Freqüentemente a nossa irritação é desencadeada por pessoas que nos fazem lembrar alguém do passado. A pessoa atual pode ter um gesto, expressão, tom de voz, frase ou traço de personalidade semelhante a alguém com quem não nos dávamos no passado. Pense em pessoas que fazem você se irritar zangado atualmente. Pense nas características delas e procure identificar alguém no seu passado com quem essas pessoas possam se parecer. Identifique os aspectos que podem ter despertado a sua irritação no passado.

Compreenda que a pessoa que faz parte da sua vida atual não é uma reencarnação daquela do passado. Embora as pessoas possam ter comportamentos semelhantes, cada pessoa é única. Uma sobrancelha erguida pode significar que uma pessoa está zangada, mas também pode querer dizer que ela está surpresa. Olhe para cada pessoa individualmente.

Crie uma Lista de "Coisas para Fazer Quando Fico Irritado". Anote o que você vai fazer quando notar que está ficando zangado. Mantenha a lista à mão para poder recorrer a ela quando precisar.

Como Lidar com a Irritação Inesperada

Muitas das estratégias que mencionamos envolvem métodos que você pode usar com a irritação indesejada quando está sozinho, mas algumas dessas técnicas também podem ser usadas quando você é pego de surpresa em uma confrontação com outra pessoa.

A conversa positiva consigo mesmo pode ser extremamente útil no meio de uma batalha. Decore frases que você possa dizer para si mesmo para que elas possam estar disponíveis de imediato. Você também pode incluir mensagens engraçadas na sua coleção de frases prontas. A conversa consigo mesmo também pode envolver antigas recomendações como "contar até dez". Dizer energicamente a si mesmo para "parar" também pode interromper a irritação desde que você imediatamente a substitua pela conversa consigo mesmo. Combinar frases que você diz a si mesmo com uma breve respiração profunda o deixa ainda mais relaxado e o ajuda a permanecer calmo.

Breves visualizações também podem ser usadas. Você pode ter de reserva um cenário tranqüilo, como um lago, montanha ou praia. Evoque a cena quando perceber sentimentos de irritação começando a surgir. Ou então, você pode usar a visualização divertida, como imaginar o seu adversário em trajes íntimos!

Com a prática, você pode aprender a entrar rapidamente em sintonia com a sua linguagem corporal, aprender o que o seu corpo está tentando dizer a você e também o que a sua linguagem corporal está comunicando aos outros. Você pode aprender a modificar a linguagem corporal para que ela passe a transmitir mais calma.

Concentrar-se no ponto de vista da outra pessoa pode ser extremamente útil em uma confrontação. Qual poderá ser a finalidade do comportamento dela? Em que será que ela acredita? Que condições podem estar influenciando o comportamento dela? Você está ciente de todos os fatos a respeito da situação etc.?

Tenha o firme propósito de tratar cada pessoa como ela é, em vez de "vestir a face de um adversário do passado" no seu oponente atual. Lembre a si mesmo que essa pessoa não é o seu pai, mãe etc.

Criando os Filhos Sem Irritação

A irritação não é uma boa ferramenta para a educação. Os pais que criam os filhos com gritos e berros só conseguem que estes obedeçam a gritos e berros ou que se rebelem e queiram dar o troco. Quando os pais se zangam com freqüência, os filhos podem assimilar a idéia de que são pessoas más e não apenas que os pais estão aborrecidos por causa de uma coisa que eles fizeram.

Existe uma alternativa, um sistema chamado "conseqüências lógicas e naturais", que é muito mais produtivo do que broncas, castigos ou chantagens. Uma conseqüência natural é o resultado natural de violar a ordem natural. A criança que não quer usar casaco quando está frio vai sentir frio. A criança que se recusa a tomar o café-da-manhã vai sentir fome antes da hora do almoço. A criança que se recusa a ir para a cama na hora devida vai se sentir sonolenta pela manhã. Os pais não precisam interferir nas conseqüências naturais; eles simplesmente deixam a criança ser responsável pelos resultados que a natureza acarreta.

Como algumas das conseqüências naturais são perigosas e muitas situações sociais não têm conseqüências naturais, os pais podem elaborar conseqüências lógicas nesses casos para deixar a criança assumir a responsabilidade pelo comportamento dela. Uma conseqüência lógica é o resultado lógico da violação da ordem social, do que é necessário para viver em cooperação no mundo. Se a criança gastar a mesada inteira em um único dia vai ficar sem dinheiro até o "dia de pagamento" seguinte. A criança que chega tarde em casa não pode sair no dia seguinte. O adolescente que devolve o carro com o tanque de gasolina quase vazio fica proibido de dirigir. É assim que as conseqüências lógicas são construídas, ou seja, as crianças têm uma chance, mas a escolha se encontra dentro de limites estabelecidos pelos pais. Elas têm a oportunidade de aprender a lidar com a situação na vez seguinte em que ela se apresentar.

Por meio das conseqüências naturais e lógicas, as crianças aprendem a assumir a responsabilidade pelas suas decisões. Elas aprendem mais com a própria experiência do que com gritos, castigos e eternas recomendações. Quando elas aprendem a escolher a cooperação em vez da rebeldia, elas experimentam os resultados positivos das suas decisões.

Ao contrário do castigo, as conseqüências lógicas: (1) Refletem o poder da ordem social em vez do poder da autoridade; (2) São projetadas para se adequar a um mau comportamento específico, de modo que a criança encara a ação como lógica; (3) Separam a ação de quem a pratica, dirigindo-se ao comportamento em vez de dar a entender que a criança é má; (4) São transmitidas calmamente porém com firmeza, com atenção ao tom de voz, gestos e estado emocional; (5) Lidam com o presente, o aqui e agora, em vez de com o que aconteceu no passado; (6) Demonstram um respeito mútuo pela criança e pelos pais; (7) Possibilitam a escolha em vez de exigir obediência.

As conseqüências lógicas e naturais são eficazes quando a sua intenção é simplesmente deixar que a criança aprenda através da experiência e não forçar a submissão ou "ensinar à criança uma lição".

Oferecemos a você várias idéias a respeito da irritação, sobre o que ela é e o que você pode fazer a respeito dela. Vamos agora voltar a atenção para passos que você pode dar para efetivamente decidir se a irritação é a resposta apropriada a uma situação provocadora.

Três Passos para Decidir Se Você Quer Se Irritar

Os passos que se seguem o ajudarão a tomar decisões com relação à irritação.

Passo 1 — Avalie a Situação. Vale a pena ficar zangado com o que está acontecendo? Considerando todas as coisas com as quais vale a pena se irritar, esta é uma delas? Para avaliar a situação, faça a si mesmo a seguinte pergunta:

Se eu me irritar modificarei a situação ou farei a pessoa mudar?

A resposta a essa pergunta é crucial porque ajuda você a decidir como vai agir. Não vale a pena aborrecer-se por causa de coisas que estão fora do seu controle ou que aconteceram há muito tempo.

Se uma situação está realmente fora do seu controle, como motoristas mal-educados ou uma longa fila no banco, irritar-se só serve para elevar a sua pressão, aumentar a sua pulsação e todos os outros resultados discutidos no início deste capítulo. Nestes casos, o melhor é você aprender a eliminar a irritação visto que não pode mudar a situação.

Se a situação está no passado, se sua mãe o humilhou quando você era criança, o que você pode fazer a respeito? Já acabou, já passou. Mas se a sua mãe ainda tem a tendência de humilhá-lo até hoje, talvez você seja capaz de fazer alguma coisa agora a respeito da situação. Você poderia ter menos contato com ela ou dizer a ela como se sente quando ela tem essa atitude.

Mas às vezes as pessoas acham que simplesmente não podem esperar pela oportunidade de dizer à outra como estão zangadas por causa do que ela fez no passado. (E passado pode significar coisas que aconteceram há muito tempo ou há poucos minutos). Se você não pode mudar o ocorrido, por que desperdiçar tempo e energia? Remoer uma mágoa passada só faz aumentá-la e intensifica os sentimentos de raiva. Abandone as feridas do passado.

Quando você se apanhar revivendo o passado, pergunte a si mesmo: "Qual o propósito deste tipo de pensamento (fantasia)?" Geralmente a resposta será: "Vingança!" "De que maneira ficar remoendo esta situação vai me ajudar agora? A resposta poderá ser: "Não está ajudando, não vai mudar as coisas!" Diga então energicamente a si mesmo para "parar" e volte imediatamente a atenção para outra coisa.

Pode haver exceções no que tange a discutir o passado. Se você achar que a discussão vai melhorar o seu relacionamento atual, provavelmente ela vale a pena. Mas entenda que sempre existe um risco. Decida se você está disposto a correr os riscos.

É chegada a hora de você praticar a avaliação de coisas que provocam a sua irritação. Leve alguns minutos relacionando situações ou pessoas que provocam a sua irritação. Faça duas colunas. Na primeira, "Coisas a respeito das quais vale a pena irritar-se". Na segunda, "Coisas a respeito das quais não vale a pena irritar-se". Quando terminar, volte a examinar a lista. Existem coisas que você relacionou na primeira coluna que poderiam ser passadas para a segunda?

Passo 2 — Determine as Suas Escolhas para Eliminar ou Expressar a Irritação. Dê uma olhada na lista que você acabou de criar. Analise a coluna das "coisas que valem a pena". Escolha uma das situações e planeje como você expressaria a sua irritação. Estude as sugestões deste capítulo e passe uma vista de olhos no décimo primeiro capítulo, caso precise de mais ajuda. Escreva o que você diria.

Agora examine a coluna das "coisas que não valem a pena". Como você eliminaria a sua irritação? Você vai se convencer a não se irritar? Usar o humor? Distrair-se? Estude as sugestões. Anote o que você diria ou diz para si mesmo para eliminar a irritação.

Passo 3 — Examine as Conseqüências das Suas Ações. A sua escolha precisa se basear nas conseqüências de qualquer ação. Dê uma olhada na situação que você escolheu na coluna "vale a pena". Pergunte a si mesmo:

De que maneira a outra pessoa provavelmente reagiria?

Vou conseguir o que quero?

Se você acha que as conseqüências da sua ação serão positivas, expresse os seus sentimentos e esforce-se para obter uma solução. Se você acha que as coisas não vão mudar, por que desperdiçar energia e pôr a sua saúde em perigo? Talvez esteja na hora de você passar a situação para a coluna das coisas que "não valem a pena" ou de tomar uma atitude mais enérgica. Por exemplo, se você está aborrecido com os impostos, escreveu para os deputados e mesmo assim nada foi feito, esqueça o assunto e manifeste a sua opinião quando votar nas próximas eleições. Se o problema é com o seu cônjuge ou parceiro e os seus esforços não estão mudando as coisas, o aconselhamento conjugal talvez seja uma solução adequada.

Até agora estivemos falando a respeito de ficar zangado com os outros, mas e quando você fica irritado consigo mesmo? A seguir você encontrará idéias sobre o que fazer a respeito da raiva de si mesmo.

Quando Você Se Irrita Consigo Mesmo

A raiva de si mesmo freqüentemente se baseia em idéias de perfeição. Você espera ser de uma certa maneira e faz exigências não realistas. Essas expectativas fazem com que você se sinta humilhado e tenha sentimentos de desamparo. Localize as suas convicções: o que você está dizendo aos seus botões que está deixando você tão zangado consigo mesmo? Procure pontos de vista alternativos. Por exemplo, se você continua a repetir o mesmo erro, pelo menos você está aprendendo o que não deve fazer!

Aplique a Fórmula AEP

A — *Aceite* a si mesmo e aos seus sentimentos. Se ficar zangado não é um problema para você, aceitar a si mesmo e os seus sentimentos talvez também não represente um problema. Você talvez acredite que a sua irritação é justificada e você poderá estar certo. Mas talvez seja vantajoso para você escolher novos sentimentos, caso a sua irritação esteja prejudicando a sua saúde ou os seus relacionamentos. Você pode estar tão zangado que tem dificuldade para acreditar que pode escolher novos sentimentos. Mas você aprendeu que isso é possível. Caso você tenha chegado à conclusão de que é melhor escolher novos sentimentos, vá para o passo E da fórmula AEP.

Por outro lado, se você tem dificuldade para sentir irritação, a aceitação representa um grande desafio. Entre em sintonia com o seu corpo. Quando você estiver tenso, com problemas de estômago ou sentindo-se nervoso, procure problemas nos seus relacionamentos que possam estar contribuindo para tudo isso. Busque exigências ocultas. Permita-se ficar zangado, isso é aceitável; você não poderá fazer nada a respeito do sentimento se não reconhecê-lo e aceitar a si mesmo com a irritação.

Assim que você entrar em contato com a irritação, decida se é vantajoso para você escolher um novo sentimento. Talvez não seja. Por outro lado, se você decidir, mas não exigir, que será melhor para você escolher novos sentimentos, avance para o passo E.

E — *Escolha* novos propósitos, convicções e sentimentos. Quatro finalidades da irritação foram identificadas: controlar, vencer, ir à forra e defender os seus direitos. A descrição de cada um dos quatro propósitos da irritação deste capítulo poderá ajudar você a determinar a finalidade da sua irritação. Se você tiver dificuldade em identificar o propósito, concentre-se na sua convicção irracional; você não apenas descobrirá como você está se levando a ficar zangado como também obterá uma pista sobre qual é a sua finalidade. Faça uma análise atenta para verificar se você está fazendo exigências, não conseguindo suportar a situação, queixando-se e culpando.

> Suponha que você esteja achando que foi lesado e esteja zangado com um comerciante do seu bairro; você acha que foi explorado em uma compra recente que fez com ele: "Que ladrão! Isso é muito injusto. O cara é um vigarista! Não consigo suportar ser roubado. Como ele ousa fazer isso comigo! Ele vai se arrepender do dia em que me vendeu esta porcaria".

Aqui você está avaliando a personalidade completa do comerciante chamando-o de vigarista em vez de ater-se à realidade de que ele lhe vendeu uma mercadoria de qualidade inferior. Será possível que ele não soubesse que o produto causaria problemas? Mesmo que soubesse, este fato o torna um vigarista em todas as situações? Ao dizer para si mesmo: "Como ele ousa fazer isto comigo", você está insinuando que ele está tentando atingir você de uma maneira específica. O que torna você tão especial? Você está exigindo que a vida seja justa, quando na realidade ela nem sempre é. Ao dizer para si mesmo "Ele vai se arrepender do dia...", você certamente está pensando em vingança, seja na realidade ou em fantasia. Você também está tentando defender os seus direitos de consumidor, mas ir à forra não o levará a conseguir isso.

Depois de analisar a sua convicção irracional e a sua finalidade, escreva uma convicção racional e um propósito no seu caderno. Como você poderia olhar para o problema de uma maneira mais abrangente? De que maneira você poderia modificar o seu propósito? (Por exemplo, convertendo a vingança em obter cooperação.) O que você diria para si mesmo? A situação encerra uma oportunidade ou uma lição foi aprendida? Qual o humor contido na situação? Quando você parar de fazer exigências, não suportar as coisas, se queixar e culpar, como você vai se sentir?

P — *Ponha* em prática as novas escolhas. Depois de se ter convencido a não ficar com raiva e a tentar resolver o problema, decida o que você vai fazer. No exemplo do produto de má qualidade, você provavelmente vai querer começar por ter uma conversa calma e racional com o comerciante. Você pode usar a visualização para se preparar para a discussão, vendo e ouvindo o que você vai fazer, as possíveis respostas e como você vai lidar com possíveis problemas que poderão surgir. Você talvez ache interessante preparar algumas frases para dizer a si mesmo como "fique calmo". Se o comerciante não se mostrar razoável, você talvez precise ter uma atitude mais enérgica, possivelmente escrevendo uma carta para o fabricante. O ponto fundamental é simplesmente o seguinte: converta a irritação em uma ação positiva.

Itens Principais: Capítulo 5

1. Mitos da irritação: as pessoas são naturalmente agressivas, conter a irritação é sempre prejudicial à saúde, externar a irritação é catártico, manifestar a irritação faz com que ela vá embora.
2. A irritação talvez seja um problema para você: se você se zanga com freqüência; se tem acessos de raiva; se tem a tendência de ficar remoendo as situações que o irritam; se pune a outra pessoa com o silêncio, gritando, agredindo-a verbalmente, rotulando ou fazendo acusações; ou se tem tendência para ser violento.
3. Você pode entender em parte como você enfrenta a irritação passando algum tempo analisando de que maneira a sua família de origem lidava com a irritação e com outros sentimentos.
4. A irritação pode servir aos propósitos de adquirir ou manter o controle, tentar vencer, ir à forra ou defender seus direitos.
5. Como acontece com outras emoções, você fica zangado devido ao que diz a si mesmo a respeito dos eventos.
6. Aprender a reconhecer e lidar com os pensamentos desagradáveis menos intensos e os sentimentos resultantes ajuda a evitar irritação desnecessária.

7. Externar a irritação só pode ser eficaz quando satisfaz às cinco condições seguintes: (1). Ela é dirigida ao alvo — situação ou pessoa com quem você está zangado. (2). Ela satisfaz o seu desejo de recuperar o controle e buscar justiça. (3). Ela promove uma mudança no comportamento ou lhe oferece novas informações a respeito do comportamento da pessoa. (4). A irritação é expressada de forma a ter significado para a outra pessoa. (5). O seu estilo de expressão estimula a cooperação.
8. Entre as estratégias de controle da irritação saudável estão: avaliar a sua irritação, controlar o nível do seu estresse com a visualização e a conversa consigo mesmo, usar o senso de humor, desenvolver empatia pela outra pessoa, prestar atenção à sua linguagem corporal, livrar-se dos fantasmas do passado e criar uma lista de "coisas para fazer quando eu estiver irritado".
9. Você pode lidar com a irritação que o pega de surpresa das seguintes maneiras: decorando e pondo em prática uma conversa positiva consigo mesmo, utilizando breves visualizações tendo de reserva um cenário tranqüilo, entrando em sintonia com a sua linguagem corporal, concentrando-se no ponto de vista da outra pessoa e tendo o firme propósito de tratar cada pessoa como ela é em vez de "vestir a face de um antigo adversário" no seu oponente atual.
10. Passos para determinar se você quer se irritar: (1). Avalie a situação: Considerando todas as coisas com as quais vale a pena irritar-se, esta é uma delas? (2). Defina as suas escolhas para eliminar ou expressar a irritação e (3). Examine as conseqüências da sua ação.
11. Lembre-se: a irritação consigo mesmo freqüentemente resulta da sua expectativa de ser perfeito.

6

Depressão

Além da Melancolia

Ter poucas coisas para desejar e muitas a temer
é um estado de espírito angustiante.

— FRANCIS BACON

Martha acha que sua vida está desmoronando. Recém-divorciada, ela se considera culpada e fica sentada no apartamento onde mora, recusando-se a fazer qualquer esforço para ligar às amigas e encontrar-se com elas. Ela acredita que não vão querer nada com ela e que vão ficar do lado do seu ex-marido. Quando alguém telefona e a convida para sair, ela desconfia dos motivos da pessoa: "Ela só está querendo ser condescendente comigo".

O trabalho de Martha também está sendo afetado. Faz parte das suas atribuições de vendedora de apólices de seguro telefonar ou visitar sem avisar um determinado número de clientes em potencial por semana. Ela cumpre mecanicamente a sua obrigação e aceita cada recusa como mais uma prova de que é inadequada. Seu chefe está perplexo porque Martha era um dos expoentes da sua equipe de vendas. Embora esteja solidário com Martha por causa do divórcio, o chefe não pode continuar a tolerar o desempenho dela e Martha corre o perigo de perder o emprego. Ela está consciente da sua situação no trabalho e ansiosa com relação à sua segurança, mas a ansiedade a deixa ainda mais deprimida.

Em algum momento quase todo mundo experimenta alguma forma de depressão. Na verdade, a depressão é um difundido distúrbio mental. Ela é um importante problema social e pessoal.

Quando estamos deprimidos, nos sentimos exaustos, desanimados, tristes e sem esperança — como se estivéssemos suspensos no tempo. Podemos sentir desespero, sofrimento emocional e apatia, além de ter problemas para comer e dormir.

Existem duas principais classificações da depressão clínica: a biológica (que tem origem na composição química do corpo e que pode requerer medicamentos) e a psicológica (que se baseia em fatores emocionais). Os sintomas são um pouco diferentes, como veremos um pouco mais adiante neste capítulo. De qualquer modo, a depressão é um grave distúrbio emocional.

Pensamentos, e até tentativas, de suicídio não são raros nos casos de depressão. As mudanças emocionais e de comportamento que ocorrem freqüentemente são acompanhadas pela convicção da pessoa deprimida de que é inadequada e inútil, que o mundo é perigoso e que portanto a vida não tem esperança. Esse padrão de pensamento leva algumas pessoas gravemente deprimidas a contemplar o suicídio.

Sintomas da Depressão

Os sentimentos que acompanham a depressão podem impedir que você procure a ajuda de que necessita. Você pode sentir vergonha e ter medo de ser rejeitado. Quando a depressão continua por algum tempo, você pode ficar desconcertado ou ansioso e tentar evitar que os outros tomem consciência de que você está deprimido. Esta atitude, infelizmente, pode retardar o curso de ação necessário para a recuperação.

O sintoma mais comum da depressão é a incapacidade da pessoa de se livrar da tristeza e da disposição de ânimo característica da depressão. Você pode se sentir triste, chorar, ou você pode ser incapaz de chorar. Você pode estar pensando: "Sou infeliz e estou sempre desanimado".

A depressão possui uma série de sintomas que afetam as ações, os sentimentos, os pensamentos e os processos do corpo. Os sintomas físicos tendem a acompanhar a depressão biológica: tempos de reação mais lentos; mudanças no apetite ou no peso; problemas de sono; perda do interesse ou prazer por atividade comuns (inclusive o sexo).

Entre os sintomas geralmente associados à depressão psicológica estão: sentimentos de desespero; falta de autoconfiança e do senso de valor pessoal; pensamentos negativos; distorções cognitivas; tendência a perceber e se concentrar nos aspectos negativos das situações; indecisão, pensamentos de suicídio. A tristeza, a apatia, a ansiedade e, às vezes, a culpa, são comuns. O processo do pensamento é dominado por uma visão negativa da pessoa, do mundo e dos outros.

No livro *You Can Beat Depression* (Você Pode Combater a Depressão), o psicólogo californiano John Preston identificou vários sintomas adicionais que podem acompanhar os dois tipos de depressão: falta de concentração e memória fraca dos fatos recentes (esquecimento); hipocondria; uso abusivo de drogas ou do álcool; excessiva sensibilidade emocional; e acentuadas variações de humor.

A lista de sintomas de ambos os tipos de depressão é longa, mas se você estiver sentindo três ou mais desses sintomas, ou contemplando o suicídio, recomendamos com insistência que procure imediatamente um psicólogo ou outro profissional qualificado da área da saúde para tratar a depressão. O exercício de auto-avaliação que se segue o ajudará a determinar a gravidade de qualquer tipo de depressão que você possa estar sentindo. Complete o exercício e registre os resultados no seu diário pessoal.

Exercício de Auto-Avaliação

Escala de Auto-Avaliação da Depressão

Você pode estar se perguntando se está apenas passando por um "período de fossa" ou se está realmente deprimido. A auto-avaliação a seguir o ajudará a obter algumas respostas.

	Nunca	Raramente	Com Freqüência
1. Eu me sinto triste.	_____	_____	_____
2. Eu me sinto ansioso.	_____	_____	_____
3. As coisas já não me proporcionam a mesma alegria, prazer e satisfação de antes.	_____	_____	_____
4. Ando mais irritado e aborrecido do que antes.	_____	_____	_____
5. Tenho dificuldade para tomar decisões.	_____	_____	_____
6. Estou tendo mais dificuldade para executar o meu trabalho.	_____	_____	_____
7. Tenho tido problemas com o sono (dormindo demais ou com insônia).	_____	_____	_____
8. Meu apetite não é tão bom quanto antes.	_____	_____	_____

Se você marcou no exercício 4 vezes ou mais a coluna "Com Freqüência" ou se você está até mesmo contemplando o suicídio, procure ajuda profissional.

A Depressão e os Seus Pensamentos

Quando você está deprimido ou ansioso, você tende a pensar a respeito de si mesmo e da sua vida de uma maneira negativa e pessimista. Os seus padrões negativos de pensamento na verdade fazem com que você se sinta ainda mais deprimido e ansioso. Ao pensar dessa maneira a respeito dos seus problemas, é provável que você aumente a depressão. As suas convicções e pensamentos são influências poderosas na criação e determinação dos seus sentimentos. Você pode começar a diminuir a depressão e experimentar mais sentimentos de valor pessoal se converter os seus pensamentos em padrões mais positivos e realistas.

Martha, a quem você foi apresentado no início deste capítulo, estava deprimida por causa do divórcio e dominada por pensamentos negativos. Idéias como "a culpa é minha", "os outros vão ficar do lado dele ou apenas me tratar com condescendência" só servem para mantê-la desanimada e deprimida. Se ela continuar a transportar os seus sentimentos para o trabalho, ela provavelmente perderá o emprego, o que será mais uma prova de que "eu sou um fracasso".

No entanto, se Martha considerasse alguns pontos de vista alternativos a respeito da sua situação, ela compreenderia que para que um casamento caminhe para o divórcio são necessárias duas pessoas, assim como são necessárias duas pessoas para que um casamento seja bem-sucedido. Ingressar em um grupo de apoio a divorciados poderia ajudá-la a descobrir que não está sozinha. Acreditar nas boas intenções dos amigos em vez de desconfiar dos motivos deles também seria uma maneira de extravasar socialmente.

Quando ela começar a se sentir melhor, a sua vida profissional sem dúvida também irá melhorar. Mas nesse ínterim, se examinar as razões do seu sucesso antes do divórcio e recuperar essas aptidões, ela terá mais chances de manter o emprego.

Suas Expectativas o Estão Deixando Deprimido?

As expectativas são uma importante causa de problemas para quase todos nós. Entre as expectativas irrealistas habituais que podem provocar frustração ou depressão estão as seguintes:

Quando eu quero uma coisa, tenho que consegui-la.

Quando me dedico a uma coisa, eu preciso me sair bem.

Os outros deveriam aceitar os meus padrões e se esforçar para alcançá-los. Não é justo eles não fazerem isso.

Se eu for um bom funcionário, meu chefe certamente irá me recompensar.

As outras pessoas deveriam agir e pensar como eu.

Preciso ser perfeito; se eu não estiver à altura das minhas expectativas, é porque sou um fracasso.

Mas a vida e as outras pessoas não atenderão a essas expectativas e convicções irracionais, e o resultado certamente envolverá sentimentos de desalento.

A pessoa pode infligir a depressão a si mesma dessa e de outras maneiras. Não é raro as pessoas deprimidas acharem que a sua vida sempre foi negativa e dolorosa, e que os outros de um modo geral se aproveitaram delas. A depressão pode se desenvolver a partir de sentimentos de mágoa e injustiça em um relacionamento. Os "colecionadores de injustiças" guardam na cabeça listas que contêm cada injustiça, mágoa e dor que já sofreram. Eles também sempre interpretam de uma maneira negativa o comportamento daqueles que os cercam. Basicamente, eles pintam o mundo de cinza.

Marty tem uma grande coleção de injustiças. No trabalho, ele faz tudo que pode imaginar para agradar o chefe e conseguir uma promoção, mas se esforça em vão. Ele sente que é tratado injustamente. Sua mulher, Sharon, é injusta, apesar do fato de ele se considerar flexível. Ela se recusa a participar das atividades que ele aprecia, alegando que ele não tem nenhum interesse em fazer as coisas de que ela gosta.

Para culminar, ele trabalhou horas extras durante anos para poder pagar a faculdade da filha, Coleen, mas esta não reconhece o esforço dele. Quando está em casa, durante os períodos de férias da faculdade, ela fica pedindo dinheiro ao pai e sai o tempo todo com os amigos, quase não tendo contato com Marty. A vida é realmente injusta.

Ninguém discordaria de que Marty tem muito do que se queixar. A questão é, de que maneira o fato de ele se queixar o está ajudando? Ficar pensando nas injustiças só faz com que ele se sinta pior. Ele precisa examinar como contribui para o problema. Primeiro, ele quase se mata de trabalhar tentando agradar a um chefe mal-agradecido. Segundo, ele está preso a uma luta de poder com Sharon. Terceiro, ele deixa que a filha se aproveite dele.

Marty poderia reavaliar a sua atitude no trabalho, talvez chegando à conclusão de que por mais que trabalhe seu chefe nunca ficará satisfeito, então por que se esforçar? Ou então ele poderia trabalhar para obter a própria recompensa, a satisfação pessoal que obtém ao fazer um bom trabalho, e não esperar nada do chefe. Uma terceira alternativa poderia ser procurar outro emprego onde seus talentos fossem mais apreciados.

Em casa, Marty poderia examinar as reclamações da mulher a respeito da sua falta de interesse nas atividades dela e procurar chegar a um acordo com ela. Se esta não for uma possibilidade, tanto Marty quanto Sharon poderiam decidir se dedicar separadamente, na companhia de amigos, às suas atividades prediletas. Marty também precisa dizer à filha como está se sentindo; não de uma maneira acusadora, mas simplesmente deixando que ela saiba que ele está se sentindo magoado, explorado e desprezado. Talvez Coleen tenha motivos para não querer interagir com Marty e os dois poderiam discutir o assunto.

Interrompendo o Ciclo da Depressão

Aqueles que sofrem de depressão têm a tendência de experimentá-la mais de uma vez. Quando a depressão reaparece, com freqüência as seguintes perguntas são feitas: "Por que eu? Por que isto está acontecendo de novo?" Essas perguntas não ajudam muito. Em vez de se interrogar, aceite o que está acontecendo: você perdeu o entusiasmo, o ponto de vista e a perspectiva positivos, e está sentindo menos prazer na vida. Você está deprimido!

Reconhecer a sua situação o lança no caminho em direção à mudança. Ao tomar consciência dos indícios da depressão, você pode ficar pronto para desafiar o seu modo negativo de pensar. Também é interessante que você cuide do corpo por meio de exercícios, de uma alimentação adequada e do repouso. Procure a ajuda de um profissional competente.

À medida que você desenvolve o desejo de se sentir e se comportar de uma maneira diferente, você cria esperanças, coragem e o sentimento de que é capaz de mudar. Essa coragem de acreditar na sua capacidade de dar passos pequenos porém positivos em direção a dar valor a si mesmo e descobrir coisas que você possa apreciar o ajudarão a superar a depressão.

Você terá muita dificuldade para lidar com esse comentário se não aceitar que tem um problema com a depressão. Você pode negar a situação e agir como se tudo estivesse bem. Você quer ser como os outros e não quer ser visto como uma pessoa deprimida. No entanto, se você realmente estiver sofrendo de depressão, poderá começar a se considerar uma vítima se o distúrbio continuar. A autocomiseração pode tornar-se sua companheira constante. Na condição de vítima, você tem a tendência de sentir que não fez nada errado, que o que está acontecendo é injusto e que você tem o direito de se sentir mal. Para superar isso, você precisa transcender a sua atitude de vítima ou de mártir. Reconheça que, no momento, as coisas estão fora de controle. À medida que você for se tornando responsável e começar a dar passos ativos e positivos, as suas ações ajudarão a modificar a situação.

Propósito e Depressão

Uma das razões pelas quais é difícil combater a depressão é que com freqüência os sintomas depressivos que parecem tão horríveis na verdade possuem uma utilidade ou propósito para a pessoa deprimida. Às vezes a depressão pode ser um motivo para você se isentar da responsabilidade pelo seu comportamento. Em outras ocasiões, ao se concentrar na sua fraqueza, você reduz as expectativas das outras pessoas e elas passam a exercer menos pressão sobre o seu desempenho e realizações. Existem ainda momentos em que você pode usar a depressão como uma desculpa para o fracasso e como uma maneira de se defender das críticas.

Os sentimentos saudáveis se baseiam em uma avaliação realista das circunstâncias e os sentimentos negativos se fundamentam em pensamentos irrealistas. Examine o propósito das suas emoções. Você tem o direito de sentir o que quiser, mas as verdadeiras perguntas são se você quer se sentir dessa maneira e se esses sentimentos o ajudarão a expressar a emoção. Escolha o curso de ação que irá ajudá-lo a lidar com a situação e melhorá-la. Se expressar o sentimento não mudar nada ou não ajudá-lo, em geral é melhor modificar o que você está sentindo aplicando os procedimentos que você aprendeu.

Ajude as suas emoções a servir a propósitos positivos e combater a depressão. Não se permita ser escravo delas!

O Vício da Aprovação

Você já sentiu que simplesmente não conseguiria suportar não ter a aprovação de uma determinada pessoa? Você se sentiu assim porque a opinião dela era extremamente importante e claramente indicava que havia algo errado com você? Para se sentir bem com relação a si mesmo você depende da aprovação dos outros?

Gostaríamos de sugerir que essa maneira de pensar não faz sentido. Seus pensamentos e convicções têm o poder de aumentar a sua auto-estima e o seu valor pessoal. A aprovação da outra pessoa só afeta o que você pensa a respeito de si mesmo se você acreditar que o que ela diz é válido e essencialmente verdadeiro. Mesmo que seja, não há necessidade de você ficar deprimido. Você precisa se conscientizar de que quando uma pessoa desaprova algo que você faz, ela está apenas emitindo a opinião dela, a qual pode ser uma conseqüência das convicções irracionais dela. Não deixe a sua sensação de bem-estar depender da aprovação de terceiros!

A desaprovação pode resultar dos seus erros, mas estes não diminuem o seu valor e você certamente não comete erros o tempo todo. A reação dos outros é ao que você fez e não ao que você é.

Para muitos de nós, a preocupação excessiva com a aprovação remonta à infância. Era muito importante para nós contar com a aprovação dos nossos pais e professores. Quando você era criticado por causa do seu mau comportamento, você se sentia menos digno. Mas agora você sabe que tem o poder da escolha emocional e pode criar a auto-aceitação.

Raiva e Depressão

Descobrimos na nossa experiência que a raiva pode estar associada à depressão. Você pode ter a tendência de acreditar que as situações e as pessoas fazem você ficar zangado; no entanto, como você aprendeu no quinto capítulo, são os seus pensamentos e convicções que criam a raiva. É o significado que você atribui ao evento que influencia a sua reação emocional.

Quando você está deprimido, você pode ficar zangado porque as coisas não estão acontecendo como você quer. A sua incapacidade de controlar a situação pode resultar em raiva porque você não pode mudar o que está acontecendo. Essa raiva não expressa pode aprofundar a depressão.

Ao se tornar mais responsável pela sua raiva, você passa a ter uma escolha maior de sentimentos para alimentar e expressar. Quando você está zangado, muitos dos seus pensamentos são distorcidos e tendem a aumentar a sua raiva. Tome consciência deles analisando a sua mente quando estiver irritado e agressivo. Considere modificar esses pensamentos para que se tornem mais objetivos e menos exaltados.

Para tornar-se mais consciente desse processo, faça uma pausa agora e visualize alguma coisa que estimule a sua raiva. Permaneça alguns minutos com a imagem. Continuando a se concentrar na raiva, observe como os seus pensamentos ajudam a mantê-la viva, como você cria e sustenta a raiva. Modifique agora a visualização e veja o humor contido na situação. Note que você tem a escolha de ficar zangado ou ver a situação de outras maneiras.

Nós, seres humanos, gostamos de controlar a nossa vida. Às vezes nos recusamos a aceitar situações que estão fora do nosso controle, como um relacionamento, o trânsito, o tempo ou outras condições sobre as quais nada podemos fazer. Podemos escolher ficar zangados, mas existem outras opções. Você consegue se concentrar em outra coisa em vez de nos seus sentimentos negativos? Se você continuar a se irritar e as coisas não mudarem, você poderá ficar deprimido. A escolha é sua.

Quando zangada, a pessoa precisa identificar o objetivo da raiva, o que está sendo alcançado. A raiva é freqüentemente dirigida a outras pessoas ou a circunstâncias da vida. Ela também pode estar voltada para a incapacidade da pessoa de ser perfeita ou de controlar a vida. Se você abandonar as metas de perfeição e de controle, e procurar ver a si mesmo e os outros de uma outra maneira, você conseguirá diminuir a sua raiva.

Pensamentos Que Deprimem — e Como Modificá-los

As suas convicções e pensamentos criam os sentimentos que dão origem à depressão. O psicólogo e escritor Gary Emery indica que os passos necessários para mudar a nossa maneira de pensar encerram um desafio, mas são relativamente simples. Ele sugere os três passos seguintes: "Primeiro, conscientize-se dos pensamentos que só pioram a situação; segundo, contraponha a esses pensamentos outros mais realistas; e terceiro, aja em função dos novos pensamentos". Os passos sugeridos são a conscientização, a contraposição e a ação. Eis como colocar em prática esses passos.

Conscientização. Reconheça os seus sintomas. Não os interprete erroneamente e nem deixe de prestar atenção a eles. Torne-se sensível a qualquer mudança de humor que comece a sentir, como tristeza, tédio, rejeição. Sintonize-se com o que está acontecendo. Trata-se de pistas para que você compreenda o seu modo de pensar. Às vezes você pode não ter certeza do que está sentindo. Começar a falar sobre os sentimentos o ajudará a reconhecê-los e ficar mais consciente deles. Conte a uma pessoa íntima o que está se passando com você e compartilhe o que está sentindo de uma forma aberta e sincera.

Tome consciência do que está sentindo no corpo. Sintomas de ansiedade ou peso nos membros pode ser uma indicação de depressão. Admita quando estiver tentando evitar coisas que lhe davam prazer no passado. Observe atividades que exigem um grande esforço de você ou situações em que você tem dificuldade para se concentrar e tomar decisões. Você também pode perceber que está começando a ter pensamentos negativos automáticos e regulares como "Isto é horrível. É impossível. Não consigo enfrentar esta situação. Eu desisto".

Contraposição. Quando você começa a se apanhar tendo pensamentos negativos, você está em posição de contrapor a eles pensamentos mais realistas. Em vez de dizer: "Eu desisto", ou "Você é impossível!" você poderia afirmar: "Isto apresenta um desafio, mas vou me esforçar ao máximo". É preciso que você compreenda que existem diferentes interpretações para qualquer evento considerado. No entanto, algumas são mais realistas do que outras. Tome consciência de uma maneira positiva segundo a qual você possa perceber a situação. Descubra uma maneira diferente de reagir. Quando você começar a questionar os seus pensamentos distorcidos: "Esta é a única maneira de pensar a respeito disso?", você aprenderá a fazer a si mesmo perguntas cada vez mais eficazes. Você se abrirá à possibilidade de várias formas mais eficientes de reagir.

Para desafiar os pensamentos negativos, Emery apresenta uma longa lista de perguntas proveitosas que você pode fazer a si mesmo. Escolhemos algumas perguntas que consideramos especialmente valiosas:

Estou confundindo um pensamento com um fato?

Estou pressupondo que todas situações são iguais?

Estou deixando de enxergar as minhas qualidades?

O que eu quero?

Como eu olharia para isto se não estivesse deprimido?

Estou fazendo a mim mesmo perguntas que não têm resposta? P. ex.: 'Como posso refazer o passado?'

Que diferença isto fará em uma semana, um ano ou dez anos?"

Pergunte também a si mesmo: "O que estou fazendo que me deixa deprimido? O que estou dizendo a mim mesmo que gera sentimentos de tristeza?"

Enquanto você examina essas perguntas e anota os seus pensamentos, você começará a ver como pode corrigir os erros na sua maneira de pensar.

Ação. O passo seguinte para modificar seu jeito de pensar envolve a ação. O simples fato de você desafiar o pensamento, ou contrapor outro a ele, em geral não vence a depressão. Você precisa começar a se comportar de um modo diferente. Por exemplo, quando você pensar que é um perdedor, você precisa agir. Comece por identificar atividades em que você tenha tido êxito; volte a dedicar-se a elas. Faça regularmente coisas que lhe confiram energia e criem oportunidades de sucesso. Procure pessoas que têm problemas mais sérios que os seus e procure ajudá-las.

Visualize ou relembre um momento em que você se sentiu positivo e satisfeito. Ao agir "como se" estivesse relaxado e positivo, modificando a respiração e a maneira como você encara a si mesmo e o mundo, você pode iniciar uma mudança positiva. Desafie todos os pensamentos negativos. A depressão freqüentemente tem origem na autocrítica permanente. Suas convicções e suposições com relação ao seu desejo de afeto, aprovação ou perfeição, podem ser a base das suas oscilações de humor.

Apresentamos a seguir algumas convicções que influenciam a sua vida emocional de uma maneira positiva ou negativa:

Convicções Negativas	*Convicções Positivas*
Preciso da aprovação dos outros para ser feliz.	Receber aprovação seria muito bom, mas não é necessário.
Só consigo ser feliz se for amado por outra pessoa.	Eu poderia encontrar a felicidade se fosse amado por outra pessoa, mas essa não é a única maneira de ser feliz.
O fato de o meu desempenho não ser tão bom quanto o dos outros significa que sou inferior.	Não determino o meu valor, comparando-me com outras pessoas.
Preciso ser perfeito para que gostem de mim.	Os verdadeiros amigos gostarão de mim independentemente dos meus defeitos.

Comece a desafiar as suas convicções negativas e contraponha a elas suposições positivas. Reconheça que você tem escolhas a respeito dos seus pensamentos, convicções e sentimentos; você não está mais sujeito aos seus pensamentos e reações automáticas.

Convicções, Pensamentos e Emoções Debilitantes

Como você viu, você pode modificar os pensamentos debilitantes mudando a sua maneira de pensar voltada para convicções negativas. Atitudes pessimistas e atitudes negativas desempenham um importante papel no desenvolvimento e fortalecimento dos sintomas. Essas convicções e pensamentos negativos dão origem a emoções que pioram ainda mais a situação. É a sua maneira de pensar que o mantém desestimulado e sentindo-se inadequado. Esses pensamentos negativos são freqüentemente desconsiderados no contexto da depressão.

Quando você se sentir deprimido, identifique os pensamentos negativos que você teve antes de a depressão se instalar. Você começará a perceber que esses pensamentos na verdade ajudaram a gerar a depressão. Os terapeutas cognitivos, como o psiquiatra e escritor David Burns, chamaram esses pensamentos de "pensamentos automáticos" porque parecem vir à mente automaticamente em resposta a situações da vida, sem um esforço consciente da nossa parte. À medida que você for aprendendo a reestruturar seus pensamentos, você poderá modificar seus sentimentos e estado de espírito. Suas emoções são resultado de como você vê as coisas. Antes de efetivamente experimentar um evento, o seu cérebro o analisa e confere significado ao evento. A percepção e o significado têm lugar antes do sentimento. Se você mudar a maneira como percebe as coisas e as convicções que fundamentam o significado que você atribui aos eventos, você poderá modificar os sentimentos que virão a seguir.

A depressão que não é bioquímica resulta em geral de um modo de pensar negativo e irracional. Você precisa examinar a sua maneira de pensar e tomar consciência dos pensamentos e convicções que podem estar causando os sentimentos. Depois de identificar as convicções irracionais, não deixe que elas dominem o seu curso de ação. Se a depressão continuar, procure um especialista para que ele possa determinar se um desequilíbrio químico pode estar causando a depressão.

Convicções e Sentimentos Irracionais

Albert Ellis, psicólogo e escritor nova-iorquino, criador da Terapia Racional Emotiva, apresenta em seu livro *How to Stubbornly Refuse to Make Yourself Miserable About Anything* (Como Se Recusar Terminantemente a Se Sentir Infeliz a Respeito de Qualquer Coisa) alguns princípios básicos capazes de ajudar a combater os sentimentos de infelicidade.

- Você cria os pensamentos e sentimentos que o perturbam e tem o poder de modificá-los.
- Você se torna infeliz agarrando-se firmemente a exigências de como as coisas "deveriam" e "precisam" ser, que são convicções irracionais.
- Não foi a sua experiência passada que fez você se sentir mal e sim a maneira como você a percebeu. Ao nutrir as suas convicções irracionais, você criou o seu passado. Ao recusar-se a desafiar essas convicções irracionais, você continua a usá-las para se aborrecer.
- Ao tentar compreender as suas convicções, você precisa fazer um exame cuidadoso para descobrir se tem problemas emocionais como sentimentos de ansiedade e depressão. Se for este o caso, procure e desafie ativamente o tipo de pensamento que dá origem às suas dificuldades emocionais.
- Quando você descobrir de que maneira você causa problemas a si mesmo, você precisa meter mãos à obra caso deseje modificar as suas convicções e sentimentos. O simples fato de você se tornar consciente da sua maneira negativa de pensar não vai modificar as suas convicções; isso só acontecerá se você agir energicamente contra elas!

As suposições debilitantes foram adquiridas no passado. Você pode ter aprendido a cooperar, a agradar outras pessoas, a fazer coisas para ser aceito. Algumas dessas suposições transformam-se em convicções debilitantes. A não ser que você se conscientize delas e as modifique, é muito difícil lidar com a depressão.

Art era o mais velho de três irmãos e por esse motivo esperavam que ele fosse o mais responsável. No entanto, ele nunca era suficientemente adequado aos olhos dos seus pais perfeccionistas. Art era constantemente criticado e, como resultado, escolheu se considerar inadequado e inferior.

Art acreditava que era vítima do seu passado. Ele achava que seus pais o haviam influenciado e danificado permanentemente. Por conseguinte, ele estava condenado; não havia nada que ele pudesse fazer para mudar a sua vida. Art acreditava no seguinte: "Sou inferior aos outros. As pessoas tiram vantagem de mim. Não consigo competir na maioria das situações — sou um fracasso!"

Em decorrência das suas convicções, Art funcionava abaixo do seu potencial. Ele ocupava funções medíocres e mudava de emprego com freqüência por causa da depressão e do seu fraco desempenho profissional.

Quando Art começou a fazer terapia, o terapeuta o ajudou a ver como as suas convicções o derrotavam. Ele aprendeu a se considerar responsável pelas suas idéias: ele agora era capaz de desafiá-las e modificá-las. No decorrer dos meses seguintes, Art começou a se sentir melhor com relação a si mesmo. Ele também conseguira um novo emprego, mais adequado às suas habilidades.

Exigências Debilitantes

Muitas convicções se baseiam em exigências de como as coisas "deveriam" ser ou acontecer, o que se torna debilitante. Você precisa ter consciência de que essas exigências são arbitrárias, que você não precisa agir em função delas, que é você que as escolhe e que elas atuam contra a sua saúde e felicidade. Em suma, nunca faça esse tipo de exigência a si mesmo.

Desafiando a Depressão

Quando você sentir que está caminhando em direção a um estado depressivo, conscientize-se do que está sentindo e experimentando. Pare para identificar o pensamento que está criando o desespero. Pergunte a si mesmo se você está irritado, com medo, desestimulado ou sentindo-se rejeitado. Respire fundo e entre em contato com seus sentimentos. É importante ter consciência de que as emoções estão interligadas. Você pode sentir medo por causa da culpa ou por ter sido rejeitado. Você não precisa identificar os seus sentimentos com extrema precisão. Basta que esteja consciente do que estimula os sentimentos e que admita para si mesmo que está tendo sentimentos desagradáveis.

Após identificar o sentimento, pergunte a si mesmo: "O que estou pensando e dizendo para mim mesmo?" Esta pergunta exige que você preste atenção aos seus pensamentos irracionais e à conversa negativa que tem consigo mesmo. Depois de tomar consciência dessas coisas, você pode perguntar: "O que posso dizer para mim mesmo para me sentir melhor?"

Sempre que você se encontrar em uma situação na qual perceba que os sentimentos estão começando a conduzi-lo em uma direção negativa, você precisa parar e desafiar essa direção. Você pode fazer isso de várias maneiras. No entanto, os seguintes passos foram considerados eficazes:

1. Tome consciência das suas emoções e identifique-as.
2. Tome consciência dos seus pensamentos e convicções negativos e irracionais; das declarações que você faz a si mesmo que você acredita que estimulem a depressão.
3. Examine os seus pensamentos negativos e identifique uma maneira positiva de desafiar cada um deles. (No segundo capítulo você encontra mais detalhes sobre como desafiar os pensamentos negativos.)

É importante não apenas desafiar os pensamentos negativos, mas também agir com relação aos sentimentos negativos.

Quando você faz a coisa que teme, você aumenta a sua coragem. À medida que você se torna mais autoconfiante, você reduz o seu medo.

Entre em Ação. Se você estiver deprimido, comece a se concentrar agressivamente em se libertar dos limites que você mesmo construiu. A desesperança, o desamparo, os sentimentos de inutilidade e autocrítica que você experimenta resultam de você não estar em contato com o carinho e os cuidados dos quais talvez esteja cercado. O primeiro passo para se afastar da depressão tem lugar quando você decide que quer abandoná-la. Você não vai conseguir nada se ficar sentado e torcer para que as coisas mudem ou esperar que os remédios, a terapia ou outra pessoa resolvam o problema para você. Em vez disso, procure mudar ativamente as suas atitudes e as circunstâncias que o mantêm no estado de depressão.

Quando você tiver o desejo de se afastar da depressão, converse com um amigo sábio e amoroso. Compartilhe com ele os seus sentimentos ou procure a ajuda de um terapeuta profissional.

Identifique Qualquer Possível Causa Física da Depressão. É possível que a sua depressão seja proveniente de um problema físico. Procure um médico com experiência em depressão e peça a ele que o examine, que peça exames de sangue e outros para detectar algum possível distúrbio de saúde. No início é importante identificar possíveis fatores físicos. A depressão pode ser originária de um desequilíbrio bioquímico ou da composição química do cérebro. É possível que algum tipo de medicamento possa melhorar a sua situação, mas nem mesmo os remédios são capazes de fazer todo o trabalho; você ainda precisa se esforçar para modificar suas convicções, propósitos e comportamento.

Visualize-se com Atitudes e Pensamentos Positivos. Comece por afastar-se dos pensamentos negativos. Recuse-se a acreditar nos pensamentos e sentimentos que insistem em afirmar que você não tem valor, que é basicamente um perdedor ou que não tem capacidade. Crie uma visão mais forte e positiva de si mesmo, formando uma imagem mais clara da pessoa que você quer se tornar. Aplique algumas das técnicas de visualização que sugerimos no décimo capítulo para imaginar a sua saúde e a nova atitude mental. Você achará difícil provar que é um "completo perdedor".

Você elevará muito sua auto-estima ao se mostrar desafiante e combativo quando alimentar pensamentos negativos a respeito de si mesmo. O seu sentimento de inutilidade freqüentemente provém do seu diálogo interior, que pode conter uma grande dose de autocrítica se você não se opuser a ele. Você é o seu pior crítico quando diz coisas como: "Sou um incapaz. Não consigo fazer isso. Eu não valho nada". Você precisa estar em completa sintonia com esses pensamentos de autocrítica que passam pela sua mente. Identifique por que eles estão distorcidos e exercite-se revidando-os. Quando você não estiver funcionando como deveria, você pode perguntar a si mesmo: "Que pensamentos estão passando pela minha cabeça agora? O que estou dizendo a mim mesmo? Por que isto me aborrece?"

Faça o Que Tem Medo de Fazer. Fazer o que você teme pode ser uma coisa simples ou complexa. Para uma pessoa deprimida pode ser algo tão simples quanto levantar-se, comer alguma coisa, arrumar a cama. Em resumo, mexa-se; recuse-se a se deixar dominar pela apatia. Você também pode fazer algum tipo de exercício, como andar de bicicleta, caminhar ou praticar qualquer outra atividade que antes lhe proporcionava prazer. Ao dar os primeiros passos em uma atividade e fazer um pequeno progresso nos exercícios, você poderá desafiar as suas convicções e o seu medo, o que resultará em uma melhora pequena porém imediata. Você terá estimulado a sua confiança em si mesmo e no processo da mudança. A vontade de evitar as coisas e o comportamento debilitante não estão mais refreando você.

Aplique a Fórmula AEP

A — ***Aceite* a si mesmo e aos seus sentimentos.** Aceite que você está sentindo e experimentando a depressão. Reconheça que a sua maneira de pensar está ajudando a estimular a depressão.

Tome consciência de como você pode ter criado a depressão. Identifique alguns dos possíveis propósitos a que a depressão pode servir na sua situação. (Ver a Tabela do Apêndice B.) Se você tiver padrões elevados e for perfeccionista, quando está deprimido e não se sente bem a respeito de si mesmo, você nem mesmo tenta. Você se exime de produzir!

Neste estágio, conscientize-se dos sentimentos e pensamentos que causam a depressão, das exigências que você impôs a si mesmo. Você reconhecerá que uma das maneiras mais eficazes de lidar com esse tipo de depressão é mudar a sua maneira de pensar e modificar algumas das convicções.

No entanto, mudar a maneira de pensar pode não ser suficiente para se livrar da depressão. Procure um profissional para determinar se você tem algum desequilíbrio químico que possa estar causando a depressão.

E — ***Escolha* novos propósitos, convicções e sentimentos.** Depois de identificar o seu propósito, pense em como você pode modificá-lo. Por exemplo, você sente necessidade de que as coisas sempre sejam do seu jeito ou você consegue se esforçar para levar em consideração os desejos dos outros? Se você estiver usando a depressão para encenar um "acesso de raiva silencioso", como você pode lidar com a raiva de uma maneira mais eficaz?

Analise as convicções e propósitos irracionais que podem estar por trás da depressão. Escreva essas convicções e propósitos irracionais. Estes serão os pensamentos que você tem quando está se sentindo triste ou deprimido. Conscientize-se de como esses pensamentos negativos criam a depressão. Entre eles podem estar os seguintes: "A vida é cruel. As coisas nunca vão mudar. Não há esperança".

Quando você anotar as suas convicções, escreva também maneiras mais racionais e realistas de lidar com elas. Talvez seja interessante você rever o segundo capítulo para ter idéias sobre como criar convicções racionais.

P — *Ponha* em prática as novas escolhas. Depois de ter aceitado e compreendido as convicções negativas que estão contribuindo para a depressão, é importante entrar em ação e tomar providências para tornar as suas convicções mais positivas.

Você pode começar a pôr em prática as suas escolhas de várias maneiras. Uma delas é aprender a ficar mais relaxado em ocasiões em que se sentir ansioso, respirando profundamente e visualizando-se em uma situação positiva.

Um simples exercício de respiração pode exercer um forte efeito sobre a sua capacidade de lidar com o estresse e a depressão. O seguinte exercício respiratório pode desencadear pensamentos positivos que você associa à respiração. Aprenda a associar pensamentos positivos à respiração profunda, pois isso o ajudará a modificar seus pensamentos. Sente-se em uma postura positiva, relaxe, ponha o queixo levemente para dentro, coloque as mãos ao redor da região inferior das costelas com a ponta dos dedos voltada para dentro, na direção do centro do corpo, e inspire lentamente. Quando o abdômen se expandir levemente para baixo e para a frente, você sentirá as costelas movimentarem as laterais do seu corpo. Ao completar a respiração, você poderá sentir o peito se expandir com conforto. Expire lentamente. Repita o padrão. Faça este exercício várias vezes por dia para estabelecer uma resposta respiratória de relaxamento.

A ancoragem é outra maneira de produzir intencionalmente um estado emocional positivo em uma situação específica, enquanto você reduz ou remove as associações negativas que podem levá-lo em direção à depressão. (A ancoragem é discutida no décimo capítulo.)

Resumo

Quase todos nós nos sentimos tristes ou deprimidos, às vezes. No entanto, para alguns a depressão é uma experiência mais intensa e dolorosa. As suas convicções produzem a depressão psicológica, mas é importante notar que alguns tipos de depressão são de origem bioquímica e requerem tratamento médico.

À medida que você aprender a mudar os seus sentimentos modificando as suas convicções, comportamento e estado emocional, você terá acesso a algumas habilidades e idéias que o ajudarão a combater a depressão.

A depressão pode ser um processo doloroso. É importante reconhecer os sinais comuns da depressão: mudança no apetite, problemas de sono, perda de entusiasmo, sentimentos de tristeza ou ansiedade, pensamentos suicidas. Se você estiver experimentando três ou mais desses sinais, ou se você alimenta pensamentos suicidas, procure ajuda profissional.

Itens Principais: Capítulo 6

1. Existem duas classificações principais da depressão clínica: a biológica (que tem origem na composição química do corpo) e a psicológica (que se baseia em fatores emocionais).
2. A depressão biológica costuma ser acompanhada por sintomas físicos: tempo de reação mais lento, modificação do apetite ou do peso, problemas de sono, perda de interesse ou prazer em atividades costumeiras. A depressão biológica pode precisar ser tratada com medicamentos.
3. Entre os sintomas geralmente associados à depressão psicológica estão: sentimentos de desespero; falta de autoconfiança e do senso de valor pessoal, pensamentos negativos, distorções cognitivas, tendência a perceber e se concentrar nos aspectos negativos das situações, indecisão, pensamentos de suicídio.
4. Os dois tipos de depressão podem ser acompanhados de falta de concentração, memória fraca dos fatos recentes (esquecimento), hipocondria, uso abusivo de drogas ou do álcool, excessiva sensibilidade emocional e acentuadas variações de humor.
5. Quando você está deprimido ou ansioso, você tende a pensar a respeito de si mesmo e da sua vida de uma maneira negativa e pessimista.

6. As expectativas irrealistas são uma causa importante de problemas. Entre as expectativas comuns estão: Quando eu quero uma coisa, tenho de consegui-la; eu deveria ser bem-sucedido; os outros deveriam aceitar os meus padrões e se esforçar para alcançá-los; se eu for um bom funcionário, meu chefe certamente irá me recompensar; as outras pessoas devem agir e pensar como eu; eu tenho de ser perfeito; se eu não estiver à altura das minhas expectativas, é porque sou um fracasso.
7. As pessoas deprimidas podem ser "colecionadores de injustiças", guardando na cabeça listas de cada injustiça, mágoa e dor que já sofreram.
8. Ao se conscientizar dos sinais da depressão, você pode ficar pronto para aceitar que está deprimido e desafiar seus pensamentos negativos. Você também pode querer cuidar do corpo por meio de exercícios e de uma alimentação e repouso adequados.
9. A depressão pode se desenvolver a partir do perfeccionismo e padrões elevados.
10. A depressão pode servir aos propósitos de você se isentar da responsabilidade pelo seu comportamento, reduzir as expectativas das outras pessoas, fazer com que os outros o protejam e cuidem de você ou eximi-lo do fracasso e das críticas.
11. As pessoas deprimidas podem ser dependentes de aprovação: elas acreditam que simplesmente não conseguem suportar o fato de alguém não aprová-las. A aprovação de outra pessoa só afeta o que você pensa a respeito de si mesmo se você concordar com a opinião dela. E mesmo que você concorde com a pessoa, você não precisa ficar deprimido.
12. A raiva pode estar associada à depressão. Quando você está deprimido, você pode ficar zangado porque não está conseguindo o que quer. Reconheça a sua raiva e lide com ela.
13. Aceite o fato de que você está deprimido e comece a se apanhar tendo pensamentos negativos. Esta atitude o deixa em posição de desenvolver pensamentos mais realistas. Pergunte a si mesmo: "O que estou fazendo que me deixa deprimido?; "Esta é a única maneira de pensar a respeito disto?" Entre em ação comportando-se de um jeito diferente.
14. Compreenda que você escolhe os seus pensamentos negativos. As convicções baseadas em exigências atuam contra a sua saúde e felicidade. Não faça exigências a si mesmo!
15. Pergunte a si mesmo: "O que estou pensando e dizendo para mim mesmo?" A seguir pergunte: "O que posso dizer para mim mesmo para me sentir melhor?"
16. Você também pode se visualizar com um comportamento, atitudes e pensamentos positivos.
17. Faça o que você tem medo de fazer. Para uma pessoa deprimida isso pode ser algo tão simples quanto levantar-se, comer alguma coisa, arrumar a cama. Você também pode fazer algum tipo de exercício.
18. Se você costuma pensar em suicídio, procure ajuda profissional agora.

7

Estresse

Você Não Pode Se Dar ao Luxo de Não Relaxar

O que existe atrás de nós e o que existe diante de nós são coisas insignificantes quando comparadas ao que existe dentro de nós.

— OLIVER WENDELL HOLMES

Falta de tempo. Coisas demais para fazer. Pessoas demais com quem competir. Dois empregos. Preocupação com a violência. Medo de ataques terroristas. Problemas com a creche das crianças. Demissões no emprego. Trânsito terrível na ida e na volta do trabalho. Filas enormes na área de segurança do aeroporto. Problemas com os sogros. O que fazer para o jantar. Não consigo dormir... Socorro!

Existe alguém que não esteja estressado hoje em dia? Duvidamos que isso seja possível. O estresse, com seus elevados custos físicos e psicológicos, é um desses fatos da vida com os quais temos de conviver. Vamos explorar neste capítulo maneiras comprovadas de aprender como fazer isso.

Vamos começar comentando que o estresse não é um mal absoluto. Uma quantidade moderada de estresse pode motivar você a dar o máximo de si. O estresse excessivo, contudo, pode diminuir a sua resistência e ameaçar o seu sistema imunológico. O excesso de estresse pode até mesmo reduzir a vontade de cumprir as exigências da vida do dia-a-dia e interferir na capacidade de se relacionar ou trabalhar eficazmente com outras pessoas. A solução é manter o estresse sob controle, reduzindo-o e fazendo com que ele trabalhe a seu favor.

Hans Selye, cientista canadense da área médica, um dos maiores pesquisadores mundiais do conceito de estresse e autor do primeiro livro sobre o assunto, observou que "o estresse causa certas mudanças [fisiológicas] na estrutura e na composição química do corpo". Com base na sua experiência pessoal, você sabe qual a sensação do estresse: a digestão fica mais rápida, a pulsação acelera e a pressão sobe. Você transpira e sente a tensão muscular no rosto, no pescoço e nas costas. Esses efeitos representam a reação automática do sistema nervoso ao estresse. Os estressores psicológicos — a perda, o sofrimento, a hostilidade física ou verbal ou a rejeição — e os estressores sociais — circunstâncias da vida como as persistentes pressões financeiras, as doenças crônicas, os conflitos de relacionamento, o cumprimento de prazos e a pressão no trabalho — também desafiam e estimulam as suas defesas.

Você pode acreditar que as causas do estresse são basicamente externas: o que as outras pessoas dizem ou as situações nas quais você se encontra. Sua esposa vai perder o emprego de professora no ano que vem; o seu pai não pode mais morar sozinho; seu chefe espera que você termine três projetos até o fim do mês; o seu filho adolescente acabou com o seu carro; o seu vizinho recusa-se a pagar parte do custo do novo muro.

É claro que eventos externos como esses influenciam o estresse que você experimenta. Mas o verdadeiro estresse resulta em grande parte da maneira como você interpreta esses acontecimentos.

Eis um exemplo baseado em uma situação bastante comum hoje em dia. Tom e Bill trabalham na mesma companhia e são informados de que ela vai acabar. O potencial de estresse está presente para os dois: ambos vão perder o emprego. Tom está aborrecido e preocupado com o que irá fazer, mas Bill encara a perda como uma oportunidade de encontrar uma nova ocupação que encerre mais desafios. O fechamento da empresa é o estressor, o evento que estimula uma reação de estresse. Tom fica mais estressado do que Bill devido à sua interpretação negativa, ou seja, do significado que o fato encerra para ele.

A maneira como você interpreta um evento ou situação influencia a intensidade do estresse que você sente. As suas convicções e as conversas que tem consigo mesmo podem aumentar ou reduzir o estresse. Se você acredita "Eu preciso ser sempre perfeito", você contemplará o seu desempenho de uma maneira altamente crítica e experimentará muito estresse. No entanto, se você acredita em "Vou me esforçar ao máximo e ficarei satisfeito com o resultado", você sentirá menos estresse. Você está aceitando a si mesmo e as suas limitações.

Em resumo, você pode reduzir o estresse interpretando a causa, ou seja, a situação ou o evento, de uma maneira diferente. Você pode controlar o estresse porque modifica a sua reação a ele. Para explorar os estressores na sua vida, dedique alguns minutos ao "Exercício de Auto-Avaliação" apresentado um pouco mais adiante.

Possíveis Causas do Estresse

O estresse tem muitas causas: as circunstâncias da vida (mudanças nos relacionamentos, situação financeira, morte de um ente querido); influências químicas e ambientais (condições atmosféricas, ruído, alimentação); eventos positivos (casamentos, férias); estilo de vida ou fatores emocionais (ansiedade, medo, convicções rígidas, programações apertadas); os relacionamentos (conflitos na comunicação, problemas nos relacionamentos pessoais); preocupações com o emprego (perda do emprego, demissões em massa, responsabilidades confusas no trabalho). Outra causa importante do estresse que freqüentemente passa despercebida é a lógica pessoal de cada um.

Exercício de Auto-Avaliação do Estresse

Len Sperry, psiquiatra do Medical College of Wisconsin, desenvolveu uma escala na qual você mesmo pode avaliar os estressores na sua vida. Muitos deles são permanentes. Examine cada categoria — Circunstâncias Gerais da Vida, Físicos/Químicos, Estilo de Vida/Emocionais, Relacionamentos, Trabalho — e faça uma marca à esquerda da descrição que se aplica a você. De acordo com Sperry, "Mais de três marcas em uma coluna poderia indicar níveis de estresse que estão fazendo, ou poderão fazer, mal à sua saúde". Use os resultados do exercício para concentrar-se nas áreas estressantes da sua vida. A seguir, você pode começar a aplicar várias estratégias para lidar com o estresse sugeridas neste capítulo.

OS PRINCIPAIS ESTRESSORES NA SUA VIDA*

Pessoais			No relacionamento	No trabalho
Eventos Gerais da Vida	Físicos/Químicos	Estilo de Vida/Emocionais		
☐ Mudanças significativas na situação financeira	☐ Temperatura excessivamente alta ou baixa	☐ Perspectiva de vida pessimista	☐ Comunicação conflitante	☐ Perda do emprego, demissões em massa ou medo dessas situações
☐ Mudanças significativas no estilo de vida	☐ Tempo nublado ou úmido (freqüente)	☐ Sono irregular ou insônia (freqüente)	☐ Falta de respeito mútuo e compartilhamento	☐ Problemas de relacionamento com o chefe ou supervisor
☐ Morte de um amigo próximo	☐ Barulho alto, perturbador (constante)	☐ Pressa, pressão e pouco tempo de lazer	☐ Problemas na tomada de decisões e na resolução de problemas	☐ Falta de apoio dos colegas de trabalho
☐ Execução de hipoteca prestes a acontecer	☐ Condições de vida ou de trabalho arriscadas	☐ Tensão muscular (crônica)	☐ Problemas com os filhos	☐ Trabalho em turnos, especialmente os turnos rotativos
☐ Pequena infração da lei ou sentença de prisão		☐ Hábitos alimentares irregulares	☐ Dificuldades sexuais	

- ☐ Ferimentos ou doença grave
- ☐ Gravidez ou adoção de um filho
- ☐ Mudança de residência/cidade
- ☐ Hipoteca ou empréstimo acima de 50.000 dólares
- ☐ Morte do cônjuge ou de um parente

- ☐ Espaço com excesso de gente ou muito apertado
- ☐ Excesso de açúcar, sal e/ou gordura na alimentação
- ☐ Uso ou anseio excessivo de nicotina ou cafeína
- ☐ Presença de produtos químicos, gases, vapores ou poeira (freqüente)
- ☐ Contaminação nos alimentos ou no sistema de distribuição de água
- ☐ Nevoeiro enfumaçado e poluição do ar (freqüente)

- ☐ Respiração superficial e/ou postura inadequada (freqüente)
- ☐ Ansiedade crônica ou sentimentos de depressão
- ☐ Inquietação e preocupação crônica
- ☐ Medos e fobias específicos
- ☐ Ruminação ou compulsões constantes

- ☐ Problemas com os sogros
- ☐ Acréscimo de um membro à família
- ☐ Alteração significativa na saúde de um dos membros da família
- ☐ Abuso: físico e/ou emocional
- ☐ Infidelidade

- ☐ Emprego repetitivo, que não apresenta desafios e sem perspectivas
- ☐ Exigências excessivas nas atribuições, nos prazos de entrega ou na burocracia
- ☐ Ausência de autonomia e de controle no emprego
- ☐ Confusão a respeito dos objetivos e das responsabilidades do cargo
- ☐ Mudança do local de trabalho ou necessidade de viajar constantemente
- ☐ Exigências ou responsabilidades conflitantes

* Reproduzido com autorização de Sperry, Len e Jon Carlson. (1993). *Basics of Stress Management (Fundamentos do Controle do Estresse).* Coral Springs, FL: CMTI Press, (Box 8268, Coral Springs, FL: 33065-8268)

Nas seções que se seguem, vamos examinar brevemente as circunstâncias da vida, as influências químicas e ambientais, os eventos positivos e a lógica pessoal. O estilo de vida e os fatores emocionais, bem como os relacionamentos, serão analisados nos capítulos posteriores. As dificuldades no emprego estão além do escopo deste livro.

As exigências da vida têm o potencial de aumentar o estresse. Os engarrafamentos de trânsito, as pessoas agressivas e as exigências e expectativas esmagadoras no trabalho podem estimular o estresse. As exigências que surgem no relacionamento com o cônjuge, os filhos e os amigos mais chegados também podem ser causas do estresse.

Embora hoje um pouco ultrapassada, uma visão muito interessante das causas comuns do estresse relacionadas com os eventos da vida foi desenvolvida na década de 70 pelos psiquiatras da Universidade de Washington Thomas H. Holmes e Richard Rahe. Holmes e Rahe identificaram quarenta e três causas comuns do estresse na experiência do dia-a-dia. Relacionamos a seguir os dez eventos mais estressantes na opinião deles:

1. Morte do cônjuge
2. Divórcio
3. Separação conjugal
4. Pena de prisão
5. Morte de um ente querido
6. Ferimentos ou doença da própria pessoa
7. Casamento
8. Demissão do emprego
9. Reconciliação conjugal
10. Aposentadoria

(Tentativas mais recentes de atualizar a lista não modificaram as "dez mais", embora muitas pessoas fiquem estressadas por causa de eventos que podem afetá-las apenas indiretamente, como a agitação política internacional e ameaças de terrorismo.)

As Circunstâncias da Vida

As exigências da vida, como você as percebe, encerram o potencial de aumentar o estresse. O trânsito intenso, as pessoas agressivas e as exigências e expectativas esmagadoras no trabalho podem estimular o estresse. As exigências que surgem no seu relacionamento com o cônjuge, os filhos e os amigos chegados também podem causar o estresse.

Quando você adia ou evita um problema, você pode piorá-lo por exagerar a importância dele.

> Alex tem quatro relatórios para entregar no trabalho. No entanto, como outros assuntos do departamento distraem a sua atenção, ela está sempre adiando os relatórios. Enquanto procrastina, ela vai ficando cada vez mais tensa com relação às expectativas do chefe. Alex é perfeccionista, o que só faz aumentar a sua tensão. Embora ela ache que não conseguirá satisfazer as expectativas do chefe, ela não compreende que a sua própria expectativa, ou seja, escrever relatórios perfeitos, está atrapalhando-a.

Como Alex, a maneira como você reage a situações potencialmente estressantes pode aumentar o estresse. (Lembre-se de que na maioria dos casos a quantidade de estresse que você experimenta depende de como você escolhe pensar sobre as situações e reagir a elas.)

Influências Químicas e Ambientais

Entre as substâncias químicas que estimulam o estresse estão o álcool e outras drogas, a cafeína e a nicotina. Entre os estressores ambientais aos quais você é submetido de tempos em tempos estão o barulho ou locais de trabalho apinhados, a fumaça de cigarro, a bagunça, a desordem e as variações extremas de temperatura (calor ou frio). Embora você não possa "interpretar de outra maneira" este grupo de estressores, você não é, em geral, uma vítima indefesa. Você pode optar por não introduzir substâncias químicas no seu corpo. Você pode evitar muitos ambientes estressantes. Você pode exigir melhoras nas suas condições de trabalho.

Eventos Positivos

O estresse é freqüentemente considerado um produto dos eventos negativos, mas ele também pode resultar de eventos positivos como um aniversário, um casamento, um novo bebê na família, preparativos para as férias. O interessante é que os mesmos procedimentos que funcionam para reduzir os efeitos dos estressores negativos importantes também podem ser aplicados ao estresse associado a eventos positivos.

A Lógica Pessoal

As suas percepções influenciam a maneira como você interpreta os eventos e as situações. Essas percepções se baseiam na sua "lógica pessoal": um critério egocêntrico, tendencioso e particular, diferente do bom senso. Usando a lógica pessoal, você interpreta as experiências e os relacionamentos de um modo pessoal, que contraria a interpretação geralmente aceita. A sua interpretação influencia a sua experiência da situação, conferindo a ela um significado singular. Por exemplo, a sua lógica pessoal pode lhe dizer que para você se sentir bem com relação a si mesmo, você precisa ter pelo menos dez bons amigos. Sem esse número, você se sente desprezado ou rejeitado. A lógica pessoal de outra pessoa pode exigir apenas um ou dois amigos mais chegados.

A sua lógica pessoal em uma determinada situação pode possibilitar que você seja eficaz nos relacionamentos enquanto cria resistência e desafios em outra situação. A relativa harmonia, ou desarmonia, entre a lógica pessoal de duas pessoas influencia a qualidade global do relacionamento delas.

> Fred é o gerente confiante e agressivo de uma grande empresa. Ele toma diariamente muitas decisões para

o seu empregador, o que reflete a sua capacidade de liderança e de organização. Ele recebe um feedback positivo e, como resultado, passou a acreditar na sua lógica pessoal: "Eu sei o que é melhor para os meus funcionários; eles querem ser dirigidos".

O relacionamento de Fred com a mulher, Sue, é carregado de tensão. Ao contrário dos empregados de Fred, Sue não quer que os outros tomem decisões por ela, pois tem seus próprios objetivos. Ela fica particularmente zangada quando Fred tenta organizar todos os fins de semana da maneira como ele gosta. A resistência de Sue desafia a lógica pessoal de Fred e ele fica confuso.

A lógica pessoal exerce uma poderosa influência no seu comportamento e no seu relacionamento com os outros. Fred, como todos nós, precisa experimentar a sua lógica pessoal em cada relacionamento e fazer os ajustes necessários para manter as suas relações em equilíbrio.

Assumindo o Comando do Estresse

O primeiro passo para controlar o seu estresse é examinar os possíveis estressores na sua vida e verificar quais podem ser eliminados ou reduzidos. Você está envolvido com coisas que poderia dispensar? Seus filhos vão jogar futebol, têm aulas de música, participam de atividades na igreja, são escoteiros, a lista é simplesmente interminável. Você é o motorista em várias dessas situações, aumentando a cada semana os quilômetros rodados do carro — e os seus. Embora você deseje ver os seus filhos ativos e queira se envolver com as atividades deles, quantas delas eles realmente precisam? Em que momentos as crianças têm tempo apenas para brincar? E você para o seu lazer? Converse a respeito do assunto; ajude seus filhos a estabelecer prioridades. Se você estiver pessoalmente envolvido com um excesso de atividades, faça a mesma coisa. Reserve algum tempo para você; se você fizer isso, será capaz de lidar melhor com os estressores que não pode eliminar.

No caso dos possíveis estressores potenciais dos quais não é possível se livrar, você pode lidar com eles usando muitas técnicas eficazes. Em primeiro lugar, você terá que seguir as instruções dos exercícios respiratórios, de relaxamento e de visualização. À medida que você praticar, as suas reações se tornarão mais automáticas. Ao final de algumas semanas, você será capaz de relaxar e responder ao estresse com mais calma e confiança. Dentro de um período relativamente breve, você mudará a sua maneira de perceber o mundo por estar controlando o seu estresse.

Relaxamento Progressivo

O relaxamento progressivo é uma técnica que se concentra no relaxamento muscular e foi originalmente desenvolvida pelo Dr. Edmund Jacobson. Ela oferece uma maneira sistemática de controlar a tensão muscular. Um número de pesquisas demonstrou que ela é uma solução proveitosa para vários problemas relacionados com o estresse, como ansiedade, insônia, dor de cabeça e hipertensão, além de criar um estado emocional agradável.

É importante compreender o que é o relaxamento. Não estamos falando sobre você se deixar cair pesadamente no sofá, diante da televisão, com um copo de vinho ou uma lata de cerveja e sim de um processo sistemático para liberar a tensão em todo o seu corpo. Você não vai perder a motivação ou a capacidade de se concentrar intensamente quando relaxar completamente. Ao contrário, você se tornará consciente dos lugares em que regularmente conduz tensão no corpo e aprenderá a relaxar esses músculos. A prática regular do relaxamento profundo aumentará inclusive a sua energia e produtividade.

Quando você estiver aprendendo a relaxar profundamente os músculos, você deverá começar primeiro contraindo e depois relaxando cada um dos principais grupos musculares do corpo. Para efeito destes exercícios de relaxamento, é interessante que você "divida o corpo" em quatro principais grupos musculares: (1) cabeça, rosto, pescoço, ombros (2) braço e antebraço, mãos, dedos; (3) peito, estômago, costas; (4) nádegas, coxas, barriga da perna, tornozelos, pés, dedos do pé. Contrair e relaxar os músculos o torna mais consciente da resposta do seu corpo ao estresse, pois a tensão quase sempre é um importante componente do estresse. À medida que você for aprendendo qual a sensação da tensão muscular e a sua localização específica, você também começará a reconhecer qual a sensação do relaxamento muscular.

Quando você começar a sentir a diferença entre tensão e relaxamento, você entenderá que não pode ficar tenso e relaxado ao mesmo tempo. Quando seus músculos estiverem relaxados, você não sentirá nenhuma resistência. Você pode observar esse fato apertando o punho e a seguir abrindo a mão e relaxando. Você também entenderá como cria tensão e relaxamento no corpo.

Talvez seja interessante que você se concentre inicialmente nos grupos musculares ao redor da cabeça, rosto, pescoço e ombro, visto que a tensão tende a se acumular nesses músculos. Os músculos que estiveram contraídos automaticamente se relaxarão mais profundamente quando a tensão for liberada. Você aumentará a sua capacidade de relaxar quando aprender a diferença entre tensão muscular e relaxamento muscular.

O relaxamento progressivo também eleva a consciência geral do corpo. À medida que você praticar o relaxamento progressivo, você achará mais fácil relaxar os músculos que não são necessários à execução de uma tarefa. Ao mesmo tempo, você aprenderá a manter uma quantidade moderada de tensão nos músculos que você precisa usar. Esta habilidade poderá ser útil em situações do dia-a-dia como dirigir, digitar um relatório, exercer a sua função no emprego, ficar de pé junto à pia ou falar ao telefone.

Você deverá incluir o período do exercício de relaxamento na sua programação diária. Lembre a si mesmo de fazer o exercício, relaxando e liberando a tensão, fazendo anotações na sua agenda no trabalho ou na porta da geladeira, em casa. Os especialistas em relaxamento progressivo sugerem que você pratique os exercícios duas vezes por dia durante vinte minutos ou mais. Para reduzir a chance de cochilar enquanto estiver relaxando, faça os exercícios pelo menos uma hora depois de comer.

Comece a aprender o relaxamento progressivo deitando-se na cama ou reclinado-se em uma espreguiçadeira com apoio para a cabeça. Mais tarde você será capaz de praticar sentado, andando e na sua mesa de trabalho.

Os exercícios que se seguem o ajudarão a começar. Se você praticar diariamente durante uma semana, passará a conhecer bem a sensação de relaxar cada grupo muscular. Depois disso, talvez você queira omitir a etapa da contração e simplesmente praticar o relaxamento muscular profundo.

O Aprendizado do Relaxamento Progressivo

1. Contraia separadamente cada um dos quatro principais grupos musculares.
2. Mantenha a contração durante mais ou menos cinco segundos.
3. Solte lentamente a tensão e ao mesmo tempo, em silêncio, diga "Relaxe e solte".
4. Inspire profundamente.
5. Ao expirar lentamente, diga em silêncio "Relaxe e solte".

Você pode relaxar cada grupo muscular usando os seguintes procedimentos. Você pode se sentar em uma cadeira confortável (com apoio para a cabeça) ou deitar-se de costas na cama ou no tapete.

Cabeça

1. Franza a testa.
2. Aperte levemente os olhos.
3. Abra bem a boca. Empurre a língua contra o céu da boca. Cerre levemente o maxilar.
4. 5. 6. [repita os passos 3, 4 e 5 do primeiro exercício]

Pescoço

1. Pressione a cabeça contra o apoio.
2. Encoste a cabeça no peito.
3. Gire a cabeça na direção do ombro esquerdo.
4. Gire a cabeça na direção do ombro direito.
5. 6. 7. [repita os passos 3, 4 e 5 do primeiro exercício]

Ombros

1. Encolha os ombros como se quisesse tocar as orelhas.
2. Encolha o ombro direito como se quisesse tocar a orelha.
3. Encolha o ombro esquerdo como se quisesse tocar a orelha.
4. 5. 6. [repita os passos 3, 4 e 5 do primeiro exercício]

Esses procedimentos lhe servirão de orientação para o relaxamento progressivo. Recomendamos com insistência que você os pratique regularmente. Grande parte do material incluído nesta seção foi adaptado do livro *Stress Management: A Comprehensive Guide to Wellness* (O Controle do Estresse: Um Guia Completo do Bem-Estar) de autoria dos psicólogos Edward Charlesworth e Ronald Nathan. Talvez seja interessante você consultar essa excelente obra para obter mais informações e orientação.

Respiração

A respiração é automática. Mas você pode modificar voluntariamente o ritmo e a profundidade dela. Mudar a maneira de respirar aumentará ou reduzirá a atividade do sistema nervoso, estimulando a reação de lutar ou fugir, ou o relaxamento.

Você já reparou que tem dificuldade para respirar no início ou durante uma situação estressante? Pense em como você se sente pouco antes de apresentar uma campanha publicitária a um novo cliente, alguns minutos antes de se apresentar para uma entrevista de emprego, ao entrar na instituição na qual vai pedir aquele empréstimo. A respiração profunda diminuirá o estresse. Se você ficar ansioso antes de situações difíceis na comunidade, na escola, no trabalho ou em outro lugar, respire profundamente algumas vezes para diminuir a ansiedade.

Eis alguns passos gerais a serem seguidos enquanto você estiver aprendendo o processo da respiração profunda:

1. Comece a praticar a respiração eficaz e terapêutica em um ambiente sossegado e tranqüilo, talvez no canto favorito do seu escritório em casa, onde você possa deixar o barulho do lado de fora. A solidão e a tranqüilidade do local o ajudarão a voltar os pensamentos para dentro de si.
2. Procure a posição mais confortável que você puder: em uma poltrona, no sofá, no tapete.
3. Comece naturalmente a respirar profundamente várias vezes. Ao fazer isso, suspire agradavelmente e observe o descer e subir rítmico do seu peito enquanto você relaxa.
4. Deixe conscientemente que a sua respiração se torne mais lenta e profunda.
5. À medida que você continuar a praticar, você irá respirar de uma maneira ainda mais lenta e profunda, e o seu corpo entrará em um modo mais relaxado. Respirar de uma forma mais relaxada o ajudará a respirar mais profundamente com regularidade e a respiração mais profunda fará com que você atinja níveis ainda mais profundos de relaxamento.
6. Eis um exercício alternativo interessante: respire pelo nariz tentando encher um balão imaginário no abdômen. Quando este estiver cheio, relaxe e sinta o balão esvaziar-se enquanto você solta o ar. Em poucos minutos de respiração abdominal, você proporcionará a si mesmo uma interrupção da tensão.

Lembre-se de que a respiração profunda é uma maneira de reduzir o estresse e renovar completamente a sua energia.

Escaneando

Você também pode diminuir o estresse e a tensão por meio da técnica de "escanear". Trata-se de uma maneira relativamente simples de examinar quais as áreas do seu corpo estão atacadas pela tensão muscular.

Recorremos uma vez mais a um modelo desenvolvido por Charlesworth e Nathan. Esse tipo de exploração envolve os seguintes passos:

1. Inspire enquanto você "escaneia" uma área do corpo em busca de tensão (p. ex., o rosto [olhos, maxilar, dentes]).
2. Ao soltar o ar, relaxe essa região.
3. Continue a explorar sucessivamente cada área do corpo, relaxando cada uma delas quando soltar o ar.

Através da prática regular, escanear pode ser tão simples quanto olhar no espelho. Lembre-se de fazer a exploração colocando deixas como pedaços de fita adesiva vermelha no relógio de pulso, na mesa de trabalho ou no espelho do banheiro. Sempre que você avistar um desses pedaços de fita, escaneie para localizar a tensão.

Os pontos de pressão variam de pessoa para pessoa. O seu rosto pode ficar freqüentemente tenso e rígido, mas o seu parceiro ou parceira parece sempre estar com o pescoço ou o ombro dolorido. Com a prática, você será capaz de identificar que regiões do seu corpo refletem mais tensão do que outras. Dedique algum tempo à prática dessa técnica. Ela pode se tornar o seu exercício predileto de redução do estresse!

O Relaxamento e a Conversa Positiva Consigo Mesmo

A conversa que você tem consigo mesmo influencia a maneira como você interpreta a sua experiência, ou seja, o que você vê, ouve e sente todos os dias. Se devido à sua perspectiva pessimista você encara o seu relacionamento com o seu cônjuge ou o seu chefe de uma forma negativa, você não está se permitindo enxergar as possibilidades, o potencial para o bem, que existem nesses relacionamentos. As suas convicções de fato influenciam a sua experiência. No entanto, como você já sabe, por estar lendo este livro, você pode escolher como se sente. A conversa positiva consigo mesmo é uma das maneiras de desafiar as convicções negativas e, desse modo, reduzir o estresse. Eis algumas formas de usar a conversa positiva consigo mesmo enquanto você aprende a relaxar usando o procedimento descrito anteriormente neste capítulo.

Concentre-se em Êxitos Passados. À medida que você ficar mais relaxado, concentre seus pensamentos nos seus sucessos passados em vez de nos fracassos. A sua conversa consigo mesmo poderia incluir declarações positivas como "Eu posso fazer isso. Sou capaz de enfrentar a situação".

> Joan assumiu recentemente uma posição de chefia. Na sua primeira importante reunião de departamento, ela fica ansiosa quando o chefe pede a sua opinião. Sua garganta fica seca e seus pensamentos confusos.
>
> Quando os outros estão discutindo o ponto seguinte da programação, Joan passa alguns minutos relembrando um relatório que apresentou quando ocupava um cargo de chefia no emprego anterior. Várias das suas sugestões tinham sido bem recebidas e ela sentira-se bem com relação a si mesma. Ela visualiza aquela reunião: o seu jeito equilibrado, a maneira clara como ela expressou as suas idéias e a reação positiva dos colegas. Seus pensamentos ficam mais claros e ela começa a expressar com mais facilidade e criatividade sua opinião a respeito da tarefa de hoje.

Concentre-se em Soluções. Quando você estiver diante de uma situação problemática, concentre-se em uma solução específica. Identifique uma coisa positiva em cada situação, algo que tenha o potencial de ser uma solução. Você pode ter receio, mas o medo não é permanente. É normal sentir um pouco de medo;

ele faz parte da vida. Na verdade, o medo pode motivar você a permanecer mais consciente, alerta e concentrado.

> Brent era dono de uma pequena loja de autopeças. Uma grande revendedora de autopeças foi inaugurada na mesma área da cidade onde ficava a sua loja. No início, Brent entrou em pânico: "Como vou poder competir com eles no preço?" Ele visualizou o seu negócio indo à falência.
>
> Após o choque inicial da ameaça à sua subsistência, Brent começou a pensar em maneiras pelas quais poderia conservar os clientes. Ele descobriu que a nova loja não tinha meios de ajudar os clientes com a troca das peças. Brent decidiu então oferecer esse tipo de serviço. Embora ele não pudesse oferecer serviços de grande porte, ele era capaz de lidar com pequenas trocas. Por exemplo, quando um cliente comprava uma bateria nova, a equipe de Brent a trocava. Brent anunciou esse tipo de serviço e descobriu que muitos clientes se mostraram dispostos a pagar um pouco mais para tê-lo.

Quando você ficar ansioso, preste atenção à conversa que está tendo consigo mesmo. A conversa negativa é debilitante: "Estou com medo. Não vou saber lidar com a situação". Transforme a conversa negativa em positiva: "Estou começando a relaxar e posso relaxar ainda mais" ou "Vou pensar no que preciso fazer. Estou no comando". À medida que o medo ou a ansiedade diminuírem, você se tornará mais capaz de concentrar-se corajosamente em uma solução.

Concentre-se no Presente. Em qualquer situação, concentre-se no presente. Tome consciência do que está realmente acontecendo. A sua interpretação da situação será mais realista e o seu medo reduzido ou eliminado.

Quando você se concentra nos seus receios, eles dominam os seus pensamentos e controlam as suas reações. Se você sente um medo intenso, você limita as suas opções e se torna incapaz de se libertar dele. No entanto, concentrar-se no resultado é mais produtivo do que focalizar o medo. Se você voltar completamente a atenção para o que você pode fazer, para o objetivo que tem em mente, você se motivará a encontrar muitas soluções possíveis.

O Estresse e a Auto-Aceitação

A auto-aceitação é uma poderosa ferramenta para lidar com o estresse. Se você se sentir confiante, lidará mais eficazmente com o estresse. Quando você aceita a si mesmo, sem sentir a necessidade de ser perfeito ou provar o seu valor, você pode interpretar as situações com mais sinceridade e se sentir menos compelido a se defender. À medida que você reduz as suas tendências perfeccionistas e a sua atitude defensiva, você diminui o potencial da tensão e do estresse.

A Coragem de Correr Riscos

A coragem de correr riscos é um elemento fundamental na luta contra o estresse. A confiança em nós mesmos é o que nos leva a correr riscos, o que por sua vez resulta em cada vez mais coragem. O fato de que você talvez possa cometer um erro ou até mesmo falhar não inibe a sua disposição de fazer um esforço. Você encara os erros como oportunidades de aprendizado e não como razões para desistir. O seu sentimento de valor pessoal nasce de você tentar fazer bem as coisas e não apenas do sucesso. Você avalia o seu progresso baseado no próprio esforço. Você vê as possibilidades, os possíveis êxitos, os pequenos ganhos e o esforço como indícios de sucesso.

> Marvin abandonou a escola aos dezesseis anos. Nos dez anos seguintes, ele trabalhou fazendo bicos. Nesse ínterim, ele se casou com Susan e tiveram um filho. O salário de Susan no emprego também era baixo. Percebendo que o futuro financeiro da sua família parecia desanimador, ele tomou uma decisão corajosa: a de

voltar a estudar para obter o diploma do segundo grau e depois ir para a faculdade.

Quando estava terminando o supletivo, Marvin deu entrada em vários pedidos de bolsa de estudos para poder financiar sua educação universitária. Embora os pedidos fossem freqüentemente rejeitados, ele continuou a busca. Após cada recusa, ele examinava os motivos apresentados para ver o que conseguia aprender em função deles. Finalmente, descobriu um fundo de bolsas de estudo destinadas a estudantes mais velhos, com o perfil dele, que tinham voltado a estudar. Ele entrou com o pedido e recebeu a bolsa. Marvin continuou a trabalhar e freqüentava as aulas à noite. Vários anos depois, ele concluiu o bacharelado em enfermagem e foi trabalhar nessa área.

Susan ingressou na faculdade e formou-se em marketing.

A coragem de Marvin, ou seja, a disposição dele de tentar apesar das dificuldades, valeu a pena. Outros menos corajosos não teriam conseguido lidar com o estresse que Marvin decidiu assumir. Mas a meta dele era clara e o seu esforço inabalável. Ele acreditava em si mesmo.

Vendo o Estresse de um Jeito Diferente

As situações por si sós não encerram um significado para você. É a sua interpretação que confere a elas um significado. De fato, a maneira como você interpreta a sua experiência, ou as suas convicções a respeito dela, influenciam a maneira como você responde ao mundo. O estresse é uma resposta comum. Roy Kern, professor da Georgia State University, identificou as seguintes convicções que criam o estresse:

Preciso controlar as situações.

Controlo as situações sendo perfeito.

Tenho de agradar os outros.

Não sou responsável.

Estou sobrecarregado e os outros esperam demais de mim.

Você pode ver como essas convicções auto-impostas criam o estresse. Elas não são razoáveis. Para reduzir o estresse você precisa reconhecer e lidar com essas convicções. Quando você percebe de que maneira elas influenciam a sua interpretação pessoal de uma situação, você pode decidir mudar a sua perspectiva e a sua resposta.

> Tammy tem dois filhos: Jean de nove anos e Todd de sete. Jean se parece com a mãe sob muitos aspectos: ela é inteligente, espirituosa e esforçada. Todd é despreocupado e não leva a vida a sério. Certo dia, o supervisor da escola chamou Tammy para conversar. As notas de Jean estavam ficando baixas e ela dava a impressão de estar nervosa grande parte do tempo.
>
> Tammy e o supervisor conversaram sobre as possíveis razões para os recentes problemas de Jean. Tammy admitiu que ela própria andava muito estressada nos últimos tempos e aventou a possibilidade de Jean estar captando essa tensão. O supervisor concordou que isso era possível. Enquanto conversavam, o supervisor começou a compreender o desejo de perfeição de Tammy. Ele apresentou delicadamente uma hipótese: seria possível que o desejo de perfeição de Tammy estivesse causando o seu estresse? Tammy entendeu o que ele queria dizer. Eles conversaram sobre maneiras de ela moderar o seu perfeccionismo para reduzir o estresse.

À medida que Tammy foi aprendendo a não levar os seus erros tão a sério, ela começou a apresentar como exemplo para a filha um estilo mais relaxado, conversando sobre os erros de Jean e mostrando a esta que ela poderia aceitá-los. O nível de estresse de Jean também começou a diminuir e as notas dela melhoraram.

Você não é o único a ser beneficiado com as suas lições a respeito de como interpretar as situações de um modo diferente e reduzir o estresse. O fato de você modificar a sua maneira de ver as coisas possibilita que você também entenda mais prontamente o ponto de vista de outra pessoa. Você se torna mais capaz de suavizar no relacionamento a tensão e o estresse resultante do conflito. Quando você compreende os sentimentos e as convicções da outra pessoa, bem como a maneira como ela interpreta uma situação, a sua perspectiva a respeito do conflito mútuo pode se modificar. Você começa a entender o ponto de vista do outro embora você possa não concordar com ele. E talvez esse discernimento possa reduzir o estresse que você sente.

Suponha que você e seu parceiro estejam tendo uma discussão acalorada a respeito de dinheiro. Ele quer comprar um carro; você quer economizar. Cada um acredita estar com a razão e quer que o outro veja as coisas da sua maneira.

Se você parar por um momento e der um passo atrás, talvez compreenda que o seu desejo de controle só faz deitar lenha na fogueira. Ao mudar de perspectiva, você estará em posição de compreender o ponto de vista do seu parceiro, o qual também prestará atenção ao que você está sentindo.

Você poderia dizer algo assim:

— Parece que nós dois achamos que estamos certos e estamos tentando obrigar o outro a ver as coisas do nosso jeito. Dessa maneira não vamos chegar a lugar nenhum. Vou então me calar e prestar uma atenção total e irrestrita ao que você tem a dizer. Quando eu realmente entender as suas idéias apresentarei as minhas.

Reestruturação

A reestruturação o desafia a abandonar as antigas convicções e pensar em novas. Ela envolve encarar os eventos a partir de uma perspectiva nova, diferente e criativa.

Humor. Uma das maneiras mais eficazes de fazer uma reestruturação é por meio do humor. Ele desperta os seus processos criativos de pensamento, possibilitando que você perceba alternativas para as suas convicções e pontos de vista negativos. O humor possibilita que você veja o lado mais leve de uma situação que pode parecer esmagadora ou ameaçadora. Quando o seu senso de humor tempera a mistura de sentimentos, você começa a enxergar possibilidades onde antes só havia limitações. Quando você consegue avistar o humor nas convicções que você escolheu, você dá a si mesmo a chance de escolher outras.

> Fran está na fila do *drive-in* do banco e está com pressa. A fumaça do carro que está à sua frente a está incomodando, o motorista está demorando uma eternidade no guichê e Fran está ficando cada vez mais impaciente. Ela dá uma olhada para ver se consegue dar ré para trocar de fila; a outra parece estar avançando muito mais rápido.
>
> A seguir ela percebe como a sua idéia é absurda: "Eu não deveria ter de suportar a espera e as inconveniências que as outras pessoas toleram". Enxergar o humor na sua convicção, "Eu sou tão especial que um guichê deveria sempre estar à minha disposição para eu não ter que esperar" possibilita que ela perceba como a sua expectativa é insensata, livre-se dela e ria de si mesma!

Os quadrinhos podem ajudá-lo a enxergar o humor nas suas convicções e expectativas distorcidas. Coloque os quadrinhos em um lugar bem visível — sobre a cômoda ou no quadro de avisos perto da porta dos fundos — para lembrar a si mesmo que é humano!

Auto-Afirmação. A auto-afirmação é uma maneira poderosa de reestruturar as suas percepções. Ela possibilita que você desafie e acabe modificando antigos padrões negativos de pensamento. Você começará a desenvolver o seu potencial de compreender a si mesmo e adquirir uma perspectiva mais animada e dinâmica com relação à vida. O objetivo da auto-afirmação é imaginar-se com as qualidades que você deseja e acreditar que as possui.

Você pode começar a praticar a auto-afirmação ficando inicialmente relaxado, usando os procedimentos descritos anteriormente neste capítulo.

Depois de estar relaxado, você está pronto para fazer afirmações positivas. Acredite no que estiver dizendo. Apresentamos a seguir alguns exemplos de declarações de auto-afirmação:

Eu tomo as minhas decisões.

Sou responsável.

Gosto de mim mesmo.

Consigo perceber o aspecto positivo de qualquer situação.

Sou capaz.

Acredito em mim mesmo.

Sou responsável pelos meus sentimentos.

Eu decido e ajo.

Posso fazer isso.

Use a afirmação para modificar o seu pensamento. Comece por escolher uma declaração positiva a respeito de si mesmo. Repita-a de manhã, ao acordar, e na hora de dormir. De acordo com a psicóloga de Harvard Joan Borysenko, o nosso "acesso ao inconsciente é maior quando estamos prestes a pegar no sono e logo que acordamos". Uma afirmação positiva indica o que você vai fazer e não o que você não vai fazer. Ela reconhece e aceita qualquer progresso que você esteja fazendo: "Sou uma pessoa positiva. Sou confiante. Eu me preocupo com os outros".

Praticar diariamente afirmações positivas, ou seja, afastar-se da conversa negativa consigo mesmo, o ajudará a estabelecer uma nova estrutura de referência. Às vezes pensamentos negativos ainda passarão pela sua mente: "Sou um idiota; eu cometo erros. Ninguém gosta de mim". Mas à medida que você for adquirindo confiança, você colocará afirmações positivas no lugar das negativas: "Sou capaz. Os erros me ajudam a aprender". À medida que você fizer a reestruturação, você mudará a sua vida emocional. Você abandonará as generalizações sem fundamento como "Não consigo fazer amigos". Em vez disso, você dará consigo afirmando a verdade a respeito de uma amizade particular: "Tenho um bom relacionamento com George".

Quando você acredita em si mesmo, você exibe a coragem de ser imperfeito. Sem sofrer mais o fardo de se esforçar para ser perfeito, você aceita a si mesmo e o fato de que cometerá erros, mas não se concentra neles. Você avança corajosamente, menos preocupado com as críticas externas. Você pára de ficar esperando que as pessoas lhe digam que você é magnífico ou importante. Você consegue reconhecer e aceitar as suas qualidades e não tem necessidade de provar que você tem mais ou menos valor. À medida que você aprende a acreditar em si mesmo, você aumenta a sua coragem e gera mais sentimentos positivos. Você pode aprender a defender e sustentar quem você é: valorizando e celebrando a si mesmo exatamente como você é e aceitando-se incondicionalmente.

O Reconhecimento das Virtudes. Você pode ter sido criado em um ambiente voltado para os erros. Seus pais ressaltavam as suas fraquezas. Seus professores se concentravam em descobrir os seus defeitos e identificar os seus erros. Você aprendeu a permanecer intensamente consciente dos seus pontos fracos e lhe ensinaram a não levar em conta as suas qualidades e ser humilde. Como resultado, você não está em sintonia com os seus pontos favoráveis.

Esses pontos, ou seja, as características e qualidades com relação às quais você se sente bem, são únicos. Evite compará-los com os dos outros. Enfim identifique-os e celebre-os. Eis alguns exemplos de virtudes:

sensibilidade aos sentimentos dos outros;

consideração;

habilidade atlética;

talento artístico/musical;

perseverança;

serviço comunitário.

Você usa e exercita as suas qualidades positivas todos os dias? Ou você tem a tendência de evitar utilizá-las por achar que as outras pessoas vão pensar que você está se exibindo? Ou você tem dificuldade para pensar sobre suas possíveis virtudes?

Use este exercício para identificar os seus pontos favoráveis. Elabore em uma ficha de arquivo uma lista com pelo menos oito qualidades suas. Se for difícil pensar em tantas, relacione quantas você puder. Mantenha a ficha à mão no decorrer da próxima semana. Acompanhe o número de vezes por dia que você usa cada qualidade. À medida que a semana for passando, você se tornará mais consciente dos seus pontos favoráveis e de maneiras como poderá usar essas qualidades.

Ao descobrir, aceitar e usar os pontos favoráveis, você aumentará sua auto-estima e terá mais coragem de utilizar e reconhecê-los. Você começará até mesmo a perceber pontos favoráveis ocultos, aqueles que você antes não sabia que tinha.

De um modo geral, quando você enfrentar situações difíceis na vida, procure identificar maneiras de reestruturá-las. A reestruturação, como você viu, pode ajudá-lo a transformar aspectos negativos em positivos.

Visualização

As "imagens" que você vê na sua mente são fatores importantes no estresse. Você pode reduzi-lo significativamente convertendo em positivas as imagens negativas da sua mente.

Visualizar, ou seja, prestar atenção às imagens na sua mente, pode ser como o pensamento positivo, possibilitando que você assuma o comando do seu estado emocional e do seu comportamento. Você pode modificar os seus sentimentos criando imagens positivas e eficazes que por sua vez fazem com que você se veja sob uma luz mais positiva e tenha um comportamento mais eficiente.

Visualizar é mais do que sonhar acordado; é uma ferramenta para controlar emoções negativas usando imagens positivas para corrigir os erros. A chave para esta técnica é repassar mentalmente uma situação problemática. Evite analisá-la porque você corre o risco de se concentrar no que estava errado. Em vez disso, visualize como a situação poderia ter acontecido se você tivesse reagido de uma maneira eficaz. Repassar esses "filmes mentais" lhe dá a chance de aprender a controlar as suas convicções, sentimentos e atitudes.

Eis como pôr em prática a visualização a seu favor:

1. Relaxe. Preste atenção à respiração.
2. Feche os olhos. Sinta a tensão muscular e reduza-a soltando-a.
3. Inspire profundamente pelo nariz e solte lentamente o ar. Deixe a respiração tornar-se lenta e rítmica.
4. Visualize mentalmente uma cena agradável.
5. Imagine o cenário com detalhes, inclusive árvores, nuvens, água, animais, brisa, luminosidade.
6. Volte a experimentar a cena com todos os sentidos que você associa a ela: a visão, a audição, o olfato, o tato e o paladar.
7. Se pensamentos indesejáveis se intrometerem, livre-se deles!
8. Sente-se e relaxe na nuvem macia.

Somente você pode desenvolver as imagens mais eficazes para si mesmo. Através da prática regular e sistemática, você pode desenvolver imagens mais poderosas e positivas, fortalecidas e intensificadas pelo uso de todos os sentidos.

A visualização funciona porque você experimenta indiretamente a realidade, como se estivesse "olhando para uma tela de televisão" na sua cabeça. Você não vivencia o mundo como ele realmente é; você só consegue ver o que está na sua tela e que é determinado em grande parte pelo poder da sua imaginação. A sua mente e o seu corpo reagem às experiências imaginárias de um modo muito semelhante ao que respondem às experiências verdadeiras. A mente subconsciente, em particular, parece não fazer nenhuma distinção entre os dados sensoriais "reais" e as vívidas impressões dos sentidos evocadas durante um exercício de visualização. Esta última pode reprogramar a sua mente para que ela reconheça e faça a escolha mais positiva entre duas ou mais opções.

A visualização é uma habilidade. Depois que você a desenvolve, você pode usá-la em inúmeras situações. No entanto, é preciso prática para desenvolvê-la bem o bastante para usá-la com rapidez. Os melhores momentos para praticar são à noite, pouco antes de adormecer, e pela manhã, logo ao acordar, porque nessas ocasiões estamos particularmente relaxados e abertos à sugestão. Pesquisas demonstraram que se conseguirmos sustentar uma imagem vívida na mente durante trinta e cinco segundos, ela irá para o subconsciente e trabalhará em nós todos os dias (ver o décimo capítulo).

Aplique a Fórmula AEP

A — *Aceite* a si mesmo e aos seus sentimentos. O estresse pode influenciar a maneira como você se sente com relação a si mesmo. Você pode se sentir inadequado, incapaz de enfrentar as situações ou zangado com eventos que de outra maneira seriam apenas incômodos. Os seus sentimentos tendem a ser exagerados e a sua capacidade de lidar com eles é reduzida.

Identifique as coisas que mais desencadeiam o estresse: condições atmosféricas, ruído, alimentação, poluição, exigências e expectativas das outras pessoas. Às vezes as causas do estresse são mudanças na vida relacionadas com a morte de um parente ou amigo chegado, ou mudanças na situação financeira ou profissional. Essas causas de estresse precisam ser removidas ou reduzidas sempre que possível.

Nos momentos estressantes, você pode ter a tendência de se sentir responsável pelo seu estresse. No entanto, o fato de você culpar a si mesmo apenas aumentará o estresse. Em vez disso, aceite o fato de que você sente medo, ansiedade, apatia ou desânimo no momento, mas não para sempre. Use os procedimentos da respiração, a prática de escanear e do relaxamento que visam reduzir o estresse e a conversa positiva consigo mesmo, a reestruturação e a visualização para mudar a maneira como você percebe a experiência do estresse e modificar a interpretação ou significado que você está atribuindo a ela.

E — *Escolha* novos propósitos, convicções e sentimentos. Seu maior propósito pode ter sido estar no controle das situações e fazer a vida funcionar perfeitamente. Ao impor a si mesmo essas exigências impossíveis, você ajudou a aumentar o potencial para o estresse e a falta de controle. Quando você aceitar o fato de que certas situações e acontecimentos estão além do seu controle, você ficará menos estressado.

As suas convicções exercem uma importante influência sobre o estresse na sua vida. Você pode, por exemplo, ficar zangado quando não consegue o que quer ou talvez sinta vontade de desistir. Você também poderia decidir ir à forra quando não obtém o que quer. Todos esses sentimentos derivam da sua convicção de que "Preciso estar no controle e as coisas têm que acontecer do jeito que eu quero".

Ao examinar as suas convicções e modificar o seu tom exigente, você pode escolher novas convicções: "Gosto de tomar decisões e de estar no comando, mas reconheço que as coisas nem sempre serão assim. Reconheço que às vezes a vida não vai me dar o que eu quero. Sou capaz de aceitar essa idéia sem despender uma grande quantidade de energia negativa tentando ir à forra."

P — *Ponha* em prática a sua nova escolha. Ao permanecer consciente da respiração, você pode monitorar e modificar o nível de tensão no corpo. Usar a respiração para explorar a tensão muscular dará início ao seu novo plano de redução do estresse. Use a visualização e a conversa positiva consigo mesmo para concentrar-se no positivo.

Depois que você aprender a aceitar mais prontamente a si mesmo e aos seus sentimentos, e reconhecer que a vida nem sempre irá funcionar do jeito que você quer, você experimentará menos estresse.

Itens Principais: Capítulo 7

1. Uma quantidade moderada de estresse pode motivá-lo a dar o melhor de si. O estresse excessivo pode diminuir a sua resistência, ameaçar o seu sistema imunológico e até mesmo enfraquecer a sua vontade de enfrentar as exigências da vida do dia-a-dia.
2. Possíveis efeitos do estresse no corpo: digestão mais rápida, pulsação acelerada, pressão sangüínea mais elevada, tensão muscular no rosto, no pescoço e nas costas.
3. Os eventos externos de fato influenciam o estresse que você sente, mas o estresse efetivo resulta em grande parte da forma como você interpreta esses eventos. Algumas pessoas enfrentam o estresse, outras o consideram insuportável. A maneira como você interpreta uma situação influencia a intensidade do estresse que você experimenta.
4. Alguns estressores envolvem as circunstâncias da vida: a perda, o sofrimento, as doenças crônicas, a hostilidade física ou verbal, a rejeição, as persistentes pressões financeiras, prazos apertados e a programação excessiva de atividades em família. As exigências da vida como você as encara: o trânsito complicado, as pessoas agressivas, as exigências e expectativas esmagadoras no trabalho, exigências nos relacionamentos (p. ex. com o cônjuge, os filhos, os sogros, os amigos mais próximos).
5. Também existem estressores químicos e ambientais: o tempo, o barulho, a alimentação, a cafeína, o álcool e outras drogas, a nicotina, locais de trabalho apertados ou apinhados, fumaça de cigarro, bagunça, desordem e as extremas variações de temperatura (calor ou frio). Modifique o maior número possível deles. Controle a sua alimentação e o seu consumo de cafeína, álcool ou nicotina. Aja no sentido de melhorar o seu ambiente de trabalho conversando com seu chefe. Aceite o que você não puder mudar.

6. Até mesmo os eventos festivos ou alegres, como aniversários, casamentos, o nascimento de um bebê, os preparativos para as férias ou as férias em si, podem ser estressantes.
7. A lógica pessoal — o seu sentimento pessoal, seu discernimento particular de como a vida deveria ser influencia a forma como você vivencia o estresse. Além disso, a diferença entre a lógica pessoal das pessoas em um relacionamento pode ser uma fonte de conflito e estresse.
8. Você pode assumir o controle do seu estresse por meio do relaxamento progressivo e das técnicas de visualização.
9. No relaxamento progressivo você se conscientiza da tensão no corpo e aprende a relaxar sistematicamente os músculos que estão tensos. O relaxamento combinado aos exercícios de respiração trará alívio ao estresse e também aumentará a sua energia e produtividade. Por meio das técnicas de visualização positiva você pode controlar a maneira como vê os eventos.
10. Combine a conversa positiva consigo mesmo aos seus exercícios de relaxamento para desafiar as suas convicções negativas, reduzindo assim o estresse. Na conversa positiva consigo mesmo você se concentra em sucessos em vez de fracassos, em soluções em vez de receios e no presente em vez de naquilo que você gostaria que estivesse acontecendo.
11. A auto-aceitação é uma ferramenta poderosa para lidar com o estresse. Quando você não sente necessidade de ser perfeito ou provar o seu valor, você pode interpretar as situações com mais sinceridade e reduzir o potencial para a tensão e o estresse.
12. A coragem de correr riscos é um elemento fundamental na luta contra o estresse. Os erros são oportunidades de aprendizado. As possibilidades, os êxitos em potencial, os pequenos ganhos e os esforços são sinais de sucesso.
13. Aprenda a reestruturar os eventos. A reestruturação o desafia a abandonar as antigas convicções e pensar em novas. Envolve encarar os eventos a partir de uma nova perspectiva, a descobrir o humor nas situações, a se afirmar e a reconhecer os seus pontos favoráveis.

8

Ansiedade

A Única Coisa Que Devemos Temer

A única coisa de que devemos ter medo... é do próprio medo.

— FRANKLIN DELANO ROOSEVELT

Suponha que você está dirigindo em uma estrada estreita e cheia de curvas no alto da serra. Você fica ansioso quando faz as curvas perto da beira da estrada. Você está sentindo muito medo...

É uma situação que nos deixa pouco à vontade, não é verdade? Mesmo que não a tenhamos vivido pessoalmente, todos já a vimos no cinema. O medo é uma reação normal nessas circunstâncias; o perigo é real.

A ansiedade e o medo são emoções saudáveis, e podem ser úteis ou nocivas. Quando elas nos incentivam a nos preparar e favorecem o nosso desempenho, elas são úteis. No entanto, se são graves e persistentes, interferindo no nosso funcionamento e causando sofrimento, elas são nocivas.

Originalmente, a ansiedade funcionava como um sistema de alarme para todos os perigos em uma vida relativamente primitiva. Mas as coisas mudaram. Os mesmos mecanismos de sobrevivência já não são necessários na nossa sociedade.

Nos dias de hoje, exceto nas perigosas estradas das montanhas, a ansiedade freqüentemente representa uma avaliação emocional e pouco realista de uma situação. "Superestimamos o perigo de uma situação e subestimamos a nossa capacidade de lidar com ela. Sentir ansiedade significa agir como se algo ruim fosse nos acontecer", afirmam os psicólogos Gary Emery e James Campbell. Trata-se da expectativa de não sermos capazes de lidar com a temida situação que é em geral magnificada.

Todos experimentamos a ansiedade e o medo. Aliás, o fazemos com tanta freqüência que atribuímos muitos rótulos a esses estados: nervosismo, apreensão, preocupação, aflição, pânico, inquietação, pavor.

Ansiedade e Medo

Os termos ansiedade e medo são freqüentemente empregados alternadamente. Uma pessoa pode se queixar de estar "ansiosa" ao antever uma situação específica sem ter um "medo" claramente definido.

Uma das maneiras de distinguir entre o medo e a ansiedade é examinar a causa. Uma pessoa, por exemplo, lhe dá uma violenta fechada obrigando-o a frear de repente. Esta é uma reação de medo. As causas do medo tendem a ser extrínsecas à pessoa.

A ansiedade, ao contrário, é uma resposta a uma fonte de perigo menos óbvia, que não está claramente definida e apresenta uma maior probabilidade de ser interna. Você pode estar excessivamente preocupado com a possibilidade de ser demitido do emprego porque seu chefe não está falando com você. A sua imaginação exagera o significado do silêncio. A ansiedade descreve um estado desagradável de tensão mental que é freqüentemente acompanhado por sintomas físicos nos quais você pode se sentir ao mesmo tempo física e mentalmente estressado ou exausto. Enquanto o medo é geralmente de curta duração, a ansiedade tende a ser mais duradoura.

Quando um ataque de pânico ocasional se transforma em ansiedade crônica, esta pode dar origem a distúrbios alimentares, erupções na pele, hipertensão e doenças cardíacas.

Lidando com a Ansiedade

É normal sentir ansiedade ou medo em determinadas situações, como quando dirigimos naquela estrada estreita e cheia de curvas no alto da serra. A ansiedade que não nos esmaga pode nos ajudar a fazer melhor algumas coisas. (Dirigir com cuidado, por exemplo!) Falar em público é uma causa comum de ansiedade. No entanto, a preparação e a prática cuidadosas reduzirão o mal-estar e tornarão a apresentação mais aprimorada.

Muitas pessoas escolhem lidar com a ansiedade evitando as circunstâncias que a provocam. À primeira vista, esta parece uma solução fácil. Afinal de contas, se eu nunca me oferecer para dar uma palestra, porque precisaria me preocupar com a ansiedade a respeito de falar em público? Bem, como tantas "soluções fáceis", as coisas não são assim tão simples. Por exemplo, nunca se sabe quando você talvez tenha de falar em público. (Que tal uma audiência pública a respeito de uma desapropriação que o governo pretende fazer em parte da sua propriedade? E se o síndico convoca os condôminos do edifício onde você mora para uma assembléia extraordinária, para discutir a possibilidade de pintar o edifício de roxo, e ninguém se manifestar contra?) Além disso, as pesquisas demonstram que evitar situações de ansiedade pode na verdade aumentá-la. E você pode estar deixando escapar algumas experiências realmente agradáveis na vida se viver o tempo todo tentando "evitar" a ansiedade. Leve o escapismo ao extremo e você raramente sairá de casa; este é um reconhecido distúrbio de ansiedade conhecido como agorafobia.

Geralmente é bem melhor enfrentar o desafio e dar pequenos passos à frente. Passado algum tempo, você ficará mais corajoso e reduzirá os seus sentimentos de ansiedade.

> Marshall ficava nervoso em situações nas quais tinha de ter contato com muitas pessoas. Ele se preocupava com o que as pessoas iriam pensar dele. Sua preocupação fazia com que ele ficasse extremamente ansioso.

O chefe de Marshall convidou-o para uma festa. Ele sabia que tinha de aceitar o convite e passou em pânico os três dias que antecederam o evento. Marshall compartilhou seus sentimentos com um amigo chegado que o conhecia muito bem. O amigo sugeriu que ele se concentrasse em travar conhecimento com uma ou duas pessoas em vez de tentar socializar com todos os convidados.

Quando Marshall começou a pensar a respeito do que o amigo tinha sugerido, sua ansiedade diminuiu. Ele sabia como lidar individualmente com as pessoas.

É claro que é impossível nos libertarmos completamente da ansiedade. Ela é inevitável em um grande número de circunstâncias da vida. E nem toda ansiedade é proveniente de fatores psico-sociais; alguns tipos são causados por um desequilíbrio químico.

O que fazer então? Vamos apresentar algumas dicas detalhadas neste capítulo. Quando a ansiedade começar a se manifestar, certifique-se de que está se alimentando, repousando e se exercitando da maneira adequada. E se for necessário, procure ajuda. Em alguns casos, a ansiedade pode precisar ser tratada com medicamentos.

O Processo da Ansiedade

Quando você fica ansioso, você provavelmente pressupõe que alguma coisa externa é responsável pelos seus sentimentos. Você pode acreditar que é impotente para fazer qualquer coisa a respeito do assunto e reagir como se imaginasse perigos verdadeiros. No entanto, a partir da leitura deste livro, você sabe que é você quem cria as suas experiências emocionais. Nada fora de você faz você ficar ansioso. Você assume a responsabilidade pela maneira como se sente. Como você já não põe mais a culpa da sua ansiedade em alguma coisa ou alguém, você pode começar a fazer algo a respeito dela.

Não obstante, as causas da ansiedade são complexas e incluem estímulos externos (as pessoas e os eventos) bem como a sua percepção e interpretação desses estímulos.

Andar de elevador, por exemplo, parece estimular sentimentos de ansiedade e tensão em muitas pessoas. Esses sentimentos de ansiedade e tensão tendem então a reforçar a percepção negativa do medo que estava associado ao elevador. Você cria ansiedade temendo que suas escolhas sejam limitadas. A ansiedade então limita as suas escolhas restringindo a sua consciência. Quando você age como se o que você teme fosse real, você pode fazer com que aconteça. A melhor maneira de superar a ansiedade é escolher a realidade e não o que você imagina. Em vez de se concentrar no medo, volte a atenção para o que você pode fazer. Recorra aos seus pontos fortes. Assuma a responsabilidade pelos seus sentimentos e concentre-se na realidade da situação e na sua capacidade de enfrentar esse desafio.

Controlando a Ansiedade

Existem muitos métodos para desafiar a ansiedade e lidar com ela. Neste capítulo, vamos oferecer os fundamentos de alguns procedimentos que você poderá usar para lidar com a ansiedade de uma maneira eficaz. (Você vai perceber que várias das técnicas usadas no sétimo capítulo, para combater o estresse, também podem ser utilizadas para controlar a ansiedade.)

- *Aceite a ansiedade.* Quando você se recusa a aceitar a ansiedade, ela tende a se intensificar. No entanto, quando você a aceita, ela tende a diminuir. Se você tentar controlar o seu corpo e as suas reações físicas, você se sentirá mais fora de controle. Você pode escapar dessa armadilha abandonando a necessidade de controlar as suas reações físicas.

Tomar consciência dos seus pensamentos, sentimentos e ações possibilita que você se desligue ou se afaste deles e faz você sentir que domina mais a sua realidade atual. Pergunte a si mesmo o que precisa ser feito para criar o sentimento que você quer. Aceite o que está sentindo. Aceite o fato de que você está apresentando reações fisiológicas (suor nas mãos, secura na boca, tensão muscular etc.) e que você pode até mesmo estar se sentindo fora de controle.

Ao aceitar a ansiedade, você começa a romper o ciclo da ansiedade. Aceite o fato de que você está ansioso e nervoso neste momento em vez de tentar ocultá-lo.

Espere o progresso e não a perfeição na redução da ansiedade. Seja paciente e caminhe devagar. Tome consciência de qualquer movimento ou progresso, e faça o acompanhamento no seu caderno pessoal.

• *Compartilhe a ansiedade.* Outra maneira de lidar com a ansiedade é compartilhá-la com pessoas que o escutem com empatia, sensibilidade e compreensão. Os grupos de apoio são um lugar seguro para compartilhar experiências e sentimentos de ansiedade.

• *Aprenda técnicas de controle da ansiedade.* Entre os inúmeros procedimentos que comprovadamente ajudam a controlar a ansiedade estão a conversa consigo mesmo, a respiração, o relaxamento, o humor e a "exploração." Experimente os exercícios das páginas seguintes; achamos que você os julgará agradáveis, mesmo que a ansiedade não represente um problema na sua vida!

Aja Como Se Você Não Estivesse Ansioso

Tome a decisão de agir "como se." Decida comportar-se como você gostaria de poder se comportar, mas não o tem feito. Você talvez acredite que a mudança não é possível ou que você estará apenas representando. Em vez disso, tente desempenhar um papel no qual você acredita que consegue se sair bem, da mesma maneira como você experimentaria uma roupa. No entanto, enquanto o traje não modifica a pessoa, quando você age de um modo distinto você pode se sentir diferente e tornar-se na verdade uma pessoa corajosa.

> O namoro de Dot e Pete estava ficando sério. Estava na hora de Dot conhecer os pais de Pete. Ela estava

muito nervosa. O pai de Pete era médico e Dot pertencia a uma família da classe operária. Ela estava preocupada com a possibilidade de os pais de Pete a tratarem com superioridade. Por mais que Pete procurasse tranqüilizá-la afirmando que seus pais eram pessoas muito abertas e receptivas, e não estariam interessados na maneira como os pais dela ganhavam a vida, as palavras dele não faziam a menor diferença.

Dot falou sobre seus receios com o pastor da sua igreja. Ele a ouviu com atenção e perguntou a Dot como se sentiria se acreditasse que os pais de Pete eram pessoas abertas e receptivas. Dot disse ao pastor que se sentiria tranqüila. O pastor propôs então a Dot que ela representasse um pouco. Ele sugeriu que ela agisse como se os pais de Pete fossem as pessoas mais abertas e acolhedoras que ela poderia ter como sogros, que eles ficariam encantados com ela à primeira vista. Dot não ficou muito animada com a idéia, mas o pastor a convenceu a pensar a respeito do assunto; afinal, o que ela tinha a perder?

Dot fez o que o pastor pedira e decidiu seguir o conselho dele. Ela reforçou a sua confiança e treinou uma atitude calma e relaxada.

Chegou a noite da visita e Dot fez um grande sucesso. Ela estava confiante e encantadora, e os pais de Pete a acolheram com prazer.

Inicie este processo com a expectativa de que você fará algumas pequenas mudanças. Se elas não ocorrerem, investigue o que você estava fazendo que era eficaz e o que parece tê-lo impedido de ser mais eficiente. Preste atenção no que está realmente acontecendo em vez de no que você imaginou.

Se você evitar uma situação que lhe infunde medo, a sua ansiedade diminuirá temporariamente, mas o medo fundamental pode aumentar. No entanto, se você enfrentar diretamente a situação, é provável que uma "dessensibilização" tenha lugar e seu medo diminua. O seu desempenho não precisa ser perfeito; basta que ele exista apesar do fato de você estar ansioso. Embora você possa agir de um modo imperfeito, com constrangimento e de uma forma desajeitada, continue a representar.

Prepare-se para Enfrentar a Situação

Como acontece com outras emoções, a ansiedade freqüentemente é criada pela nossa atitude. Se você entrar em uma situação acreditando que não é competente, ou que não possui as aptidões sociais necessárias, você já está derrotado antes de começar. Com essa disposição mental, você nem mesmo ouve os comentários positivos das pessoas à sua volta. Uma perspectiva negativa funciona como um bloqueio entre você e a realidade.

Os psicólogos Edward Charlesworth e Ronald Nathan desenvolveram um sistema para controlar situações estressantes examinando quatro fases principais. Eles acreditam que, se desmembrarmos essa experiência potencialmente amedrontadora em quatro partes e aprendermos maneiras de lidar com cada uma delas, a experiência passa a apresentar desafios e torna-se exeqüível.

1. *Prepare-se para a situação estressante.* Pergunte a si mesmo: "O que devo fazer?" Comece então a se concentrar na tarefa oposta aos seus receios. Passe algum tempo respirando fundo e relaxando. Reconheça que depois você se sentirá mais à vontade e relaxado. Examine a realidade da situação, constate que está bem preparado e tenha certeza de que não há necessidade de começar a ter pensamentos negativos a respeito de si mesmo. Caso pensamentos negativos comecem a surgir, interfira neles salientando o que você é capaz de fazer; diga a si mesmo que você está preparado e confiante.

2. *Lide com os sentimentos quando eles começarem a se desenvolver.* Aprenda o que você precisa dizer para si mesmo quando os sentimentos começarem a se desenvolver. Em vez de acreditar que porque você está sentindo um pouco de ansie-

dade você logo estará oprimido, reconheça que esse tipo de pensamento só aumentará a ansiedade. Na verdade, ele pode se tornar realidade exatamente porque você está esperando que isso aconteça. Em vez disso, permaneça consciente de que a ansiedade é um lembrete para que você comece a usar as técnicas respiratórias que aprendeu. Você pode dizer: "Meus músculos estão começando a se contrair. Preciso relaxar e ficar menos agitado". Quando você sentir que a ansiedade está começando a aumentar, você pode criar declarações positivas, como: "Estou preparado para enfrentar o desafio. Eu sou capaz. Tenho confiança em mim mesmo". Ter consciência da ansiedade faz com que você se lembre de que deve pensar de maneira positiva a respeito do que vai fazer e que precisa se concentrar em agir.

3. *Lide com os sentimentos quando eles começarem a se tornar opressivos.* Se a ansiedade estiver aumentando, respire profundamente e converse consigo mesmo. "É aceitável estar ansioso. Já estive ansioso antes. Posso lidar com a situação." O objetivo neste ponto não é eliminar completamente o sentimento e sim mantê-lo sob controle. Preste atenção ao que está acontecendo e lide com uma situação de cada vez.

4. *Tome uma atitude depois que os sentimentos tiverem passado.* Concentre-se na conversa positiva consigo mesmo. Veja as coisas de outra maneira e felicite-se pelo progresso que fez. Reconheça qualquer pequeno esforço ou avanço. "O meu trabalho com a ansiedade está progredindo. Consigo sentir que estou lidando melhor com ela hoje."

A Ansiedade e a Conversa Consigo Mesmo

Do começo ao fim deste livro enfatizamos como a conversa que temos com nós mesmos influencia o que vemos, ouvimos e sentimos. Se você fala de uma maneira negativa a respeito de um relacionamento ou de uma situação no trabalho e enxerga poucas possibilidades positivas, as suas convicções influenciam a maneira como você vivencia a situação. Permaneça consciente de que você pode escolher como enfrentar cada desafio.

No futuro, quando você se sentir ansioso, use frases de auto-afirmação para se tornar mais confiante. Para ampliar a sua capacidade de se afirmar, pratique as frases pouco antes de dormir e assim que acordar de manhã. Podemos citar as seguintes frases como exemplos de declarações de auto-afirmação: "Eu tomo as minhas decisões." "Sou responsável." "Consigo enxergar os aspectos positivos na situação." "Sou capaz."

Quando você começar a se sentir ansioso, é importante que tome consciência da conversa que está tendo consigo mesmo. Essa conversa só faz piorar as coisas se você estiver dizendo: "Meus músculos estão tensos. Estou com medo. Não consigo lidar com esta situação". Confira um tom mais positivo à sua conversa, dizendo frases como: "Meus músculos estão começando a relaxar e agora consigo relaxá-los ainda mais", ou "Vou pensar a respeito do que preciso fazer. Estou no controle da situação".

Enfatize que você pode estar com medo, mas que esse sentimento não é permanente. Reconheça o medo como parte da experiência da vida. É normal sentir um pouco de medo, e ele tem uma finalidade. Na verdade, o medo pode incentivá-lo a ficar mais consciente, alerta e concentrado.

Quando você se vir diante de situações problemáticas, concentre-se em soluções, em maneiras de resolver o problema. Encontre algo positivo em toda a situação. Identifique alguma coisa que tenha o potencial de ser uma solução. Quando o medo ou a ansiedade diminui, você se torna mais capaz de enfrentar o medo com coragem.

Respire Fundo

Eis uma dica sobre algo que talvez não lhe tenha ocorrido. Você já reparou que tem a tendência de parar de respirar no começo ou durante uma situação estressante? Por meio da respiração profunda e da conversa positiva consigo mesmo você começará a se sentir menos estressado. Por exemplo, se você estiver começando a ficar ansioso, respire profundamente algumas vezes e sentirá menos ansiedade.

Você começa a aprender a respirar de uma maneira eficaz e terapêutica indo para um ambiente calmo e tranqüilo. Ao reduzir os estímulos externos, você ajuda a mente a se voltar para o interior. Eis uma breve sugestão de como você pode começar:

> Comece a respirar profunda e naturalmente várias vezes. Ao fazer isso, observe o movimento ritmado do seu peito enquanto relaxa. A sua respiração ficará mais lenta e profunda, e o seu corpo entrará em um estado mais relaxado. Respirar de uma maneira mais relaxada o ajudará a atingir níveis mais profundos de respiração e relaxamento.

A psicóloga de Harvard, Joan Borysenko, autora de *Minding the Body, Mending the Mind*, está entre os inúmeros profissionais da área da saúde mental que acreditam que uma das maneiras mais eficazes de romper o ciclo da ansiedade é usar a respiração profunda. Quando a mente e o corpo estão ocupados respirando, resta pouco ou nenhum espaço para a ansiedade.

Aprender a tomar consciência do seu padrão respiratório e a converter a maneira como você respira em uma situação de tensão em um padrão que produz o relaxamento é uma das habilidades mente/corpo mais fundamentais e eficazes que você pode adquirir.

O tipo de respiração sugerido aqui é sempre abdominal e não torácico. A respiração abdominal tem origem no diafragma, os músculos que ficam logo abaixo do pulmão. O diafragma entra e se contrai na inspiração e o abdômen se expande. A ação do diafragma enche o pulmão de ar. A respiração abdominal é eficiente e relaxada, ao passo que a torácica é tensa, rápida e superficial.

Pesquisas demonstraram que a energia do cérebro efetivamente aumenta depois de dez respirações adequadas.

Tome consciência de como você respira:

> Sente-se confortavelmente em uma posição relaxada. Feche os olhos. Coloque as mãos no umbigo. Sem tentar efetuar nenhuma modificação na respiração, repare se o seu estômago está se expandindo ou contraindo quando você inspira. Mude para a respiração abdominal inalando profundamente o ar e a seguir soltando-o pela boca com um claro suspiro de alívio. Quando você começa a ficar consciente da respiração, você inicia o processo de redução da ansiedade.

Permaneça Concentrado

Você ficará em vantagem em qualquer situação se conseguir se concentrar no momento presente. Permaneça em contato com o que está efetivamente acontecendo e não com uma "interpretação" do que você acha que está ocorrendo. As suas percepções serão mais realistas, você terá um controle maior dos seus pensamentos e emoções, e seus receios diminuirão.

Concentrar-se no resultado do que você vai fazer é mais produtivo do que voltar-se para os seus temores. Quando você se concentra nestes últimos, eles passam a dominar os seus pensamentos e o medo controla a sua reação. Se o medo for intenso, as suas opções se tornam limitadas e você praticamente não consegue se libertar dele. No entanto, se você se concentrar no que pode fazer e no objetivo que tem em mente, você terá uma motivação positiva e avançará em direção a possibilidades e soluções.

Na "estrada do alto da serra" que serviu de introdução a este capítulo, você descobriria que inspirar profundamente e concentrar-se em dirigir possibilitaria que você diminuísse a tensão. Uma vez que você assume o controle da imagem na sua mente, você é capaz de criar confiança em vez de medo.

"Brinque" com a Ansiedade

Algumas pessoas têm a tendência de ver praticamente qualquer situação problemática como uma causa de ansiedade. O seu diálogo interior se concentra nos perigos e no medo, aumentando a probabilidade de que a ansiedade se instale. Uma vez que esse ciclo negativo do diálogo interior tem início, elas tendem a perder toda a objetividade e se dedicam a ficar pensando em como a situação é horrível.

É por isso que é importante que você seja capaz de permanecer em contato com o seu senso de humor. É verdade que as coisas podem não estar indo bem e ser muito diferentes do que você esperava, mas é sempre possível pensar na situação de uma maneira sensata e razoável: qual a verdadeira importância dela no contexto em questão? Os pensamentos de ansiedade aumentam a pressão sangüínea e aceleram a pulsação, deixam as mãos suadas e estimulam a respiração rápida e superficial. Os pensamentos relaxados e realistas têm o efeito oposto.

> Bernie tinha problemas com a bebida; ele sabia que precisava fazer alguma coisa, mas não conseguia imaginar o que faria sem o seu velho amigo, o álcool. Se abrisse mão dele, como iria enfrentar o estresse? O pensamento de deixar de beber o deixava paralisado.
>
> Bernie decidiu procurar um grupo de apoio. Ele conheceu outras pessoas que também tinham ficado inicialmente apavoradas com a idéia de parar de beber. Ele descobriu de que maneira os outros lidavam com o estresse. Ele agora estava livre para fazer uma opção: ele podia escolher viver sem a bebida e aprender técnicas de controle do estresse. Por sugestão de um colega das reuniões, ele se inscreveu em um grupo voltado para a redução do estresse.
>
> Durante as reuniões, Bernie obteve informações sobre o diálogo interior debilitante. Ele foi incentivado a examinar a validade dos seus pensamentos: "Não con-

sigo lidar com esta situação. Preciso de um drinque. Ficarei bem depois de tomar um drinque e relaxar. Só vou tomar um". Quanto mais ele seguia essa linha de raciocínio, mais ansioso ele ficava, e mais ele ansiava pelo álcool.

Bernie aprendeu a desafiar suas idéias negativas por meio dos seguintes pensamentos: "Que provas existem de que eu não sou capaz de lidar com a situação? Vamos lá, você sabe muito bem que, se tomar um drinque, você vai tomar o segundo, o terceiro e vai voltar ao ponto de partida!" Ele também aprendeu a usar o senso de humor. Quando se sentia ansioso, começava a visualizar situações engraçadas. Bernie era um grande fã do programa de televisão *Saturday Night Live*. Assim sendo, ele se concentrou em quadros engraçados do programa. Ao desafiar os pensamentos negativos e usar o senso de humor, o anseio de Bernie começou a diminuir.

1, 2, 3... Relaxe!

Outra maneira de romper o ciclo de ansiedade é praticar exercícios de alongamento, contraindo e relaxando várias partes do corpo. Por exemplo:

Contraia o rosto, solte, relaxe.

Contraia os ombros, solte, relaxe.

Contraia as mãos, solte, relaxe.

Contraia os pés, solte, relaxe.

O exercício de contrair e relaxar pode ser aplicado a qualquer grupo muscular. Aprender a relaxar dessa maneira combate a ansiedade porque é fisiologicamente impossível ficar ansioso e relaxado ao mesmo tempo (Dica: Reveja o "relaxamento progressivo" discutido no sétimo capítulo).

Escaneando o estresse

O estresse e a tensão também podem ser reduzidos por meio da técnica de "escanear", ou seja, explorar o corpo ou fazer nele um exame consciente e rápido. Essa técnica proporciona uma visão geral da ansiedade ou tensão em qualquer momento considerado. (O sétimo capítulo apresenta mais informações sobre este procedimento.)

Torne-se um A-E-P

A — *Aceite* a si mesmo e aos seus sentimentos. A ansiedade é um estado desagradável de tensão mental que é freqüentemente acompanhado por sintomas físicos como pulsação acelerada, respiração superficial e tensão muscular. Todos os seres humanos experimentam ansiedade e é saudável aprender a reconhecer e aceitar esses sentimentos quando eles ocorrerem.

Nesta altura você já aprendeu a criar as suas experiências emocionais por meio dos seus pensamentos e convicções. A ansiedade é uma dessas emoções. Ela é vivenciada internamente e em geral não é criada por nenhum fator externo.

Ao reconhecer e aceitar os seus sentimentos de ansiedade em vez de tentar negá-los, ocultá-los ou combatê-los, o ciclo da ansiedade é interrompido. Os procedimentos eficazes de respiração e relaxamento que você aprendeu podem então ser usados para minimizar a ansiedade.

(Se a ansiedade persistir, um profissional deve ser consultado para que seja possível determinar se a psicoterapia ou medicamentos são necessários.)

E — *Escolha* novos propósitos, convicções e sentimentos. A ansiedade que faz com que você fique muito tenso e estressado pode servir para "eximi-lo" de ter que atuar em uma situação na qual você não se sinta à vontade. O propósito dela pode ser possibilitar que você se afaste de expectativas colocadas em você. Essa reação reduz o mal-estar a curto prazo; a longo prazo, ela impede que você tenha importantes oportunidades de crescimento. O ideal é que você escolha outro objetivo mais saudável.

Quando você procura se "ampliar" e crescer de maneiras novas e saudáveis, percebe que é útil identificar os propósitos e as convicções irracionais que estão por trás da sua ansiedade. Identifique os pensamentos que você tem quando está se sentindo ansioso e tome consciência de como eles o ajudam a produzir os pensamentos de ansiedade. À medida que você for ficando mais consciente dos pensamentos e sentimentos que experimenta quando está ansioso, aceite o fato de que você tem esses sentimentos, junto com as reações físicas das mãos suadas ou da boca seca. Tome a decisão de agir como se você não estivesse ansioso.

Visualize-se como sendo capaz de superar alguns dos sintomas da ansiedade. Talvez você não mude completamente, mas quando começar a dar pequenos passos e progredir, você se sentirá menos ansioso. Se em vez de procurar a perfeição você esperar sucessos modestos e se esforçar para alcançá-los, você avançará na direção de superar a ansiedade irracional.

P — *Ponha* em prática as novas escolhas. Depois de ter aceito a sua ansiedade e compreendido a finalidade dela e algumas das convicções irracionais que contribuem para que ela exista, você certamente vai querer tomar algumas providências para superá-la.

A ansiedade geralmente surge porque você acredita que as suas escolhas são limitadas ou não tem consciência de todas as suas alternativas que tem. A melhor maneira de controlar a ansiedade é deixar de se concentrar no medo e voltar-se para o que você pode fazer a respeito da situação.

Concentrar-se na ansiedade fará com que ela aumente. Em vez disso, use as técnicas respiratórias e de relaxamento que você aprendeu. Tenha um plano de ação que você possa pôr em prática tão logo se conscientize da ansiedade. Comece a pensar de uma maneira positiva a respeito do que você vai fazer. Você sabe que é capaz de lidar com a ansiedade escolhendo novas maneiras de lidar com ela.

Quando os sentimentos de ansiedade se tornarem muito fortes e começarem a parecer opressivos, é importante que você continue a respirar profundamente e não pare a conversa racional consigo mesmo, como por exemplo: "É aceitável ficar ansioso. Eu já fiquei ansioso antes. Eu sei como lidar com a ansiedade. Sou capaz de enfrentar esta situação". Neste ponto você não está tentando eliminar o sentimento de ansiedade e sim lidar com ele de uma maneira que evite que ele se desenvolva plenamente.

A ancoragem, ou seja, usar uma "deixa de ação" para desencadear uma emoção que combata a ansiedade, pode ser útil para lidar com a ansiedade. Essa ação dará origem a um estado emocional positivo e removerá as associações negativas que podem ter produzido a sua ansiedade. (Este processo é detalhadamente descrito no décimo capítulo.)

Itens Principais: Capítulo 8

1. A ansiedade e o medo são emoções saudáveis e úteis quando nos estimulam a nos preparar e ajudam o nosso desempenho, mas podem ser nocivos quando são intensos e persistentes, interferindo no nosso funcionamento e nos fazendo sofrer.
2. A ansiedade crônica pode dar origem a distúrbios alimentares e do sono, erupções na pele, hipertensão e doenças cardíacas.
3. Em vez de se concentrar no medo, volte-se para o que você é capaz de fazer. Assuma a responsabilidade pelos seus sentimentos e concentre-se na realidade da situação e na sua habilidade de enfrentar o desafio.
4. Aja "como se" você não estivesse ansioso. Tome a decisão de se comportar como você gostaria de poder se comportar mas não o tem feito.
5. Prepare-se para enfrentar as situações estressantes. Concentre-se na tarefa e não nos seus receios. Lide com os seus sentimentos quando eles começarem a se desenvolver; aprenda o que você precisa dizer para si mesmo. Lide com os sentimentos quando eles começarem a ficar opressivos; use a respiração profunda e a conversa positiva consigo mesmo. Tome uma atitude depois que os sentimentos tiverem passado; use a conversa positiva consigo mesmo para se felicitar por causa do progresso que você fez.

6. Use frases de auto-afirmação para aumentar a sua autoconfiança: "Eu tomo as minhas decisões", "Sou uma pessoa capaz e responsável", "Sou capaz de enxergar os aspectos positivos de uma situação".
7. Se você estiver começando a se sentir ansioso, respire profundamente algumas vezes; isso diminuirá a ansiedade.
8. Você ficará em vantagem em qualquer situação se conseguir se concentrar no momento presente e permanecer em contato com o que está efetivamente acontecendo.
9. É importante permanecer em contato com o seu senso de humor. Ver as coisas de uma maneira sensata e razoável o ajudará a reduzir a ansiedade.
10. Os exercícios de alongamento ajudam a romper o ciclo de ansiedade. Contrair e relaxar os músculos combate a ansiedade porque é fisiologicamente impossível ficar ansioso e relaxado ao mesmo tempo.
11. Aprenda a "escanear" o seu corpo em busca da tensão. Inspire enquanto explora. Quando encontrar a tensão, solte o ar e relaxe a área.

9

Alegria

A Busca da Felicidade e do Senso de Humor

A pessoa feliz não é aquela que se encontra em um determinado conjunto de circunstâncias, e sim aquela que possui um determinado conjunto de atitudes.

— HUGH DOWNS

Alegre, jovial, enlevado, eufórico, exultante, como quer que você o chame, o sentimento de alegria é inspirador e satisfatório. É um estado no qual todos queremos estar, mas muitos de nós não sabemos como sentir alegria.

O que deixará você alegre e feliz? Encontrar o emprego ou o parceiro perfeito? Um carro novo em folha? A casa dos seus sonhos? Até mesmo as coisas que parecem produzir alegria têm os seus aspectos negativos. O emprego "perfeito" encerra responsabilidades e algumas delas você apreciaria mas outras detestaria. Depois de conviver no dia-a-dia com uma pessoa, você descobre que o parceiro ideal tem defeitos. Os carros e as casas novos precisam de manutenção.

Vamos fazer de novo a mesma pergunta: "O que deixará você alegre e feliz?" A resposta é simples: você mesmo! Os sentimentos de alegria e felicidade, assim como as outras emoções, surgem de dentro de nós e não de fatores externos.

Vamos repetir o que temos dito o tempo todo: as emoções provêm dos nossos propósitos, convicções e pensamentos; de coisas que podemos mudar.

As pessoas alegres assumem a responsabilidade pela própria felicidade. Elas também reconhecem o valor do humor. Uma vida sem senso de humor não leva à felicidade! Como afirma Gary McKay: "Você pode viajar pela vida sem senso de humor, mas não apreciará a viagem." Assim sendo, neste capítulo, vamos também discutir como o humor contribui para um estado de alegria.

Vamos começar a nossa discussão aprendendo o glossário da alegria. Don Dinkmeyer desenvolveu o "glossário energizante", que dá idéias de como podemos desenvolver o senso de humor e uma atitude alegre, e também desafiar qualquer pensamento negativo.

Glossário da Alegria

Abertura. Ser aberto, sincero e coerente significa que você é capaz de compartilhar o que sinceramente sente, acredita, pensa e experimenta, sem tentar de nenhuma maneira manipular as coisas. Você se sente seguro para compartilhar as suas convicções sinceras e permitir que os outros façam a mesma coisa.

Aceitar e Afirmar. Criar declarações positivas que reforcem a auto-afirmação e aumentem a auto-aceitação. Por exemplo: "Sou uma pessoa capaz e segura. Tenho confiança em mim mesmo. Tenho um sentimento positivo com relação a esta experiência".

Afinidade. Envolve acreditar que você está ligado aos outros como se fosse irmão ou irmã deles. Você nada tem a ganhar comparando-se com os outros ou explorando-os. Em vez disso, deixe que o companheirismo e a cooperação trabalhem para o bem de todos.

Alegria. A habilidade de desenvolver um sentimento de prazer, inspiração e entusiasmo. A alegria pode se desenvolver a partir do seu íntimo, das suas convicções e atitudes diante da vida, e não é apenas o resultado de acontecimentos externos e nem mesmo do feedback que você recebe.

Auto-estima e interesse social. A auto-estima é um sentimento de mérito e valor criado interiormente. Ele não depende das suas realizações; ele é apenas a aceitação total de quem você é com todas as suas qualidades e defeitos. O interesse social é a capacidade de dar e receber, e de cooperar com os outros. A combinação da auto-estima com o interesse social resulta em sentimentos de satisfação, aceitação, entusiasmo e energia — um estado natural de euforia.

Bem-estar. Aprenda a alcançar o bem-estar físico e mental, assim como a gerar o bem-estar, e a sua energia vital aumentará enormemente. As convicções positivas, o exercício físico e os hábitos saudáveis contribuem para o bem-estar.

Compreender as suas convicções, sentimentos, valores, prioridades e metas o ajudará a se sentir mais à vontade consigo mesmo e mais bem-sucedido nos seus relacionamentos.

Confiança. Confiar nos seus julgamentos e sentimentos bem como nos dos outros. Aprender a tomar consciência dos seus sentimentos. A falta de percepção torna difícil confiar nos outros. Além disso, as outras pessoas podem não confiar em você se não sentirem que tem confiança nelas.

Coragem. Estar disposto a fazer um esforço e se arriscar. Livrar-se das atitudes hesitantes, desanimadas e debilitantes.

Derrotar o desânimo. Desafiar qualquer pensamento de desânimo e concentrar-se em algum aspecto positivo do pensamento. Acreditar que cometer erros é perigoso ou que você precisa ser perfeito em tudo que faz restringe os seus movimentos. Quando você começa a reconhecer que é aceitável tentar, que os erros são apenas passos em direção ao sucesso, você passa a ter uma perspectiva diferente com relação ao seu potencial.

Thomas Edison captou essa atitude com extrema clareza quando lhe perguntaram como se sentia a respeito do grande número de vezes que tentara inventar a lâmpada (que foram bem mais de 400). Ele encarava o processo de um modo positivo:

— Aprendi mais de 400 maneiras de como não criar uma lâmpada!

Emoções positivas. Ajudam a enxergar maneiras de afastar-se das emoções negativas e beneficiar-se da energia que se origina do fato de você ser positivo. As emoções positivas fortalecem as pessoas e oferecem um caminho para uma vida alegre, feliz e satisfatória.

Encorajar. A capacidade de enxergar os aspectos positivos, o potencial e as possibilidades de qualquer esforço. Quando você encoraja os outros, você também aprende a estimular a si mesmo.

Entusiasmo. O anseio e o envolvimento com o processo global da vida em geral, uma abordagem entusiástica à vida. Você pode, por exemplo, decidir encarar as dificuldades da vida como desafios a ser enfrentados em vez de problemas a ser superados. Os desafios podem conferir energia e coragem e os problemas são capazes de sugar energia e desencorajar.

Excelência. A excelência é o desejo de fazer o melhor possível mas sem necessidade de comparações. Você pode sentir que "não é bom o suficiente" quando comparado com os outros, mas precisa entender que não precisa realmente ser melhor ou pior do que ninguém. Você tem que fazer o melhor que pode e aceitar o fato de que o seu desempenho é único e digno de mérito.

Feedback. O feedback energiza um relacionamento se ele comunica com clareza e sensibilidade as suas atitudes e sentimentos à outra pessoa. O seu feedback não requer que o outro mude, mas abre a comunicação para que um entendimento mais claro do ponto de vista do outro tenha lugar. O feedback pode transmitir à outra pessoa: "Eis o que estou ouvindo você dizer!, "Esta é a experiência que estou tendo de você", ou "Estou sentindo..." (Você encontrará boas idéias a respeito deste tópico no décimo primeiro capítulo.)

Garra. Se você quer que alguma coisa aconteça na sua vida, como um emprego ou uma promoção, faça um esforço para consegui-lo. Esteja disposto a se arriscar em vez de ficar sentado esperando que o que você quer venha até você. A pessoa que tem garra é dinâmica e acredita nela mesma.

Igualdade. Ser igual não significa que você seja o mesmo que os outros. Quer dizer simplesmente que, no que diz respeito ao valor humano, você não é melhor nem pior do que ninguém. Como disse Rudolf Dreikurs: "Estamos todos no mesmo barco, com remos ligeiramente diferentes". Quando você se interessa pela igualdade, você se concentra nas semelhanças entre você e os outros em vez de nas diferenças.

Largar mão. Ceder. Desistir. Parar de se agarrar a coisas que precisam ser liberadas. Os antigos sentimentos da raiva, o desejo de vingança, a vontade de ir à forra, os pensamentos negativos só aumentam a sua infelicidade. Liberte-se do que é nocivo. Abra espaço para o positivo.

Levantar o astral. Descubra em alguém algo positivo que você possa apoiar e estimular. Externe seus sentimentos positivos e seu apoio para que a pessoa se sinta estimulada e mais capaz de enfrentar os desafios da vida. Dê uma "injeção de ânimo" na auto-estima da outra pessoa.

Meditação. Confere a oportunidade de clarear a mente e concentrar-se no positivo, por meio de um processo convergente energizante e que gera um estado de paz.

Parar de discutir. Ao parar de discutir, você reduz a tensão e a discórdia que freqüentemente surgem de querer "ter razão", tentar controlar as coisas ou fazer com que elas sejam do jeito que você quer. Se você estiver disposto a abandonar esses objetivos competitivos, não haverá motivo para brigar.

Receptividade. A capacidade de captar os sentimentos da outra pessoa, identificá-los e responder a eles com sensibilidade. Você pode fazer isso dizendo: "Consigo entender o que você está sentindo. Você está muito triste. Você parece zangado e aborrecido. Você parece sentir que as pessoas não estão sendo justas com você".

Riso. O remédio para o espírito e a alma. Também já foi demonstrado que ele exerce consideráveis benefícios físicos e psicológicos. Quando você ri, você se sente melhor. É realmente bem simples.

Senso de humor. A capacidade de ver tudo de uma maneira sensata e razoável, ser capaz de enxergar o lado leve e engraçado de qualquer problema. As pessoas espirituosas têm a capacidade de realizar mudanças de percepção repentinas para ser capazes de enxergar o potencial positivo no que parece ser um evento negativo.

Valorização. O desenvolvimento do seu senso de valor pode ser ajudado pela auto-afirmação: você aprende a aceitar e declarar sentimentos e convicções positivos a respeito de si mesmo. Quando você verdadeiramente se valoriza, você se torna capaz de comunicar claramente aos outros que você dá valor a eles.

Viver no presente. Quando você vive conscientemente aqui e agora, você se conscientiza e valoriza sistematicamente o lugar onde você está em cada momento. Você não se dedica mais a olhar para o passado com arrependimento e culpa, e tampouco fica apreensivo ou receoso por causa do futuro. Em vez disso, você reconhece o valor precioso do momento presente.

Você pensou que seria fácil aprender o glossário, não é verdade? Muito pelo contrário; Don nos deu muita coisa para pensar. Reserve algum tempo para analisar cada um dos vinte e seis itens do "Glossário da Alegria" e faça anotações no seu diário a respeito de o que mais alegria poderia significar na sua vida.

Vamos continuar a nossa discussão sobre a busca da felicidade examinando mais idéias para aumentar a sua alegria.

Por exemplo, se você não estiver se sentindo alegre, como você pode ingressar em um estado de alegria? A próxima seção lhe dará algumas idéias.

Recuperando a Alegria de Viver

Observe uma criança e você presenciará um comportamento alegre e espontâneo. Pode ser algo bem simples como um empurrão em um balanço ou uma exclamação "Olha pra mim!"

Quando nós, adultos, pensamos em aumentar a alegria na nossa vida, coisas materiais nos vêm à mente: viagens, uma casa maior ou um carro novo. Mas a alegria não precisa ser dispendiosa nem complicada. Pode ser tão simples quanto dar um passeio calmo e tranqüilo, e nos concentrarmos nas árvores, nas flores e na natureza.

A alegria é uma escolha. Assim como você pode mudar o canal da televisão para o de esportes, MTV, GNT ou qualquer outro, você pode "mudar o canal da sua mente" deixando de se concentrar na raiva ou no medo e permanecendo em contato com as belezas simples da vida. Trocando em miúdos, você pode criar a alegria quando modifica seus pensamentos e convicções distorcidos.

Para experimentar a alegria, você precisa desenvolver convicções e pensamentos capazes de trazer energia, entusiasmo e produzir felicidade. A alegria é mais do que estar livre de emoções negativas. É mais do que felicidade, saúde e bem-estar. A alegria nasce da combinação da redução do interesse pessoal com o aumento do interesse social. A alegria o ajuda a ficar em paz consigo mesmo e entusiasmado a respeito dos seus relacionamentos. Quando você está alegre, você espera que as coisas funcionem bem. Você espera que os relacionamentos sejam positivos e espera a satisfação. Você não precisa que as pessoas desejem que você tenha um bom dia. Você tem um dia bom porque está no comando dele e espera torná-lo positivo.

Você pode começar a pensar e se comportar como se estivesse alegre. Quando você começa, você desencadeia um processo que tem continuidade.

Beth e Doug decidiram fazer aconselhamento matrimonial para obter ajuda para os "conflitos habituais" no casamento deles, como dinheiro, os sogros e a distribuição das responsabilidades da casa.

Enquanto trabalhavam os problemas, o terapeuta chamou atenção para o fato de que eles pareciam ter pouco tempo para se divertir juntos. O casal concordou. Fazia dois anos que não tiravam férias e raramente saíam juntos. O terapeuta sugeriu que eles estabelecessem uma "noite de namoro", ou seja, uma noite por semana apenas para eles, na qual fariam coisas que ambos apreciavam. Tanto Doug quanto Beth gostavam de dançar, mas fazia muito tempo que não saíam para fazer isso. Eles decidiram então que era o que fariam na sua primeira noite de namoro. No início, eles ficaram meio sem jeito. Estavam fora de forma, não apenas no que dizia respeito à dança mas também quanto a se divertirem juntos, mas foram em frente, conversaram a respeito do quanto haviam se divertido e apresentaram um bom relatório na sessão seguinte com o terapeuta. Na verdade, eles já tinham planos para a segunda noite de namoro.

O terapeuta de Doug e Beth não tinha uma varinha mágica que criou a alegria para eles; eles mesmos a criaram.

Uma reação de alegria já está disponível para quase todo mundo. Observe um bebê que emite sons alegres porque está contente. As crianças são capazes de expressar freqüentemente a alegria, em muitas situações. Por que, então, nós adultos não fazemos o mesmo? Onde perdemos a inclinação para a alegria? Na condição de adultos, não usamos a reação da alegria com a freqüência que poderíamos; afinal de contas, ser adulto é um assunto sério, não é mesmo? Você tem responsabilidades que não tinha quando era criança. De fato, ser adulto é uma coisa séria, mas divertir-se também é! Se você é tão sério a ponto de não conseguir se divertir, você caiu na rotina. E como disse a romancista Ellen Glasgow: "A única diferença entre o sulco da marca de uma roda e um túmulo é o tamanho".*

Você sabe que a reação da alegria está disponível para você porque você a teve no início da vida. Hoje, contudo, por ser um adulto sério, você talvez tenha aprendido a aplicar mais esforço ao estresse, à depressão e às reações de ansiedade. Para gerar mais alegria você precisa treinar criar mais alegria! Como só conseguimos nos concentrar em uma coisa de cada vez, você precisa redirecionar a sua atenção para maneiras de criar a alegria. Deixe de se concentrar em sentimentos negativos e passe a se dedicar ao desenvolvimento de uma abordagem entusiástica e vital à vida.

Você possui o potencial de ter uma atitude nova, completa e alegre diante da vida, dos relacionamentos e dos seus sentimentos. Você pode criar alegria enquanto assume o comando da sua mente e das suas percepções. Cabe a você decidir se a sua experiência fundamental é a ansiedade e a depressão ou a alegria e o entusiasmo pela vida.

Você sabe que as emoções seguem as convicções e que as suas emoções são o combustível que energiza o seu comportamento. Se você quer se sentir alegre, comece por concentrar os pensamentos em experiências e convicções alegres. Volte a atenção para idéias animadoras e dinâmicas que fazem você se sentir entusiasmado.

> Evelyn iniciou o percurso em direção a experiências alegres por meio da visualização. Todas as manhãs ela passava alguns minutos imaginando o seu lugar favorito. Sua visualização incluía um lago frio na montanha cercado por pinheiros que se estendiam na direção do céu. Ela se via flutuando em uma balsa perto da margem. Ela sentia a brisa tépida passando pelo corpo. O gorjeio dos pássaros e o grito distante de um falcão enchiam seus ouvidos.

---

* Em inglês, a palavra "rut" significa tanto o sulco da marca de uma roda quanto uma rotina. (N. da T.)

Quando visitava o lago, Evelyn ficava em paz, sem nada que a preocupasse. Quando encerrava a visualização, ela se sentia calma, tranqüila e pronta para enfrentar o dia com entusiasmo.

Você está pronto para sentir mais alegria e felicidade e menos estresse, depressão ou ansiedade? Dê uma olhada nas sugestões das seções que se seguem.

Como Ser Feliz Apesar de Humano

Vivemos em um mundo no qual as pessoas não sabem o que querem e estão dispostas a passar pelas piores coisas para consegui-lo.

— DONALD R. MARQUIS

As pessoas felizes sentem-se bem a respeito de si mesmas, possuem uma elevada auto-estima, autocontrole e são expansivas. As características marcantes das pessoas felizes são o otimismo e a esperança. Elas acreditam que as coisas vão dar certo. As pessoas felizes assumem a responsabilidade pela sua vida, o que tende a melhorar a sua saúde e seu estado de espírito.

É claro que nem mesmo as pessoas felizes são felizes o tempo todo. O psicólogo Walter "Buzz" O'Connell diz o seguinte: "Se você está procurando um lugar tranqüilo, simples e seguro, ajude o hospício da sua cidade". Uma abordagem alegre e feliz à vida requer que você entenda que toda vida possui sua parcela de aflição. Ser feliz não significa exibir um sorriso permanente. Os planos nem sempre funcionam, todo mundo tem os seus dias desfavoráveis, e as pessoas próximas a você se machucam e até mesmo morrem. Ser feliz simplesmente significa que você está basicamente satisfeito com a sua vida e os seus relacionamentos, que está tendo uma boa dose de alegria. As pessoas felizes aproveitam a vida e aceitam os momentos difíceis com uma atitude "para cima". Como disse certa vez o escritor Thomas La Mance: "A vida é o que nos acontece enquanto estamos fazendo outros planos".

Se você não é essencialmente uma pessoa feliz, pense nas seguintes sugestões para aumentar a sua felicidade, algumas das quais se baseiam no trabalho de David Meyers, psicólogo e professor do Hope College em Holland, no Estado de Michigan.

- Faça exercício e tenha uma alimentação saudável. Quanto melhor você se sentir fisicamente, maiores as suas chances de se divertir na vida. É difícil, e talvez impossível, você se sentir emocionalmente "para cima" se estiver cansado e esgotado.
- Relaxe com freqüência. Você reduzirá o estresse e equilibrará o espírito.
- Durma o suficiente. O seu corpo precisa da "recarga" que o sono proporciona. Não passe a perna em si mesmo; você não ficará em sua melhor forma.
- Desenvolva relacionamentos próximos. Compartilhe amor e sentimentos positivos. Somos seres sociais e não vivemos muito bem no vácuo.
- Identifique suas convicções. Declare com firmeza as suas convicções e o seu relacionamento com Deus ou com o seu Eu Superior. Aja de acordo com as suas convicções.
- Veja a vida e você mesmo a partir de uma perspectiva sensata e razoável. Não transforme os problemas em catástrofes e nem tenha uma reação excessiva diante das preocupações do dia-a-dia.
- Seja otimista. O que você tem a perder se esperar que as coisas dêem certo?
- Cultive o respeito mútuo. Você não pode esperar que os outros o respeitem se não tiver respeito por si mesmo. Ao mesmo tempo, respeite os outros. Compreenda que todo mundo, inclusive você, merece ser respeitado.
- Sinta orgulho do seu trabalho. Compreenda que o trabalho de cada pessoa, não importa a tarefa desempenhada, representa uma contribuição à sociedade.

- Estabeleça metas e expectativas realistas. O que você pode razoavelmente esperar de um determinado empreendimento ou situação?
- Descubra atividades divertidas e dedique-se regularmente a elas.

Eis um exercício rápido que poderá ajudá-lo a devolver a alegria à sua vida. Relacione no seu caderno três coisas que você fará esta semana para aumentar a sua alegria. Procure idéias no glossário de Don e na lista de Dave Meyers, mas escolha três coisas específicas que você pode fazer e efetivamente fará!

A Alegria e o Cérebro

Você sabia que efetivamente pode produzir reações químicas saudáveis alterando o seu processo de pensamento?

Quando você passa a participar ativamente da criação dos pensamentos, mudanças químicas têm lugar no seu corpo. O cérebro precisa ser visto como uma glândula e não como um computador. Ele não é um conjunto de circuitos elétricos. Paul Pearsall, psicólogo de Michigan e escritor famoso, declara o seguinte: "O cérebro é a maior glândula de secreção do corpo humano e essas secreções são as substâncias psicoquímicas".

Você pode influenciar de forma consciente a composição química do seu cérebro. Na verdade, se não o fizer, você fica suscetível às substâncias químicas nocivas resultantes do estresse. Você pode regular a composição química do corpo porque os seus pensamentos estimulam as substâncias psicoquímicas!

Você finalmente acredita que é você que decide como se sente? É a sua escolha de pensamentos e sentimentos que desencadeia a tristeza ou a alegria, o desânimo ou a energia positiva. Você obtém o que você pensa!

Pearsall afirma que o aprendizado da reação de alegria se baseia em afastar o foco de atenção do cérebro das preocupações egoístas e voltá-lo para o interesse no bem-estar dos outros. Essa mudança do interesse pessoal para o interesse social ajuda a estimular a alegria.

Ao aprender a levar a atenção para a reação da alegria e para o interesse no bem-estar dos outros, você pode reduzir o estresse e a depressão. O estresse e a depressão foram a maneira de o cérebro permanecer vivo. As substâncias químicas do estresse que são liberadas nos mantêm atentos ao perigo, ao passo que as substâncias químicas da depressão possibilitam que escapemos dos difíceis desafios da vida.

A Química da Alegria

As drogas são um problema sempre que examinamos o cenário humano. Milhares de pessoas estão contemplando a próxima "dose", ao passo que outras tantas estão se esforçando para se livrar do vício. A boa notícia é que o cérebro produz drogas naturais extremamente poderosas que possuem efeitos colaterais saudáveis. Essas substâncias químicas cerebrais, denominadas endorfinas, efetivamente aumentam a imunidade à doença e promovem a cura. As endorfinas também têm a capacidade de criar uma euforia natural ou de funcionar como um estimulante positivo para as emoções.

O truque é descobrir como fazer as endorfinas circular. Quando o cérebro está voltado para a sobrevivência e o medo, estes objetivos tendem a dominar o pensamento. Você corre o risco de ficar com medo não apenas de perigos reais como também de tudo que possa simbolizar o perigo para você. Assim sendo, qualquer medo de fracassar, de não ser amado ou de ser rejeitado, tem a tendência de dominar o cérebro e limitar a produção de endorfinas.

Quando a sua conversa consigo mesmo é positiva e o cérebro está voltado para atividades saudáveis, o fluxo resultante de endorfinas torna-se uma força poderosa que pode conduzi-lo na direção da alegria. Quando você está envolvido com pensamentos de medo, o sistema nervoso interage com o cérebro para liberar doses elevadas dos hormônios do estresse, e quanto mais substâncias químicas do estresse você produz, mais o corpo espera por eles. O cérebro tende a necessitar cada vez mais de estímulo e... Bem, achamos que você entendeu o que acontece. Você precisa agir de um modo positivo para interromper o ciclo destrutivo do estresse.

> Charlie, uma entre três pessoas na empresa cujo nome estava sendo considerado para uma promoção, estava realmente preocupado a respeito da concorrência. Ele dizia consigo mesmo: "E se eu não conseguir? Afinal, não estou ficando mais jovem. Se eu não conseguir o cargo desta vez, poderei empacar para sempre no nível atual!" Quanto mais ele tinha esse tipo de conversa consigo mesmo, mais estressado ele ficava. Ele andava nervoso e irrequieto, não conseguia dormir direito, seu desempenho no trabalho estava sendo afetado e, como você já deve ter imaginado, ele não conseguiu a promoção!

A Alegria e o Sistema Imunológico

*Graceje para ter saúde.***

— JOEL GOODMAN

Você viu como as substâncias químicas do cérebro o afetam emocionalmente, mas existem mais coisas: as emoções estão na verdade relacionadas com o sistema imunológico.

Os seus sentimentos influenciam a ocasião e a forma como você fica doente e obviamente afetam a maneira como você se recupera. A alegria na verdade fornece energia para o seu sistema imunológico! Ficar mais alegre favorece o desenvolvimento do sistema imunológico. "As pessoas alegres ficam doentes com menos freqüência e com menor gravidade do que as pessoas que não são alegres, e quando ficam doentes, elas

---

** Em inglês, "*Jest for the health of it.*" O autor da frase fez um trocadilho com a expressão "Just for the heck of it" que literalmente significa "só de brincadeira." (N. da T.)

mobilizam mais prontamente os seus poderes naturais de cura", afirma Paul Pearsall. O elemento essencial, uma vez mais, são as pequenas e alegres endorfinas. A alegria cria endorfinas, o que aumenta a imunidade às doenças e promove a cura. Este resultado foi demonstrado em várias pesquisas, bem como na clássica experiência do chefe da redação do *Saturday Review*, o escritor Norman Cousins, que ficou curado de uma grave doença e teve alguns anos de sobrevida usando o senso de humor para mobilizar os seus poderes de cura.

O conceito de que o humor é benéfico para o bem-estar físico não é novo, como indicado em Provérbios 17:22: "Um coração alegre é bom remédio". A experiência de Norman Cousins foi uma importante contribuição para o relacionamento entre o humor e o bem-estar. A sua experiência com o riso e o humor modificou e estendeu a sua vida, forçando o mundo científico a reconhecer o importante poder do humor. No livro de Cousins, *Anatomy of an Illness* (Anatomia de uma Doença), ele indicou como doses maciças de vitamina C aliadas ao riso mudaram o curso de uma grave doença no tecido conjuntivo relacionada com o colágeno. Cousins declarou que "dez minutos de um genuíno riso abdominal exerciam um efeito anestésico que me proporcionava pelo menos duas horas de sono sem nenhuma dor". Cousins descobriu que se os estados emocionais desempenhavam um papel na doença, as emoções positivas o ajudariam a ficar saudável. Cousins desenvolveu uma rotina regular na qual assistia a vídeos de comédias. O humor e as emoções positivas o ajudaram a recuperar a saúde.

Eis outra boa notícia. As endorfinas também podem ser produzidas pelo exercício aeróbico. Além disso, como você sem dúvida sabe, o exercício aeróbico também diminui a pressão sangüínea e o estresse.

> Brenda andava se queixando de fadiga e desânimo. Depois de fazer alguns exames sem que fosse encontrada nenhuma patologia, a médica sugeriu que ela fizesse exercícios.

— De que maneira isso irá me ajudar? Já estou bastante cansada — queixou-se Brenda.

Achamos que o exercício na verdade aumenta a energia. E também estou preocupada com a sua saúde psicológica — respondeu a médica. A seguir, ela explicou a Brenda o que eram as endorfinas.

A médica perguntou a Brenda quais os tipos de atividade física que ela apreciava.

— Bem, eu gostava de andar de bicicleta, mas há muito tempo não faço isso — respondeu Brenda.

A médica sugeriu então que ela entrasse para uma associação de ciclismo do bairro. Ela explicou que exercitar-se com outros membros do clube não apenas serviria de incentivo para Brenda, como também estimularia o contato social. Brenda não ficou muito animada com a idéia, mas o fato de estar esgotada e deprimida a deixava ainda menos animada, de modo que resolveu seguir o conselho da médica. Em poucas semanas, sua energia e bom humor começaram a voltar.

Apesar de o cérebro produzir substâncias químicas capazes de curar, é claro que também existem drogas sintéticas que foram criadas para equilibrar os distúrbios psicológicos. Embora muitas destas últimas possam ser úteis, algumas podem ser usadas de uma maneira errada.

Vivendo Melhor Por Meio da Química?

Em algumas circunstâncias, os remédios podem ser um procedimento importante e essencial no tratamento dos distúrbios. No entanto, não achamos que seja apropriado usar medicamentos para todos os desafios emocionais que enfrentamos na vida.

Em muitos casos, é possível ir além do tratamento com as drogas e alcançar um estado de alegria ainda mais intenso sem os efeitos colaterais das pílulas. A não ser que os remédios sejam absolutamente necessários para corrigir um desequilíbrio químico, uma melhor escolha a longo prazo é assumir o controle dos sentimentos e usar algumas das idéias, métodos e procedimentos sugeridos neste livro.

Ponha Humor na Sua Vida

Tudo é engraçado desde que esteja acontecendo a outra pessoa.

— WILL ROGERS

Nosso amigo, psicólogo e escritor Walter "Buzz" O'Connell diz o seguinte: "A vida é importante demais para ser levada a sério".

A maioria das pessoas acha fácil rir de piadas, das séries de comédia na televisão, dos comediantes, das coisas que os outros fazem ou dos erros que os outros cometem. Poucos de nós, contudo, conseguimos enxergar o humor em nós mesmos. Quando cometemos erros, ficamos envergonhados ou abatidos, em vez de ser capazes de rir de nós mesmos. E o desalento pode nos levar a cometer mais erros. O humor, por outro lado, possibilita que enxerguemos a nossa condição humana. O humor é estimulante porque permite que aceitemos a nós mesmos. A atriz Ethel Barrymore foi muito feliz no seu comentário: "Crescemos no dia que realmente rimos pela primeira vez... de nós mesmos".

Você se lembra de ter rido de alguma coisa que aconteceu há muito tempo? O simples fato de você pensar nela faz você sorrir. Você pode modificar sua disposição de ânimo com o senso de humor. Por exemplo, uma criança o ajuda a colocar a roupa suja na máquina de lavar e alguns lápis de cera são lavados junto com a roupa. Você fica zangado ou acha engraçado? Um prato se espatifa no chão. É um desastre ou uma simples quebra de rotina? Por que é tão mais fácil achar graça da lembrança do que rir na hora em que a coisa acontece? Tudo depende da maneira como você encara a situação.

O humor nos confere uma perspectiva que nos permite reconhecer que quase tudo pode ser visto de uma maneira diferente. O humor é a habilidade de realizar mudanças de percepção, da dor para o prazer, por exemplo, ou pelo menos para a tolerância. Se a sua atitude contém humor, você é capaz de criar experiências únicas, alegres e divertidas. O humor é mais do que piadas. É um estado mental que o deixa livre do abatimento, da depressão e da solidão que acompanham a perspectiva de vida desanimada. Para desenvolver o senso de humor, livre-se primeiro dos Pensamentos Negativos Não Realistas que circulam na sua cabeça!

Os problemas geralmente ocorrem quando algo não sai da maneira como você esperava. Você pode encarar a situação como uma catástrofe em vez de como apenas decepcionante. Em vez de exigir que a vida siga os planos que você tem para ela, o humor possibilita que você tenha uma perspectiva mais aberta e seja capaz de aceitar que o que quer que seja... é!

As pessoas que têm senso de humor recusam-se a sofrer diante de circunstâncias adversas. David Jacobsen, que foi refém no Líbano, descreve um poderoso exemplo de humor e de senso de perspectiva:

> Os momentos mais sombrios da minha vida tiveram lugar no Líbano; mas foi lá também que aconteceram alguns dos mais engraçados. Sem humor, nenhum de nós poderia ter conservado o equilíbrio mental. Quando um dos seqüestradores encostou um revólver na minha nuca e rosnou "Você morto", eu me vi, de repente, retrucando despreocupado:
>
> — Hoje é terça-feira à noite e ainda tenho muito trabalho a fazer antes de você atirar em mim. Amanhã a minha agenda está cheia. Que tal quinta-feira?
>
> Ele me xingou e afastou-se zangado. O incidente me ensinou que o humor pode vencer o medo.

O senso de humor permite enxergar um lado engraçado em qualquer situação, seja ela de terror ou do cotidiano. O humor possibilita que você reconheça as suas fraquezas e imperfeições sem ser esmagado por elas. A capacidade de aceitar as suas imperfeições e erros permite que você viva de uma maneira mais sincera e com menos tensão.

Um famoso orador estava dando uma palestra sobre auto-aceitação. Um dos seus princípios enfatizava o desenvolvimento da coragem de ser imperfeito. Depois de introduzir o conceito, ele se confundiu com as palavras, conferindo à declaração seguinte um significado completamente diferente do que ele pretendia dar. A audiência ficou irrequieta. Ao perceber o erro, ele sorriu e se recuperou:

— Bem, acho bom eu provar o que estou dizendo.

O público riu, o orador corrigiu o erro e deu seguimento à palestra.

Você pode escolher encarar os seus erros com humor em vez de ficar envergonhado ou abatido. O senso de humor possibilitará que você prossiga como o orador, ainda mais relaxado e confiante do que quando começou. Se o orador tivesse ficado abatido, é bem provável que tivesse cometido ainda mais erros.

Quando você está desanimado, é como se você estivesse fazendo uma dieta da qual o humor precisasse estar ausente. Você tem a tendência de olhar para os problemas de um jeito que o deixa empacado, incapaz de se libertar. Tudo é sério demais e por causa disso você não consegue enxergar alternativas, especialmente as engraçadas. Você pode ter a impressão de que está em um beco sem saída, mas como diz o escritor e educador Leo Buscaglia: "Quando a sua corda estiver no fim, agarre-a e se balance".

O senso de humor é um elemento fundamental para que você possa enxergar todas as respostas alternativas possíveis em uma situação.

Dean precisou ir ao hospital para fazer um teste de estresse com tálio para ver se tinha havido alguma mudança no bloqueio das suas artérias. Durante uma parte do exame, ele precisava ficar deitado debaixo de uma grande câmera giratória que tirava fotos do seu coração. Os seus braços ficavam amarrados na nuca para impedir os seus movimentos, pois ele tinha de ficar imóvel durante vinte e dois minutos. Se ele tossisse, inspirasse profundamente ou se mexesse, o teste poderia ser prejudicado e o procedimento talvez tivesse que ser recomeçado.

Ficar imóvel durante vinte e dois minutos não era nada divertido para Dean. Mais ou menos na metade do exame, enquanto a câmera gigante se movimentava sobre o seu peito, Dean percebeu que estava ficando nervoso, de modo que começou a se concentrar em outras coisas. Será que havia algum aspecto engraçado naquela situação? Ele se permitiu um risinho imóvel e silencioso enquanto pensava: "Agora eu sei o que aconteceu a todas as pessoas que afirmam ter sido abduzidas por alienígenas!"

Adotar uma perspectiva diferente durante o exame diminuiu a tensão. Dean conseguiu sobreviver ao tédio e ao desconforto enxergando o lado engraçado da situação.

Descontraia-se!

A vida se torna muito mais agradável para você e para aqueles que estão à sua volta quando você não exige a perfeição de si mesmo nem dos outros, quando aceita os desafios da vida e enxerga as possibilidades de superá-los.

Luke era um oficial intendente da Marinha que comandava com mão-de-ferro o seu navio. No entanto, a sua busca de perfeição lhe granjeava muito mais respeito no trabalho do que em casa. Bonnie, de catorze anos, era a moradora desleixada que levava o pai à loucura. Quanto mais Luke insistia, dizendo "Há um lugar para todas as coisas e todas as coisas devem estar no lugar", mais Bonnie fazia bagunça.

Em um dia muito fora do comum, Luke dormiu demais, tomou rapidamente o café-da-manhã e saiu às pressas para o trabalho deixando a louça suja na pia. Ao chegar em casa, imediatamente lembrou-se da louça e foi direto para a cozinha. Quando começou a pôr os pratos na lava-louça, ele notou que Bonnie o estava observando com um largo sorriso no rosto. Sem jeito, Luke perguntou:

— Qual é a graça?

— Ora, papai, vejam só; deixou a louça na pia, que vergonha!

— Olha aqui, garota, quem é você para falar alguma coisa? Você faz desta casa uma verdadeira calamidade e desta vez eu... — No meio da frase, ele viu o sorriso de Bonnie ficar ainda maior e então começou a rir. — Tudo bem, você me pegou. Não sou perfeito. Pode me matar! — Ambos acabaram rindo.

Por sorte, Luke baixou por um instante a guarda perfeccionista e foi capaz de rir de si mesmo. A imperfeição e o humor aproximaram pai e filha. Quanto mais Luke deixar de lado as suas exigências, mais Bonnie terá vontade de cooperar, e mais provável será que o relacionamento deles melhore.

O humor possibilita que você se livre dos esforços de provar para os outros que é perfeito, que está certo ou no controle da situação. Permite que você olhe para si mesmo de um modo divertido e enxergue de uma maneira sensata e razoável as tolices negativas, as "exigências" e os pensamentos e idéias que o limitam. Ao mesmo tempo que você procura culpar os outros pelas suas circunstâncias, você precisa perceber como você ajudou a criar a situação.

Walter "Buzz" O'Connell e Albert Ellis identificaram convicções e idéias que estimulam os pensamentos negativos. As seguintes idéias estão entre elas.

- Preciso ser amado e ter a aprovação de todo mundo o tempo todo.
- Preciso ser competente e empreendedor sob todos os aspectos.
- Se as coisas não acontecem da maneira como eu quero, a situação é terrível e catastrófica.
- Tenho de evitar as responsabilidades, caso contrário elas se tornarão fardos impossíveis de carregar.
- Preciso ficar aborrecido com os meus problemas e os problemas dos outros.
- O mundo precisa ser justo e a justiça precisa triunfar.

Se você adere a qualquer uma dessas idéias e convicções, lembre-se de que elas são criadas por você e não representam a realidade. No entanto, quando essas idéias se estabelecem como uma parte fundamental do seu processo de pensamento, elas geram problemas. As convicções dão origem aos sentimentos e emoções e, em última análise, determinam o comportamento.

"Aquele Que Ri Perdura"

O humor possibilita que nos ergamos acima do desalento, do desespero, do medo e da incerteza. Quando você consegue ver as suas contrariedades de uma forma sensata e razoável, e rir de si mesmo, você não precisa mais sentir autocomiseração. Isso o ajuda a sentir-se animado, estimulado e entusiasmado. Você pode pegar uma situação intolerável, na qual talvez se sinta impotente, e minimizar o efeito que as contrariedades exercem sobre você encarando-as com humor e de uma maneira sensata e razoável.

> Kellie é uma psicóloga especializada em aconselhamento familiar. Ela ensina aos casais que estão se divorciando como fazer a transição com o mínimo de trauma para os filhos. Quando teve de enfrentar o próprio divórcio, Kellie ficou abatida e achou que estava diante

de uma calamidade, imaginando que seus filhos nunca conseguiriam superar o problema.

Mas depois ela percebeu que estava violando todos os conselhos que dava aos outros. "Eu conheço as técnicas necessárias para ajudar os meus filhos!" e riu de si mesma. "Como posso ter sido pretensiosa a ponto de acreditar que isso nunca aconteceria na minha família?" Ela começou a colocar em ação os seus talentos em benefício dos próprios filhos.

O humor também pode inverter uma situação e se tornar um fator que nos ajuda a enfrentar os desafios da vida. No livro Pathfinders (Exploradores de Caminhos), a escritora Gail Sheehy observou que as pessoas que possuem uma elevada sensibilidade amorosa e senso de humor passam por momentos difíceis na vida enxergando o humor mesmo nas situações difíceis.

Steve estava com câncer e precisava se submeter a quimioterapia. Seu amigo George contemplou o cabelo cheio e encaracolado de Steve, e disse:

— Bem, você vai ficar careca que nem eu.

Steve sorriu e respondeu:

— É verdade, mas pelo menos o meu vai crescer de novo!

O humor é poderoso porque faz a atenção se afastar da natureza desagradável da situação e se voltar para outras possibilidades ou maneiras de interpretar as circunstâncias.

O humor também é eficaz no caso das emoções intensas, como o medo e a raiva. Como não é possível nos concentrarmos simultaneamente em sentimentos incompatíveis, quando o humor prevalece, o medo e a raiva não podem coexistir. O riso pode aliviar a tensão mesmo nas condições mais difíceis e repletas de desafio.

A discussão estava ficando mais intensa, com muita agressão verbal. Toda a roupa suja estava sendo lavada: o orçamento familiar, o relacionamento. O caso parecia sem solução. Jason então bateu com o punho na bancada da pia e gritou para Sharon:

— Para mim chega. Você acabou para mim!

A gata da família dormira tranqüilamente durante toda a confusão, mas o estrondo do punho contra a pia a assustou e ela deu um salto para cima, derrubando uma panela, derramando no chão as sobras do macarrão e aterrissando bem no meio do molho! Jason resmungou:

— Ah, ela...

Sharon começou a rir. Jason olhou para Sharon e também começou a rir. Logo, ambos estavam chorando nos braços um do outro.

O humor tem a capacidade de modificar a importância de um problema e reduzi-lo às devidas proporções. Quando um desafio parece esmagador, a tensão restringe e limita a sua capacidade de enxergar alternativas. Você desenvolve "angina psicológica", ou seja, a dor causada pelo bloqueio das atitudes! Uma perspectiva que contenha humor expande essas atitudes, reduz a tensão e possibilita que você veja o problema de uma nova maneira.

Esta idéia é tão importante que queremos que você pare um pouco para fazer um exercício prático. Escolha uma situação na sua vida que você ache que apresenta desafios. Pense em maneiras engraçadas de olhar para a situação. Como Dave Barry olharia para ela? Woody Allen? Julia Louis Dreyfus? Como você vai olhar para ela? Registre os seus comentários no seu caderno.

Se o riso possui um valor tão óbvio para a saúde física e mental, por que ele tem recebido uma atenção tão limitada? Talvez porque a medicina tenha se tornado altamente científica e tecnológica. O uso limitado do riso e do humor na cura provavelmente pode ser atribuído à falta de credibilidade dos médicos com relação aos procedimentos não técnicos. Os hospitais e os médicos não costumam ser lugares onde esperaríamos encontrar uma atitude repleta de humor nem a valorização do riso! E temos que admitir que é difícil receitar a "dose certa" de humor para curar um problema específico. (A nossa opinião é que "Quanto mais melhor!")

Alimentando o Senso de Humor

O senso de humor pode ser ativamente cultivado. Entre os métodos e processos destinados a desenvolver o senso de humor estão:

- Adotar uma atitude divertida que permita que você seja tolo, ria, zombe da vida.
- Apreciar os múltiplos paradoxos da vida. O altruísmo pode ser apenas uma fachada para o egoísmo. Procure o humor na maneira como nós, seres humanos, tentamos fazer com que os outros nos vejam.
- Rir de si mesmo e se ver de uma maneira sensata e razoável, sempre que possível. Ter a coragem de aceitar os seus erros e imperfeições.
- Ficar atento ao possível humor contido em cada situação da vida.
- Divertir-se com outras pessoas. Ir ao cinema, jantar fora, participar de jogos... E o mais importante: rir junto com elas. Como diz o pianista cômico Victor Borge: "O riso é a distância mais curta entre duas pessoas".

Quando você aprende a criar alegria, felicidade e humor na sua vida, você pode melhorar o seu estado emocional e conferir mais energia ao seu comportamento. Você está ativamente escolhendo os seus sentimentos e aumentando a sua alegria e felicidade.

O humor é um ponto de vista, uma atitude diante da vida que possibilita que você modifique a sua estrutura de referência e encare qualquer situação de uma maneira diferente. O humor aumenta o seu leque de alternativas, alivia a tensão e libera o medo. Você consegue pensar em alguma coisa tão divertida e boa para você?

Aplique a Fórmula AEP

A — *Aceite* a si mesmo e aos seus sentimentos. Você não é perfeito. Você sabia disso? Bem, que tal aceitar-se como você é, com todos os seus defeitos e imperfeições? A auto-aceitação pode preparar o caminho para mais alegria na sua vida ajudando-o a se ver a partir de uma nova perspectiva. Quando você consegue aceitar as suas imperfeições, você tem coragem de ser imperfeito. E então você pode experimentar experiências novas e alegres. Você pode correr o risco de se divertir mais! Quando você se aceita como é, com as suas falhas, você não precisa mais fingir. O fingimento atrapalha a auto-aceitação e impede a felicidade.

Você já se esforçou para dar às pessoas a impressão de que é competente em tudo que faz? Quando o seu trabalho é questionado, você tem a tendência de defendê-lo, mesmo que esteja inseguro? Você se dedica a criar a imagem de que é infalível, que está sempre certo? Se for este o caso, você se preparou para ser desafiado e também para um enorme tombo. Vai ficar cada vez mais difícil você não ser apanhado nos seus inevitáveis erros humanos.

Descontraia-se! Livre-se do seu ego! Aceite a sua condição humana. Corra o risco de parecer tolo. Procure alcançar a alegria!

E — *Escolha* novos propósitos, convicções e sentimentos. Se o seu propósito até agora era o de ser perfeito e evitar ser questionado, a sua convicção era: "Só sou aceitável quando os outros acham que estou certo e sei tudo". Para mudar, você precisa estar disposto a aceitar as suas limitações. Experimente esta nova convicção: "Sou um ser humano imperfeito que se esforça mas comete erros" Evite acreditar no que este indivíduo: "Eu nunca estou errado! Certa vez achei que estava, mas eu estava enganado".

À medida que você desenvolve a coragem de correr o risco de cometer um erro, você se torna livre para ver a si mesmo, os outros e o mundo de uma maneira muito mais realista. Deixe que os seus objetivos sejam admitir abertamente as suas limitações, aceitar a si mesmo como um "ser humano imperfeito" e correr o risco de procurar a alegria e o humor na sua vida.

P — *Ponha* em prática as novas escolhas. Você deu o passo fundamental de aceitar as suas imperfeições. Você não precisa mais fingir. Você diz para si mesmo: "Eu tenho coragem de ser imperfeito. Eu me aceito como eu sou". Você pode começar a experimentar novas maneiras de introduzir a alegria e o humor na sua vida. Você pode parar de trabalhar mais arduamente durante um número maior de horas e começar a trabalhar de um modo melhor e mais inteligente. Você pode fazer o que gosta. Você pode correr o risco de falhar. Você pode curar o seu espírito com o humor.

Itens Principais: Capítulo 9

1. Os sentimentos de alegria e felicidade, assim como as outras emoções, surgem de dentro de você e não de eventos externos. Somente você faz você feliz!
2. Entre as maneiras de gerar uma atitude alegre e desafiar qualquer pensamento negativo estão: criar declarações positivas que envolvam a auto-afirmação e aumentem a auto-aceitação; estar disposto a fazer um esforço e se arriscar; desafiar qualquer pensamento de desânimo e concentrar-se em algum aspecto positivo; enxergar o lado leve e engraçado de qualquer problema; viver no aqui e agora; abandonar os antigos sentimentos da raiva, o desejo de ir à forra e os pensamentos negativos.
3. A alegria é uma escolha. Assim como você pode mudar o canal da televisão, você pode "mudar o canal da sua mente" deixando de se concentrar na raiva ou no medo e permanecendo em contato com as belezas simples da vida.
4. Uma abordagem alegre e feliz à vida requer que você entenda que toda vida possui a sua parcela de aflição. As pessoas felizes aproveitam a vida e aceitam os momentos difíceis com uma atitude "para cima".
5. Eis algumas maneiras de aumentar a felicidade: Fazer exercício e ter uma alimentação saudável. Relaxar com freqüência. Dormir o suficiente. Desenvolver bons relacionamentos. Identificar suas convicções. Olhar

para você e para a vida a partir de uma perspectiva sensata e razoável. Ser otimista. Cultivar o respeito mútuo. Sentir orgulho do seu trabalho. Estabelecer metas e expectativas realistas. Descobrir atividades divertidas e dedicar-se regularmente a elas.

6. Você efetivamente pode produzir reações químicas saudáveis alterando o seu processo de pensamento. Por exemplo, ao aprender a levar a atenção para a reação da alegria e para o interesse no bem-estar dos outros, você pode reduzir o estresse e a depressão.
7. As suas emoções estão relacionadas com o seu sistema imunológico. A alegria na verdade fornece energia para o seu sistema imunológico.
8. O senso de humor é um elemento fundamental para que você possa enxergar todas as respostas alternativas possíveis em uma situação. Ele permite que você olhe para si mesmo de um modo divertido e enxergue de uma maneira sensata e razoável as suas tolices negativas, as suas "exigências" e os pensamentos e idéias que o limitam.
9. Aquele que ri perdura. Quando você consegue encarar as suas contrariedades de uma forma sensata e razoável, e rir de si mesmo, você não precisa mais sentir pena de si mesmo.
10. Eis algumas maneiras de cultivar o senso de humor: adotar uma atitude divertida; apreciar os múltiplos paradoxos da vida; rir de si mesmo e ver-se de uma maneira sensata e razoável; divertir-se com os outros.

10

A Visão Mental

Usando a Visualização para Modificar os Sentimentos

Não podemos depender do nosso julgamento quando a nossa imaginação está fora de foco.

— MARK TWAIN

Feche os olhos por um minuto e deixe a sua mente andar sem destino... Sonhar acordado. É algo que todos fazemos quando deixamos a mente vagar em direção a outro lugar. Quando sonhamos acordados, podemos ver imagens na mente. Ver imagens internas também é chamado de visualização e, neste capítulo, vamos explorar o uso da visualização para controlar os sentimentos.

É claro que existe uma diferença entre sonhar acordado e visualizar. Enquanto você sonha acordado, ou devaneia, você deixa a mente vagar sem rumo. Você pode nem mesmo estar consciente do que está fazendo. Visualizar significa assumir deliberadamente o comando, decidir quais as imagens mentais que você quer ver. Você se torna o escritor, produtor e diretor do seu drama interior.

A visualização também pode envolver outros sentidos. Você pode ouvir sons, sentir o cheiro de aromas, tocar objetos e provar sabores enquanto vê as imagens na mente. Se você está imaginando uma praia, você pode tanto escutar quanto ver as ondas. Você pode ouvir gaivotas ou sentir a brisa suave do mar. Se você se abaixar e apanhar um punhado de areia, você sente a textura da areia enquanto deixa que ela escorra pelos seus dedos. Peixe ou hambúrgueres podem estar fritando em uma grelha próxima. Os aromas podem estimular as suas papilas gustativas.

Experimente a visualização. Visualize durante alguns minutos, de olhos fechados, uma cena agradável. Concentre-se nos detalhes. Enquanto fizer isso, veja, ouça, cheire, toque, prove, caso a sua imagem contenha detalhes que estimulem esses sentidos. Use o exemplo da praia ou escolha outro.

Pense agora na sua experiência. Ela foi fácil, difícil ou ficou entre os dois? Se você achou a experiência difícil, faça o "Exercício de Auto-Avaliação" que se segue. Ele o ajudará a praticar e avaliar as suas habilidades de visualização. Se a experiência foi relativamente fácil para você, ou seja, se você conseguiu ver, ouvir, tocar, provar ou cheirar a imagem com rapidez e nitidez, você talvez queira saltar o exercício e continuar a leitura para descobrir como pôr em prática as suas habilidades para controlar os sentimentos.

Exercício de Auto-Avaliação

Escala de Habilidade de Imagem Visual

Para começar a aprender a usar a visualização, leve alguns minutos avaliando a sua capacidade de visualizar. Na escala que se segue, avalie a sua capacidade de criar cada imagem visual. Trabalhe com um item de cada vez. Feche os olhos, respire profundamente algumas vezes para relaxar e crie a imagem de acordo com as instruções do item. Abra então os olhos e avalie, em uma escala de 1 a 5, a sua capacidade de formar cada imagem. Quando terminar a avaliação, some os pontos obtidos.

1. Incapaz de criar a imagem
2. A imagem não está nítida.
3. A imagem está um pouco nítida.
4. A imagem está razoavelmente nítida.
5. A imagem está bem nítida.

1. Pense em alguém próximo a você. Veja o rosto da pessoa. ______
2. Imagine a pessoa rindo. Veja a expressão no rosto dela. ______
3. Imagine-se na infância em uma das suas festas prediletas em família. ______
4. Veja-se dirigindo no meio de uma tempestade. ______
5. Imagine um lago. Veja o píer e os barcos no lago. ______
6. Veja-se realizando uma tarefa simples como lavando a louça, cortando a grama, tirando a neve com uma pá, fazendo *jogging* ou andando. ______
7. Imagine uma rua movimentada e observe o que está acontecendo. ______

Total: ______

Um total de 21 ou mais indica que, em média, as suas imagens são pelo menos um pouco nítidas. Se o seu total foi 20 ou menos, você talvez precise de um pouco mais de prática para criar imagens visuais.

As pessoas que têm dificuldade para visualizar imagens freqüentemente têm um outro sentindo bem desenvolvido. Se você acha difícil criar imagens visuais, faça outra tentativa com os itens acima, mas desta feita concentre-se no seu sentido mais forte. Por exemplo, se a audição for o seu forte, concentre-se em ouvir a pessoa rindo no item número 2. Se o tato for o seu sentido mais forte, permita-se experimentar a sensação de apertar a mão da pessoa ou tocá-la. O tato também envolve outras sensações físicas como calor e frio. Você pode experimentar uma sensação de calor quando pensa em alguém próximo a você. Você pode sentir a brisa fria quando pensa no lago do item número 5. À medida que for praticando o seu sentido mais forte, você pode pouco a pouco expandir a imagem e usar também os outros sentidos.

Se você tem problemas para visualizar imagens mentais, o exercício que se segue será útil. Mesmo que as suas imagens internas sejam vívidas, fazer os exercícios deste capítulo o ajudará a aprender a modificar as suas imagens para controlar os sentimentos.

Criando Imagens Visuais

"A sua realidade é aquilo que você vê."

— FLIP WILSON

No capítulo 1 você fez um "Exercício de Autodescoberta" criando imagens agradáveis e desagradáveis. Foi pedido a você que fechasse os olhos e visualizasse uma situação agradável do passado, observasse os seus sentimentos, trocasse a cena para um momento desagradável, reparasse nos seus sentimentos e finalmente voltasse à cena agradável. Você se lembra do exercício? Caso não lembre, passe alguns minutos revendo-o (página 31). Se necessário, faça-o novamente.

Pense nas seis perguntas seguintes a respeito da sua experiência. Talvez seja interessante você sublinhar ou marcar as suas respostas. Quando você criou a cena agradável:

1. Era um filme ou uma foto?
2. Era luminosa ou escura?
3. Era nítida ou nebulosa?
4. Era grande ou pequena?
5. Estava perto ou longe de você?
6. Você estava na foto ou se vendo nela?

Pense agora na cena desagradável. Responda às mesmas perguntas, uma vez mais marcando as respostas. Quando você criou a cena desagradável:

1. Era um filme ou uma foto?
2. Era luminosa ou escura?
3. Era nítida ou nebulosa?
4. Era grande ou pequena?
5. Estava perto ou longe de você?
6. Você estava na foto ou se vendo nela?

As suas respostas a essas perguntas lhe dão uma indicação de como você lida com experiências agradáveis e desagradáveis. Algumas pessoas, por exemplo, visualizam os eventos desagradáveis como fotos em primeiro plano, nítidas e grandes. Elas se vêem na imagem. Elas vêem as lembranças agradáveis da maneira oposta: escuras, desbotadas, pequenas e distantes. Se essa é a sua tendência, ou seja, ampliar as suas experiências desagradáveis e ver as agradáveis como pequenas, desbotadas e distantes, você vai gerar uma grande quantidade de sentimentos nocivos!

Existem todos os tipos de maneiras de modificar as imagens a fim de mudar os sentimentos. Algumas pessoas descobrem que se obscurecem a imagem luminosa de uma cena desagradável, os fortes sentimentos negativos diminuem. Outras percebem que "passar" uma lembrança desagradável a alta velocidade — para a frente ou para trás — produz mudanças. Outras ainda descobrem que fazer alguma coisa para tornar a imagem cômica traz alívio aos sentimentos desagradáveis. Ver um adversário vestindo uma roupa de palhaço, nu ou dando cambalhotas, pode fazê-lo rir. A imagem que você deve usar é aquela que funciona para você.

Agora que você descobriu como "ver" as coisas, faça o "Exercício de Auto-Descoberta" que se segue para aprender a modificar as imagens.

Exercício de Autodescoberta

Modificando as Imagens Visuais

Ao seguir os passos abaixo, você pode experimentar modificar as suas imagens e observar o efeito das mudanças nos seus sentimentos.

1. Crie uma cena agradável do seu passado. (Lembre-se de respirar profundamente algumas vezes para relaxar antes de iniciar a visualização.) A cena deve ser a mais detalhada possível.
2. Modifique a imagem de acordo com cada uma das sugestões a seguir e veja que mudança ou combinação de mudanças é mais eficaz para

você. O objetivo é aumentar a intensidade da experiência agradável e, conseqüentemente, os sentimentos agradáveis.

- Mude o modo da imagem. Por exemplo, se a sua imagem era uma foto, transforme-a em um filme.
- Mude a velocidade da imagem. Experimente observá-la em câmara lenta e depois acelerada. Se a sua imagem já for um filme, acelere-a e depois torne-a mais lenta.
- Mude a direção do filme. Veja a imagem como um filme e passe-a de trás para a frente, primeiro devagar e depois depressa.
- Mude a intensidade da imagem. Torne-a muito luminosa ou muito escura.
- Mude o foco da imagem. Torne-a muito nítida ou muito nebulosa.
- Mude o tamanho da imagem. Faça-a variar de grande para pequena, de pequena para grande.
- Mude a localização da imagem. Se ela estiver distante, aproxime-a e vice-versa.
- Mude a sua posição na imagem. Se você estiver na imagem, veja-se observando-se. Se você já estiver se observando, entre na imagem. Crie uma imagem desagradável. A cena deve ser a mais detalhada possível.

3. Crie uma imagem desagradável. A cena deve ser a mais detalhada possível.
4. Faça as experiências acima com a imagem desagradável. O objetivo é diminuir a intensidade dos sentimentos desagradáveis.

O que você descobriu? Que mudança exerceu o efeito mais profundo nos seus sentimentos? Ou foi uma combinação de mudanças que teve esse efeito? Que lembrança foi mais fácil mudar, a agradável ou a desagradável?

Algumas pessoas descobrem que uma mudança nas imagens internas negativas reduz automaticamente os sentimentos negativos. Outras notam que uma mudança na conversa que têm consigo mesmas, na qual convertem as convicções irracionais em racionais, funciona melhor para elas. Outras ainda descobrem que conseguem um impacto mais forte nos sentimentos quando combinam a visualização à conversa consigo mesmas.

A Visualização e a Conversa Consigo Mesmo

Quando você visualizar uma imagem, preste atenção ao que está dizendo para si mesmo. Além disso, repare no volume da conversa, ou seja, se você "ouve" a si mesmo com baixa intensidade, aumente o volume para receber o impacto total do que você está dizendo. Se ele estiver muito "alto", e você não conseguir se concentrar na imagem, abaixe-o para um nível confortável. O objetivo é magnificar a conversa positiva com você mesmo e minimizar a negativa, acabando por eliminá-la. Você pode fazer isso ajustando o seu "controle de volume" interno.

Pratique a visualização e controle a conversa consigo mesmo. Visualize uma cena desagradável do passado e preste atenção à conversa que tem consigo mesmo. Experimente ajustar o volume dessa conversa. Faça o mesmo com uma cena agradável. Talvez seja interessante você experimentar várias cenas agradáveis e desagradáveis para praticar este procedimento.

Muito bem, você está começando a compreender o valor da visualização na modificação dos seus sentimentos. Você praticou um pouco o procedimento. Prossiga com a leitura para descobrir outras maneiras de usar essa técnica.

Maneiras de Usar a Visualização

A visualização pode ser usada para ajudá-lo a fazer escolhas em vários aspectos da vida. As escolhas que você fará determinarão os seus sentimentos. Seguem-se várias maneiras de usar a visualização. Verifique quais as que você pode usar para enriquecer sua vida.

Examinando as Conseqüências das Convicções Irracionais e Racionais. Este procedimento envolve imaginar as piores conseqüências possíveis da sua convicção irracional. Não deixe nenhuma possibilidade de fora. Inclua as menos prováveis; afinal de contas, elas poderiam acontecer. O procedimento é o seguinte:

- Pense em todas as conseqüências negativas de continuar a nutrir a sua convicção irracional. Veja-se efetivamente sofrendo as conseqüências. Ouça o que você está dizendo para si mesmo e o que os outros estão dizendo para você. Imagine a sua aparência e a das outras pessoas.
- Após mais ou menos um minuto, pare a imagem. Repita-a então integralmente mais duas vezes.
- Organize três períodos por dia para fazer o procedimento, repetindo a imagem inteira três vezes em cada sessão. Não se apresse; tenha calma e experimente de fato as conseqüências. Preste bastante atenção aos seus sentimentos. Cada sessão do procedimento dura cerca de dez minutos.

No segundo capítulo, você conheceu Mike, que foi despedido da loja de computadores. Ele estava morrendo de medo de nunca mais conseguir um emprego tão bom quanto o que perdera. Mike usou a visualização para imaginar o pior.

> Se eu continuar a acreditar que não vou conseguir outro emprego, vou acabar nas longas filas de desemprego. (Ele se viu no final de uma fila que dava a volta em uma esquina.) Depois de algum tempo, serei obrigado a aceitar qualquer emprego. Irei trabalhar em uma função subalterna com pessoas com as quais não vou conseguir me relacionar. (Mike se viu trabalhando em um caminhão de lixo com pessoas que falavam outro idioma.) No final, serei um sem-teto, ficarei pelas ruas, procurando algo para comer e um lugar para dormir à noite. Terei de dormir muitas noites ao relento e vou morrer de frio no inverno. Vou me afundar cada vez mais no desespero. (Mike se viu jogado na calçada, coberto com jornais, tremendo, de cabeça baixa, o rosto contraído. Ele notou que todo mundo que passava se esforçava para não tomar conhecimento dele. Ele se ouviu gemendo.)

Depois de examinar as conseqüências negativas durante uma semana, para poder compreender plenamente o efeito da sua perspectiva negativa, mude o enfoque e passe a examinar as conseqüências positivas de escolher uma convicção nova e racional.

- Crie e experimente uma só vez a sua imagem negativa. A seguir, assuma o comando e grite interiormente "Fora!" ou "Pare!"
- Substitua imediatamente a sua convicção irracional por uma racional. Recrie a cena usando a convicção racional. Imagine todas as coisas positivas que podem acontecer. Veja-se lidando com qualquer problema que possa surgir.
- Preste atenção aos novos sentimentos enquanto cria uma imagem com a nova convicção racional. Repita o procedimento: crie a imagem negativa, expulse-a com um grito, substitua a convicção irracional pela racional, recrie a cena com a nova convicção. Organize três sessões por dia e repita três vezes o procedimento em cada uma. Cada sessão requer mais ou menos dez minutos.

Eis como Mike criou sua imagem positiva:

Se eu chegar à conclusão de que a situação é lamentável, mas não terrível, serei determinado e tentarei marcar entrevistas. Ficarei concentrado nos meus pontos positivos. (Ele se viu no escritório de um entrevistador, fazendo gestos positivos. Ele se ouviu descrevendo com confiança as suas capacitações para a pessoa que o estava entrevistando.) Se o entrevistador trouxer à baila o motivo da minha demissão, eu a admitirei, reconhecendo os meus erros e salientando o que aprendi e como vou agir no novo emprego. (Mike se viu tranqüilamente explicando a situação. Ele ouviu o seu tom de voz calmo e não defensivo.) Se a minha proposta não for aceita, aprenderei com a experiência e continuarei a procurar. (Ele se viu educadamente aceitando a recusa e agradecendo à pessoa que o entrevistara pelo tempo que dedicara a ele.) Se eu tiver de continuar desempregado, aceitarei o fato e seguirei em frente. Acabarei por conseguir um novo emprego, do qual me orgulharei. Trabalharei arduamente e apreciarei o meu esforço. Serei um motivo de orgulho para a empresa.

(Na última imagem, Mike se vê sorrindo e trabalhando em um computador.)

A conversa positiva de Mike consigo mesmo e as suas visualizações não garantem que ele vá conseguir um emprego tão bom ou melhor do que o que tinha antes. Mas a sua atitude positiva certamente aumentará as suas chances.

Criando a Fantasia do Êxito. Esta é uma extensão do exame positivo das conseqüências acima discutidas. Na fantasia do êxito, você segue os seguintes passos:

- Imagine todas as conseqüências possíveis, positivas e negativas, que podem acontecer em um evento futuro esperado.
- Veja e ouça a si mesmo e os outros.
- Veja-se tanto obtendo êxito quanto fracassando. Quando falhar, veja-se aceitando com facilidade as conseqüências, sentindo-se desapontado mas não arrasado.

Tony e o irmão, Dick, iam se reunir para decidir o que fazer a respeito do seu pai, que eles desconfiavam estar com mal de Alzheimer. Tony e Dick raramente concordavam em alguma coisa e Tony estava esperando um conflito na decisão de como lidar com a situação do pai.

Tony tinha gênio explosivo e Dick conseguia enfurecê-lo com facilidade. Mas Tony sabia que a sua raiva atrapalharia a resolução que tinham de tomar. Decidiu então praticar o relaxamento e a visualização antes de ir ao encontro do irmão. Passou algum tempo ensaiando suas ações, visualizando o provável comportamento de Dick e vendo-se calmo e concentrado no assunto em questão. Ele se visualizou chegando a um acordo com o irmão. Também visualizou um impasse e como se sentiria se isso acontecesse. Ele estava agora preparado para conversar com o irmão.

Embora o encontro não tenha transcorrido sem conflitos, Tony permaneceu firme na sua decisão. Ele se manteve calmo e racional durante a maior parte da reunião. As sementes da cooperação foram plantadas.

Aumentando o Otimismo. As pessoas otimistas têm mais alegria de viver. Elas esperam o melhor e freqüentemente obtêm o que desejam. Quando isso não acontece, elas se recuperam mais depressa do que as pessimistas. Por quê? Porque estão convencidas de que o melhor vai acontecer; os desapontamentos são contratempos sem muita importância.

Os pessimistas, por outro lado, com freqüência passam pelas experiências desagradáveis que esperam. Eles freqüentemente ficam surpresos e desconfiados quando as suas expectativas negativas não se concretizam. Eles podem "estragar o efeito" dos resultados positivos: "Tudo bem, deu certo desta vez, mas..."

O otimistas tendem a saudar o dia com entusiasmo. Eles conseguem acordar com mais facilidade do que os pessimistas. As suas imagens são de entusiasmo e expectativa positiva. Isso não quer dizer que não existam dias em que eles prefeririam não sair da cama, mas basicamente as suas expectativas são bem mais estimulantes e positivas do que as dos pessimistas.

O padrão de pensamento dos otimistas é diferente do dos pessimistas. Os otimistas visualizam as experiências agradáveis como intensas e as negativas como esmaecidas e distantes. Os pessimistas fazem exatamente o oposto. Os otimistas se concentram no que está certo em alguma coisa e os pessimistas, no que está errado. Os otimistas descartam as imagens e os pensamentos negativos mais rapidamente do que os pessimistas, que tendem a se fixar neles. Os otimistas adotam a seguinte filosofia: "Prefiro ser um otimista que de vez em quando erra a um pessimista que está sempre certo!"

Existem várias maneiras de você usar a visualização para aumentar o seu otimismo:

- Antes de dormir, visualize as experiências positivas que você poderá ter no dia seguinte. Concebe-as grandes, brilhantes e animadas. Diga a si mesmo coisas positivas a respeito do que você vai fazer.
- Saúde o novo dia dando continuidade à visualização da noite anterior.
- Passe algum tempo visualizando experiências agradáveis do passado. Figure as suas imagens vívidas. Concentre-se em uma lembrança predileta.
- Se você perceber que está se envolvendo com idéias negativas, volte para a recordação favorita. Experimente os bons sentimentos e dê seguimento ao que você precisa fazer.
- Quando se apanhar pensando no que pode dar errado, visualize e pense a respeito do que pode dar certo.

Lembre-se de que os sentimentos resultam de onde você escolhe colocar o seu foco, ou seja, nos aspectos positivos da vida ou nos negativos. Você determina o seu foco controlando as suas imagens. Aquilo que você escolhe ver, ouvir ou sentir de perto e com clareza é o que vai comandar o seu foco.

Aumentando a Motivação. Como você lida com uma tarefa desagradável? Você abomina o fato de ter de executá-la ou fica encantado com a idéia de que depois de fazê-la ela estará concluída? É óbvio que abominar uma coisa e ficar encantado com ela produzem sentimentos diferentes. Aqueles que detestam a tarefa pressupõem que precisam se sentir infelizes durante a execução da mesma. Eles podem usar esses sentimentos para procrastinar, o que faz com que se sintam ainda pior. A procrastinação pode provocar a ansiedade quando o prazo final se aproxima. A ansiedade pode motivá-los a se pôr em ação. É verdade que eles podem concluir a tarefa, mas pense em como se sentem angustiados enquanto ela não termina!

Tomemos o caso de Jenny:

> Jenny detestava os longos trabalhos escolares. Ela os adiava até poucos dias antes do prazo de entrega. Ficava muito ansiosa, não dormia direito, comia demais e se tornava insuportável. Ela acabava fazendo os trabalhos e geralmente obtinha boas notas. Mas odiava cada minuto do processo.

Jenny causava muitos problemas a si mesma. Ela escolhia concentrar-se em um comportamento escapista em vez de fazer um planejamento para executar a tarefa.

Ao contrário de Jenny, existem pessoas como Kim, que se concentram mais na "luz no fim do túnel". Elas também têm de executar a tarefa, mas adotam uma postura diferente diante da situação. O foco delas é em como vão se sentir bem quando concluírem a incumbência. Algumas acham proveitoso desmembrar a tarefa em pequenas partes e se sentir bem após completar cada uma.

> Kim tampouco adorava os longos trabalhos escolares. Mas a atitude dela era diferente. Ela estabelecia prazos finais para cada parte da tarefa bem anteriores ao dia da entrega do trabalho. Ela permanecia motivada visualizando como se sentiria bem quando terminasse o trabalho. Ela também se recompensava ao concluir cada parte da tarefa.

A atitude de Kim minimizava a sua dor e maximizava o seu prazer. As suas visualizações a mantinham motivada.

Quando você tiver que executar uma tarefa desagradável, pense em uma maneira de realizá-la sem sentimentos negativos. Visualize-se concluindo a tarefa e vibrando com sentimentos positivos. Se você conceber uma imagem vívida, poderá transportar esses sentimentos da fantasia para a execução efetiva da tarefa.

Outra maneira de se motivar durante a visualização é alterar o tamanho da imagem. Você pode odiar a tarefa porque a imagina do tamanho de uma montanha. Se você experimentar tornar a imagem pequena, você talvez se sinta mais relaxado e capaz de começar.

Vamos agora dar uma olhada em outro aspecto da visualização: a ancoragem. No terceiro capítulo, você viu que relembrar os êxitos do passado é um recurso para lidar com as dificuldades atuais. A ancoragem é uma extensão dessa técnica.

Desenvolvendo Âncoras de Sentimento

O processo de ancoragem envolve criar a imagem de uma experiência passada que contenha um sentimento que estará disponível quando você enfrentar situações perturbadoras no momento atual e depois desenvolver um "sinal" físico para evocar a imagem. O procedimento segue a seguinte seqüência:

- Pense em um sentimento que você gostaria de ter "de plantão", como, por exemplo, a autoconfiança.
- Visualize uma ocasião na qual você tenha se sentido extremamente confiante. Imagine nitidamente a cena. Veja o seu rosto, a postura do seu corpo, observe como você estava respirando, o seu tom de voz e as palavras que estava dizendo na cena. Repare no que você estava dizendo para si mesmo. Se os seus outros sentidos, o olfato, o tato ou o paladar, também estavam envolvidos na situação, preste atenção a eles.
- Quando você estiver totalmente em contato com a cena, assuma a postura corporal que você exibia na ocasião. Adote a mesma expressão facial. Reproduza as palavras que você estava dizendo para si mesmo. Pronuncie-as em voz alta.
- No momento em que a experiência estiver no auge da intensidade, junte o polegar ao dedo médio, ou toque o

> dorso da mão ou a parte de trás do braço. Este é o "sinal-âncora". O objetivo é desenvolver um sinal que evoque o sentimento quando você quiser que isso aconteça. Quando a sua âncora estiver firmemente estabelecida, você deverá sentir a emoção quando usar o sinal. Você talvez tenha de praticar o procedimento várias vezes a fim de estabelecer uma âncora firme.

A ancoragem pode ser usada para controlar uma variedade de sentimentos perturbadores. Tomemos o caso de Diane que aprendeu a usar a ancoragem para lidar com a irritação.

> Diane freqüentemente ficava zangada com o pai por causa da freqüente depressão dele. Fazia um ano e meio que sua mãe tinha morrido e o pai se recusava a dar seguimento à própria vida. A paciência de Diane estava chegando ao fim.
>
> Ela notou que sua irmã Carol conseguia lidar melhor com o pai. Então perguntou à irmã como ela conseguia ter aquela atitude. Carol admitiu o seguinte:
>
> — Às vezes eu também fico aborrecida, mas li um livro de auto-ajuda e aprendi uma técnica chamada ancoragem.
>
> — O que é isso? — Diane quis saber.
>
> Carol explicou a ela o procedimento.
>
> A idéia deixou Diane curiosa. Ela pegou o livro e estudou a técnica da ancoragem. Ela começou a treinar, concentrando-se em uma cena tranqüila e a seguir ancorando-a, e se tornou capaz de evocar sentimentos calmos quando usava a âncora. Ela teve várias oportunidades de praticar quando o pai se queixava da vida solitária que levava. À medida que sua capacidade de permanecer calma foi aumentando, ela foi capaz de manter um diálogo mais produtivo com o pai, estimulando-o a participar de atividades com outras pessoas.

A ancoragem é uma técnica simples, direta e eficaz. Recomendamos com insistência que você a experimente. Use os passos acima, desenvolva a sua âncora de sentimento e ponha-a em prática nas situações importantes.

Anthony Robbins, magnífico motivador e autor de *Unlimited Power* (Poder Ilimitado) e *Awaken the Giant Within* (Desperte o Gigante Interior), sugere que as pessoas "empilhem" experiências positivas para reforçar o sentimento que querem ancorar. "Empilhar" envolve relembrar várias experiências semelhantes que envolvam o mesmo sentimento e usar o sinal-âncora.

Se você tem dificuldade para relembrar uma experiência real que envolva o sentimento com o qual você quer trabalhar, invente uma. Por exemplo, imagine como seria sentir-se extremamente confiante. Preste atenção ao seu estado físico: a postura, as expressões faciais, a respiração e o tom de voz.

Você pode desenvolver várias âncoras para diferentes sentimentos que você deseja que estejam disponíveis na hora que você quiser. Se você desejar ficar calmo na presença de situações de ansiedade ou capazes de provocar a raiva, visualize uma ocasião em que você tenha se sentido muito calmo. No auge da experiência, ancore o sentimento usando um sinal físico. "Empilhe" experiências calmantes e ancore-as.

Desenvolva sinais de toque especiais para cada sentimento que você quiser ter à mão. Dessa maneira, um sinal específico evocará uma emoção particular.

O ideal é que as suas âncoras sejam ações que você não pratica todo dia. Se você costuma habitualmente juntar o polegar ao dedo médio, não faça desse gesto uma âncora. Cada sinal de toque deve ser único para que você possa usá-lo para evocar um sentimento específico quando precisar dele.

Experimente o "empilhamento" e desenvolva diferentes âncoras para sentimentos distintos. Continue então a ler para aprender de que maneira as experiências externas podem ancorar certos sentimentos.

Reconhecendo as Ações Externas. Até aqui falamos sobre a ancoragem deliberada a um sentimento desejado. Mas as pessoas também têm âncoras externas, ou seja, elas reagem a uma certa situação de uma maneira particular e sistemática. A situação pode ser uma cena, um olhar, um tom de voz, determinadas palavras, um cheiro, um sabor ou um toque — qualquer experiência que possa estar relacionada com sentimentos. Suponha, por exemplo, que o perfume de rosas lhe transmita uma sensação de paz e tranqüilidade. Se você pensar a respeito do assunto, você talvez seja capaz de descobrir a lembrança relacionada com esse aroma. Talvez boas coisas tenham lhe acontecido em um jardim de rosas quando você era criança. Você poderia criar hoje um sentimento de paz e tranqüilidade imaginando o perfume de rosas.

Você também pode estar ancorado a sentimentos negativos. Suponha que um certo olhar ou tom de voz costume despertar em você sentimentos desagradáveis. Procurando na memória, talvez você encontre um evento negativo associado a esse olhar ou tom de voz. Neste caso, você deverá contrapor a esta âncora uma âncora positiva.

Os escritores Richard Bandler e John Grinder, criadores da "Programação Neurolingüística", oferecem uma maneira de neutralizar as âncoras negativas. No livro de autoria de ambos, *Frogs into Princes* (Sapos em Príncipes), Bandler e Grinder discutem como uma recordação pode ser alterada para produzir diferentes sentimentos quando uma âncora negativa é encontrada. O processo funciona da seguinte maneira:

- Pense em um recurso ou habilidade que você gostaria de ter tido em uma situação passada. O recurso pode ser qualquer coisa positiva para neutralizar o impacto negativo do evento: mais ousadia, mais autoconfiança. Escolha um recurso que você talvez não tivesse na época mas que possui hoje e que poderia ter modificado o resultado do evento.
- Visualize a recordação. Desta feita, imagine na cena que você possui o recurso. Conceba-a bem nítida. Veja-se usando o recurso e observe quaisquer mudanças nos seus sentimentos. Com a prática, você terá uma nova

escolha quando encontrar a âncora externa que desencadear esta lembrança.

Suponha que a sua reação a um tom acusador seja o sentimento de culpa. Mesmo que você não tenha feito nada errado, você automaticamente se sente culpado quando alguém usa esse tom de voz característico. Você se lembra de que o seu pai constantemente o considerava culpado do comportamento do seu irmão. Ele achava que, como você era mais velho, era responsável quando você e seu irmão estavam juntos. Você gostaria de ter sido mais firme e enfrentado o seu pai. O seu comportamento se tornou mais decidido na idade adulta. Você hoje consegue enfrentar muito bem as pessoas que tentam impor a vontade delas e obrigá-lo a fazer o que você não quer. Mas você ainda se sente culpado quando alguém usa um tom acusador. Esse tom faz com que você se lembre do seu pai. Visualize uma ocasião em que seu pai o tenha acusado. Veja-se sendo mais firme e observe as mudanças nos seus sentimentos.

Você pode escolher sentir-se culpado ou experimentar sentimentos mais positivos usando o seu recurso de firmeza para responder. Você pode praticar usando uma circunstância semelhante como âncora. Nesta abordagem, você pensa em uma situação atual que envolva um olhar ou tom de voz acusador e os sentimentos de culpa resultantes. Mas desta feita faça do próprio olhar ou tom de voz a âncora que evoca o recurso. Crie várias cenas a partir das suas experiências atuais que contenham a âncora negativa externa e exercite-se respondendo com o seu recurso. Você agora transformou uma âncora negativa em positiva! Siga os passos acima para experimentar você mesmo o procedimento.

Outra maneira de neutralizar uma âncora negativa externa é recordar uma lembrança forte e agradável que contenha intensos sentimentos positivos. Faça do evento negativo externo a âncora para evocar essa lembrança agradável. Pratique evocando essa memória quando a âncora externa ocorrer. Para que isso funcione, a lembrança agradável precisa ser mais forte do que a recordação negativa que desencadeia os sentimentos negativos.

Alguns exemplos de imagens ou memórias agradáveis podem envolver uma ocasião em que você tenha experimentado um ou vários sentimentos positivos, tendo se sentido por exemplo calmo e relaxado, amado e valorizado, feliz, confiante, corajoso, bem-sucedido, não influenciável, fortalecido.

Faça a experiência usando uma intensa recordação positiva como âncora. Visualize a memória e ancore-a. A seguir, visualize uma situação desagradável na sua vida atual. Use a âncora e fique atento a qualquer mudança nos seus sentimentos.

A ancoragem é uma forma extremamente poderosa e rápida de modificar os sentimentos. Como no caso das outras técnicas deste livro, é preciso praticar para fazer com que ela funcione para você.

Aplique a Fórmula AEP

A — *Aceite* a si mesmo e aos seus sentimentos. Eleja um sentimento que você gostaria de mudar. Visualize uma cena que contenha o sentimento. Crie todos os detalhes da cena. Veja intensamente o que você vê e ouça claramente o que você ouve. Outros sentidos também estão envolvidos? Permaneça com a cena até experimentar plenamente os sentimentos que você quer mudar.

Enquanto você experimenta o sentimento, diga a si mesmo algo como: "Eu me aceito com este sentimento". Veja-se como digno de aceitação. Faça isso muitas vezes até sentir que é digno de ser aceito. Você talvez tenha que aumentar o seu volume interior para se fazer ouvir. Permaneça durante algum tempo com os sentimentos de aceitação. A seguir avance para o procedimento de escolha.

E — *Escolha* novos propósitos, convicções e sentimentos. Consulte a tabela do Apêndice B para identificar com mais facilidade a finalidade dos seus sentimentos. Talvez, por exemplo, você tenha dito algo inapropriado em uma reunião ou festa e esteja se sentindo bastante sem jeito. A tabela diz que a finalidade de ficar envergonhados quando fazemos algo que nos desagrada é escapar da situação difícil. Às vezes, no entanto, mesmo quando os outros nos desculpam, nós não nos permitimos escapar da situação! Se você se perdoar pelo erro, provavelmente ficará aliviado, de modo que o seu novo propósito poderia ser perdoar a si mesmo.

A fim de avançar do constrangimento para o perdão, você provavelmente precisará examinar a sua convicção irracional a respeito da situação. Você pode usar a visualização para descobrir o que você está dizendo aos seus botões. Recrie a sua cena. Concentre-se no que está acontecendo e no que você está dizendo a si mesmo. No exemplo em que você fica sem graça, você pode estar dizendo algo como: "Eu disse aquilo. Que horror. Não sei como fui fazer isso. Não suporto cometer esse tipo de erro idiota. Que vergonha! Eles devem estar pensando que eu sou um completo idiota!" Esse tipo de conversa consigo mesmo certamente faria você se sentir envergonhado, talvez até zangado consigo mesmo e quem sabe um pouco deprimido.

Dê uma olhada na sua conversa consigo mesmo. De que maneira você está fazendo exigências, dizendo que não consegue suportar a situação, se queixando e culpando? Depois de descobrir o que você está dizendo, ponha tudo no papel. A seguir, escreva uma convicção mais racional, algo como: "Tudo bem, então eu falo asneiras de vez quando, e daí? Com certeza eu não sou a única pessoa no mundo que faz isso. Foi um comentário inadequado, mas não terrível, e eles vão sobreviver a ele e eu também. Eles podem pensar coisas ruins a meu respeito por causa disso. Isso é desagradável, mas eu consigo suportar bem a situação". A seguir, feche os olhos e visualize novamente a cena. Desta feita, concentre-se em repetir para si mesmo a nova convicção. Aumente o volume se quiser. Veja-se aceitando a nova convicção. Fique atento a quaisquer mudanças nos seus sentimentos. A situação pode não mudar; você ainda terá feito o mesmo comentário e as pessoas na reunião podem estar com a mesma expressão chocada no rosto. Mas se você realmente acreditar na nova conversa que está tendo consigo mesmo, os seus sentimentos se modificarão. Você também pode decidir reestruturar o acontecimento. Pergunte a si mesmo: "O que eu posso aprender a partir desta experiência?"

No exemplo do constrangimento, você poderia tomar a decisão de se mostrar firmemente determinado a evitar esse tipo de situação embaraçosa no futuro fazendo uma pausa para pensar nos efeitos que um comentário poderia ter. Outra maneira de dizer isso é: "Pense antes de falar!" A prudência poderá poupar-lhe alguns momentos embaraçosos.

P — *Ponha* em prática as novas escolhas. Faça planos para implementar a sua convicção racional ou fazer a reestruturação. Você poderia criar uma fantasia futura na qual você se coloca mentalmente em uma situação semelhante. No caso do constrangimento, por exemplo, você se veria fazendo uma pausa enquanto decide se faz ou não o comentário. Se você optar por fazê-lo, e o comentário não for bem aceito, repita a convicção racional.

Pratique as técnicas de visualização descritas neste capítulo e combine-as com as convicções racionais, as reestruturações e a conversa positiva consigo mesmo. Você descobrirá que os efeitos cumulativos lhe darão um poder de escolha emocional muito maior.

Itens Principais: Capítulo 10

1. A visualização é uma poderosa ferramenta que o ajuda a usar a imaginação para mudar. Você se torna o autor, produtor e diretor do seu drama interior.
2. Você pode modificar as suas imagens visuais para aumentar a intensidade das suas experiências agradáveis e diminuir as desagradáveis. A intensidade das imagens afeta os seus sentimentos. Você pode, por exemplo, modificar os seus sentimentos concebendo uma imagem mental muito nítida ou bastante esmaecida. Uma imagem vívida pode in-

tensificar os sentimentos, ao passo que uma imagem esmaecida pode diminuir a intensidade deles.

3. A visualização pode ser combinada à conversa consigo mesmo. Enquanto você visualiza, observe o que você está dizendo para si mesmo. Repare também no volume da conversa. Experimente ajustar o "controle de volume" interior para ver que efeito essa mudança exerce sobre as suas emoções.
4. Você pode usar a visualização para examinar as conseqüências de ter convicções irracionais e racionais.
5. Você pode criar uma "fantasia de êxito" na qual você se imagina sendo bem-sucedido em uma tarefa que você considera difícil. Visualize-se lidando com a questão e aceitando o sucesso, ou falhando e ficando desapontado, mas não arrasado.
6. Você pode aumentar o seu otimismo visualizando o que pode dar certo em vez de o que pode dar errado.
7. Quando se vir diante de uma tarefa desagradável, você pode escolher entre detestar ter de executá-la e sentir-se infeliz, e ficar encantando com o fato de que depois que puser mãos à obra ela estará terminada. A visualização pode ajudá-lo a desenvolver a motivação necessária para que você execute a tarefa. Por meio desta técnica, você se concentra em como irá se sentir ao terminá-la.
8. Outro aspecto da visualização é a ancoragem. Este procedimento envolve criar a imagem de uma experiência passada positiva e ter os sentimentos disponíveis quando você enfrenta situações que o perturbam. Através do procedimento da ancoragem, você desenvolve um sinal físico, ou "âncora", para evocar a imagem positiva.
9. Também temos âncoras externas, ou seja, reagimos a uma determinada situação de uma maneira particular e sistemática. A âncora externa que desencadeia o sentimento pode ser uma cena, um olhar, um tom de voz, determinadas palavras, um aroma, um cheiro ou um toque — qualquer experiência que possa ser relacionada aos sentimentos. Você pode usar a visualização para alterar a sua reação à âncora externa.

11

Contando a Coisa Como Ela É

Comunicando os Sentimentos

Em qualquer conversa, o primeiro a respirar é declarado o ouvinte.

— MARK TWAIN

Sempre que Paula tentava compartilhar seus sentimentos com Jack, ele olhava para o chão e fazia um comentário como: "Bem, tenho certeza de que tudo vai ficar bem". Paula ficava desanimada e magoada. Ela tinha a impressão de que Jack não se importava com ela.

Se você já teve uma experiência desse tipo, sabe que comunicar sentimentos pode ser difícil. Muitas pessoas acham ameaçador lidar com os sentimentos de outra pessoa. Elas não aprenderam a lidar com os sentimentos. Além disso, muitas pessoas não gostam de ouvir os problemas dos outros. Elas querem que as coisas transcorram com suavidade. Pense no seguinte: quando as pessoas perguntam — Como vai você? — elas realmente esperam que você diga a elas a verdade?

As pessoas que não se sentem à vontade com os sentimentos dos outros freqüentemente também não se sentem bem com os delas. Os sentimentos, sejam seus ou de outra pessoa, põem em risco a harmonia. No entanto, a tranqüilidade permanente na vida é muito rara, não é verdade?

É claro que o mal-estar não está restrito aos sentimentos desagradáveis. Algumas pessoas tampouco conseguem lidar com muita animação. Uma pessoa feliz e exuberante pode perturbar o equilíbrio tanto quanto alguém que esteja zangado, ansioso ou triste.

Neste capítulo, vamos discutir a comunicação dos sentimentos a partir dos dois lados, ou seja, do de quem fala e do de quem ouve. Quando você tem sentimentos importantes a compartilhar com outra pessoa, você deseja fazer isso de uma maneira eficaz, de um jeito que cumpra sua finalidade e, segundo você espera, melhore o relacionamento. Por outro lado, é igualmente importante ser capaz de ouvir e compreender os sentimentos da outra pessoa quando ela tem algo a dizer a você.

Existem muitas teorias e técnicas voltadas para a comunicação nos relacionamentos. As habilidades que vamos discutir, ou seja, as mensagens que começam por "eu" e o ouvir refletido, são duas das mais amplamente reconhecidas e altamente consideradas. Elas podem ser usadas para expressar ou escutar qualquer sentimento. As sugestões que faremos para que você formule a sua comunicação podem parecer estranhas à primeira vista, quase como se você estivesse aprendendo um novo idioma. Aprender a usar mensagens começadas por eu e respostas de ouvir refletido pode ser comparado a aprender qualquer nova habilidade. Você se lembra de quando aprendeu a dirigir? No início não era natural, para não dizer que era assustador. No entanto, com a prática, tornou-se a sua segunda natureza. Analogamente, à medida que você for "aprendendo a linguagem" da comunicação dos sentimentos, você se sentirá mais à vontade ao falar do jeito que sugerimos. Além disso, você descobrirá o seu estilo pessoal de compartilhar e ouvir sentimentos.

Expressando os Sentimentos nos Relacionamentos

Uma das coisas mais embaraçosas a respeito de compartilhar sentimentos fortes com outra pessoa é começar.

Quando você quer expressar os seus sentimentos, você primeiro precisa obter a atenção da outra pessoa envolvida. Você precisa escolher uma hora e lugar em que a pessoa realmente queira ouvir o que você está sentindo. A seguir, você necessita de uma maneira eficaz de transmitir a sua mensagem. Esses fatores são especialmente importantes quando a outra pessoa contribuiu para o modo como você está se sentindo, como no caso da raiva em um relacionamento.

Para começar, você poderia dizer algo assim:

- Eu gostaria de falar com você a respeito de... Este é um momento apropriado?
- Estou com um problema; será que eu poderia dividi-lo com você?
- Tem uma coisa me incomodando. Posso conversar com você a respeito?
- Preciso da sua ajuda em...
- Estou realmente me sentindo (magoado, assustado, zangado, triste, preocupado, animado).

Compreenda que quando você compartilha os seus sentimentos, muitas pessoas vão querer ajudá-lo a se "sentir melhor" ou lhe dar alguns "conselhos". Se isso é aceitável para você, ótimo. Caso contrário, se você deseja apenas desabafar, declare o que você quer:

— Na verdade eu gostaria que você ouvisse os meus sentimentos. Não estou procurando nem conselhos, nem conforto, só a chance de desabafar; tudo bem para você?

Se depois a pessoa começar a querer confortá-lo ou lhe dar conselhos, lembre delicadamente a ela o que você quer:

— Eu realmente gostaria de falar mais a respeito do que estou sentindo.

Em outras palavras, você provavelmente vai ter de treinar os outros para que ouçam os seu sentimentos. Poucos de nós recebemos esse tipo de educação na infância e na adolescência.

Muito bem, agora que você tem a atenção da outra pessoa, você está pronto para seguir adiante em direção às coisas importantes. O caminho à sua frente está repleto de "perigos" que podem interferir na comunicação eficaz! Vamos supor que você deseje compartilhar seus sentimentos a respeito de um comportamento que você considera incômodo; vamos começar com o que você não deve fazer. Algumas maneiras de expressar os sentimentos não são proveitosas porque deliberadamente ameaçam as pessoas. Entre as abordagens ineficazes, uma das mais comuns se chama "mensagem-você".

Mensagens-Você: Maneiras Ineficazes de Expressar os Sentimentos

As mensagens-você atacam e acusam a outra pessoa pelos seus sentimentos.

— Você me deixa furioso!

— A culpa é sua por eu estar deprimido.

— Você magoa os meus sentimentos.

— Você está me deixando estressado.

Essas mensagens preparam o terreno para o contra-ataque. A pessoa que está na extremidade receptora da sua mensagem freqüentemente se coloca na defensiva; ela não escuta realmente os seus sentimentos.

Uma mensagem-você pode ser uma verdadeira afronta.

— Qual é o seu problema? Você está tentando deliberadamente me deixar louco? Eu já falei milhares de vezes que...

As mensagens-você acusam, censuram, ridicularizam e julgam.

Quando você envia uma mensagem-você, você atribui a responsabilidade dos seus sentimentos a uma outra pessoa. É como se você dissesse: "Se não fosse por você, eu não estaria me sentindo desta maneira".

Embora possa ser verdade que a outra pessoa seja um estímulo para que você se sinta de uma determinada maneira, mesmo assim os seus sentimentos são uma escolha sua.

As mensagens-você contêm ou têm implícita a palavra "você":

— Você me fez pagar um mico.

— Você não reconhece o que eu faço por você.

— Me deixa em paz!

— Dá um tempo.

— Ninguém liga para o que eu sinto. (Adivinhe quem é "ninguém"!)

Você sabe como é estar na extremidade receptora dessas mensagens.

Muito bem, já mostramos o que você não deve fazer. Agora vamos em frente e ver o que você deve fazer: usar "mensagens-eu". Trata-se de um estilo no qual você transmite o que quer dizer sem acusar ou atacar a outra pessoa.

Mensagens-Eu: Maneiras Eficazes de Expressar os Sentimentos

As mensagens-eu são mensagens que assumem a responsabilidade. Elas não atacam, censuram, ridicularizam nem criticam; elas simplesmente comunicam o que você está sentindo:

— Fico magoado quando falam comigo dessa maneira. Tenho a impressão de que os meus sentimentos não são importantes.

— Fico estressado quando sou pressionado. Não consigo acompanhar a sua programação e acho que você espera que eu consiga.

— Estou realmente ansioso e inquieto porque os convidados estão para chegar e estou com medo de que as coisas não fiquem prontas a tempo. Não gosto de ter de pedir várias vezes a mesma coisa.

Compare essas mensagens com:

— Não fale comigo desse jeito!

— Pare de me pressionar!

— Quantas vezes vou ter que...

Você consegue perceber a diferença? Você não se sentiria mais inclinado a cooperar se alguém lhe dissesse: "Fico magoado quando falam comigo dessa maneira" em vez de "Não fale comigo desse jeito"?

Não nos interprete mal. Não estamos insinuando que as mensagens-eu são sempre fáceis de aceitar. Se você contribuiu para o mal-estar da outra pessoa, você sentirá a censura contida em uma mensagem-eu. O que estamos dizendo é que existe uma diferença. Quando você envia uma mensagem-eu, você está demonstrando respeito tanto pela outra pessoa quanto por você. Você comunica a intenção de estimular a cooperação, e não a rebeldia ou o consentimento.

As mensagens-eu equivalem a fazer com que a outra pessoa saiba que está afetando você, quer você esteja se sentindo bem ou achando que ela o está ofendendo por se meter onde não é chamada. O comportamento da pessoa pode estar violando os seus direitos ou contribuindo para o seu estado emocional. O resultado pode ser positivo ou negativo, embora estejamos nos concentrando aqui nas mensagens-eu negativas por serem mais difíceis. (Poucos de nós temos dificuldade para dizer: "Adoro quando você faz carinho nas minhas costas!")

Algumas pessoas acham mais fácil elaborar mensagens-eu se usarem uma fórmula. A fórmula que achamos eficaz é a seguinte:

1. *Quando...* (declare o comportamento que você considera incômodo.) — Quando fazemos planos para passar algum tempo juntos e você muda de idéia no último minuto...

2. *Eu me sinto...* ou *Fico...* (declare como você se sente com relação às conseqüências que o comportamento da pessoa tem para você)
— Fico desapontado...

3. *Porque...* (declare as conseqüências que o comportamento da pessoa tem para você)
— ...porque eu estava esperando com prazer o tempo que íamos passar juntos.

A fórmula não foi feita para ser limitante. Você pode modificá-la para que ela se ajuste ao seu estilo e às suas necessidades. Você pode, por exemplo, querer começar a sua comunicação com "Eu me sinto" em vez de com "Quando". Formule a mensagem de um jeito que o deixe à vontade e que seja adequada à situação com a qual você está lidando.

Considerando o exemplo anterior, você poderia formulá-lo de diferentes maneiras:

> — Estou me sentindo realmente desapontado porque eu estava esperando com prazer os momentos que iria passar com você e agora você decidiu fazer outra coisa.
>
> — Eu estava realmente feliz porque ia passar algum tempo com você, só nós dois, mas agora você mudou de idéia e estou realmente desapontado.

O importante é o seguinte: quando você declarar o comportamento que o incomoda, apenas exponha o fato, de uma maneira respeitosa e casual sem nenhuma conotação de culpa. A sua declaração "Eu me sinto" precisa se dirigir às conseqüências do comportamento da pessoa e não ao comportamento em si. Se o comportamento de alguém não diz respeito a você, por que ficar aborrecido com ele? Suponha que você fique irritado com uma peculiaridade no comportamento de uma pessoa, mas o que ela faz na verdade não interfere nos seus direitos. Em um caso desse tipo, de que adianta discutir? Seria bem melhor que você trabalhasse as suas razões para se irritar com isso.

A sua declaração "porque" também precisa refletir as conseqüências do comportamento do outro e não o comportamento em si. Digamos, por exemplo, que o seu marido ou mulher está atrasado para o jantar. Se você preparou a refeição, você pode ter um motivo para estar aborrecido. No entanto, se "é noite de comer as sobras da geladeira" e cada um por si, provavelmente o atraso é irrelevante. Em resumo, enfatize as conseqüências:

— Quando você se atrasa para o jantar e não telefona, sinto que você está faltando ao respeito comigo porque eu me dei ao trabalho de preparar a comida e parece que o meu tempo e meu esforço não são devidamente apreciados.

Elementos adicionais de mensagens-eu eficazes são:

- **Tom de voz.** O seu tom precisa ser respeitoso, caso contrário é extremamente provável que a pessoa sinta que você a está acusando.
- **Linguagem corporal.** A sua postura e expressões faciais também precisam ser respeitosas. (No quinto capítulo você encontra uma discussão sobre o que você transmite aos outros através da sua linguagem corporal.)
- **Intenções.** Se a sua intenção é simplesmente dizer como se sente e você espera que a outra pessoa deseje cooperar, as suas chances de obter uma resposta positiva são boas. No entanto, se a sua intenção é forçar a cooperação, fazer a pessoa admitir que está errada ou, pior ainda, puni-la, o mais provável é que uma briga tenha lugar.
- **Escolha de palavras.** Identifique especificamente o seu sentimento. O uso exagerado de uma palavra emocional, como "chateado", não comunica com precisão os seus sentimentos. Além disso, o uso de advérbios como "realmente" ou "muito" ajuda a transmitir a intensidade dos seus sentimentos. Use a palavra "você" o menos possível nas suas mensagens, pois a palavra freqüentemente pressupõe acusação. Em vez disso, converse a respeito da situação:
  — Quando encontro o tanque de gasolina vazio, fico inquieto porque tenho que ir ao posto e posso chegar atrasado ao trabalho.
  Outras maneiras de enfatizar a situação são: "Quando eu vejo..." "Quando (tal coisa) acontece..."
  É claro que quando você precisa aludir diretamente à pessoa, o uso da palavra "você" pode ser inevitável. Reveja nas páginas anteriores a análise de uma "fórmu-

la" para mensagens-eu e desenvolva um estilo de linguagem com o qual você se sinta à vontade.

- **Confiança.** Uma mensagem-eu é simplesmente uma forma de expressar seus sentimentos a respeito de como as conseqüências do comportamento de outra pessoa afetam você. Sugerimos que você não inclua soluções na sua mensagem (a não ser que a outra pessoa lhe peça isso). Oferecer soluções pode ser interpretado pela pessoa como uma afirmação de que ela não é inteligente ou amável o suficiente para decidir o que poderia fazer para ajudar você. Ter confiança de que o outro irá responder de um modo positivo indica respeito.

É preciso comentar neste ponto que alguns especialistas em comunicação defendem a idéia de que devemos declarar a mudança que gostaríamos que a outra pessoa ou a situação sofresse. Não obstante, somos de opinião que as mensagens-eu devem simplesmente expressar os sentimentos.

No entanto, se você enviou mensagens-eu e a pessoa não captando o que você quer ou apreciaria, talvez você tenha que dizer o seguinte:

— Quando encontro o tanque de gasolina vazio, fico inquieto porque tenho de passar no posto e talvez chegue atrasado ao trabalho. Eu ficaria realmente agradecido se você enchesse o tanque quando ele estiver vazio.

Mais Exemplos de Mensagens-Você e -Eu

Você encontrará a seguir alguns exemplos de mensagens-você e -eu. Os dois primeiros exemplos mostram de que maneira você pode reformular as suas palavras para transformá-las em uma mensagem-eu. Os três últimos exemplos dão a você a oportunidade de praticar a elaboração de mensagens-eu.

Problema: O pai ou a mãe está tentando falar ao telefone. A criança está fazendo barulho.

Mensagem-você: — Qual é o seu problema? Você não está vendo que estou no telefone? Quer fazer o favor de parar!

Mensagem-eu: — Todd, estou aborrecido porque não consigo ouvir o que a pessoa está dizendo.

Problema: Seu cônjuge esqueceu de trancar a porta à noite.

Mensagem-você: — Você se esqueceu de novo de trancar a porta. Uma noite dessas alguém vai entrar na casa e matar a nós dois na cama!

Mensagem-eu: — Quando eu noto que a porta não foi trancada, fico nervoso(a) porque alguém pode entrar na casa e nos roubar ou nos fazer mal.

Agora, tente sozinho: crie uma mensagem para cada uma das situações seguintes.

Problema: A visão noturna de um dos seus pais está deficiente, mas ele ou ela insiste em dirigir à noite.
Mensagem-eu: ______________________________

____

Problema: Você está tentando escrever um relatório para o seu chefe. Um colega de trabalho o interrompe o tempo todo com perguntas a respeito do relatório dele.
Mensagem-eu: ______________________________

____

Problema: Você deixou vários recados na secretária eletrônica de uma amiga. Ela não liga de volta para você. Finalmente você consegue falar com ela e quer dizer a ela como se sente pelo fato de ela não ter ligado de volta para você.
Mensagem-eu: ______________________________

____

Problema: Você está na fila do caixa em um shopping. A placa diz claramente: "Máximo de dez volumes. Pagamento apenas em dinheiro". A mulher na sua frente está com o carrinho cheio e o talão de cheques na mão. O caixa também está desrespeitando as regras.
Mensagem-eu: ______________________________

____

Registre agora no seu caderno alguns incidentes nos quais você tenha usado mensagens-você e troque-as por mensagens-eu. Escreva o que você disse e de que maneira modificaria as mensagens.

Na seção que se segue, vamos examinar algumas maneiras de comunicar a raiva, uma das emoções que apresentam mais desafios nos relacionamentos.

Comunicando a Irritação

Dedicamos um capítulo inteiro à irritação, mas ela é uma emoção tão importante e poderosa que merece uma atenção especial no contexto da nossa análise da comunicação dos sentimentos.

A manifestação freqüente e descontrolada da irritação, ou seja, os acessos de raiva, pode prejudicar os relacionamentos. É um convite declarado à vingança, à hostilidade e ao ressentimento. A outra pessoa não escuta realmente o que você está tentando comunicar, ou seja, a sua dor ou frustração; ela está muito ocupada defendendo-se e elaborando o contra-ataque.

Analisamos no quinto capítulo as cinco condições de Carol Tavris para a expressão eficaz da irritação. Resumindo a sua análise, Tavris salientou que a manifestação da irritação só é eficaz quando cinco condições são satisfeitas:

1. Quando é dirigida ao alvo, à pessoa com quem você está zangado.
2. Quando satisfaz o seu desejo de recuperar o controle e buscar justiça.

3. Quando promove uma mudança no comportamento ou lhe oferece novas informações a respeito do comportamento da pessoa.
4. Quando é expressada de forma a ter significado para a outra pessoa.
5. Quando o fato de você expressá-la estimula a cooperação em vez de retaliação.

Supondo que a situação satisfaça essas cinco condições, quais são algumas maneiras de expressar eficazmente a irritação?

Usando Mensagens-Eu para Expressar a Irritação

A estrutura das mensagens-eu no caso dos sentimentos de raiva é a mesma dos outros sentimentos. Descreva o comportamento que você considera inaceitável, como você se sente a respeito das conseqüências e finalmente as conseqüências efetivas:

— Quando sou criticado em público, fico zangado porque não quero que as pessoas pensem que sou um idiota!

Eis outras palavras que você pode usar quando expressar a sua irritação:

furioso	irritado	indignado
enfurecido	a ponto de explodir	exasperado
encolerizado	colérico	enraivecido
aborrecido	chateado	exausto
subindo pelas paredes		

Como no caso das outras mensagens-eu, embora você esteja zangado, não deixe de manter o respeito pela outra pessoa. Xingar e acusar não vai resolver o seu problema. A sua intenção é atacar o comportamento e não a pessoa.

Quando a situação permite que você direcione a expressão da sua raiva para satisfazer as cinco condições de Tavris, a sua resposta pode ser uma mensagem-eu direta, como mostramos anteriormente. Mas e se as circunstâncias forem mais complicadas? E se você não estiver bem certo de como expressar a irritação de acordo com essas cinco condições? Você simplesmente esquece o assunto? Bem, essa é sem dúvida uma opção, mas existe outra possibilidade.

No quinto capítulo, mencionamos sucintamente que a raiva geralmente está combinada com outros sentimentos menos intensos. Vamos examinar mais de perto essa afirmação.

Expressando os Sentimentos Que Podem Acompanhar a Irritação

Embora a irritação pareça ser uma reação instantânea, ela freqüentemente é acompanhada por outras emoções não reconhecidas. De fato, a irritação precisa ser usada para encobrir esses outros sentimentos. Se estes não forem reconhecidos, a reação que desencadeou a reação de irritação poderá nunca ser resolvida, e se esses outros sentimentos não forem resolvidos, a mudança poderá não ser possível.

Eis algumas maneiras de se sentir que freqüentemente se manifestam como irritação, ou raiva:

desapontado
tratado injustamente
enganado
amedrontado
sem graça
oprimido
inquieto ou apressado
inútil
preocupado
cansado ou fatigado
pressionado
impaciente
explorado
vítima de conspiração
magoado ou desprezado
ameaçado
culpado
ansioso

Reconhecer outros sentimentos que se externam como irritação não apenas é útil quando a expressão direta não lhe consegue o que você quer como também o ajuda a evitar uma irritação indesejada. Quando você localiza os outros sentimentos que fazem parte da irritação que você está sentindo, a sua hostilidade poderá se dissipar.

A irritabilidade era um problema para Paul. Ele era o gerente muito ocupado de uma drugstore e os funcionários freqüentemente o interrompiam com perguntas que ele considerava irrelevantes. Mais de uma vez ele disse a eles "poucas e boas". O supervisor presenciou uma das explosões de raiva de Paul e incluiu o fato na avaliação do desempenho dele.

Por sorte, Paul tinha um bom relacionamento com o supervisor, de modo que teve uma conversa com este último:

— Eu sei que às vezes me deixo dominar pela irritação, mas sinto muita pressão neste trabalho e quero fazê-lo direito.

O supervisor foi compreensivo:

— Sempre haverá pressão na sua função, mas o seu descontrole vai lhe causar problemas com a sua equipe. Você já pensou em estabelecer algumas diretrizes com seus funcionários a respeito de interrupções apropriadas e não apropriadas?

Paul aceitou a sugestão. Na reunião seguinte com a equipe, Paul pediu desculpas pelo descontrole, expôs seus sentimentos e necessidades, explicou as diretrizes e pediu a opinião da equipe. A reunião terminou com um melhor entendimento entre gerente e funcionários, bem como com um plano de ação.

Paul começou a perceber o que estava por trás da sua irritabilidade: ele estava se sentindo pressionado e ansioso por querer fazer um bom trabalho. Uma vez que tomou consciência desses sentimentos, ele se viu em posição de agir de uma maneira eficaz.

Como Reconhecer Esses Outros Sentimentos?

À semelhança de Paul, você talvez tenha descoberto o que dá origem à sua irritabilidade. Mas suponha que você não saiba. Como você pode descobrir?

Um pouco de trabalho de detetive se faz necessário, ou seja, uma cuidadosa observação de si mesmo. Examine situações que freqüentemente provocam a sua irritação para ver se existe um padrão. O que elas têm em comum?

Pense nos seguintes exemplos:

- As pessoas não cumprem promessas ou o decepcionam. Nessas situações, é provável que você se sinta desapontado, tratado injustamente ou magoado.
- Você não cumpre os seus compromissos. Você pode se sentir culpado e usar a irritação para punir a outra pessoa por ela estar fazendo exigências a você.
- Você sente uma perda de controle: você tem coisas demais para fazer ou as pessoas exigem demais de você. É provável que você se sinta pressionado, oprimido, explorado ou ansioso.
- As pessoas ou a vida não funcionam com a rapidez que você desejaria. A impaciência ou a frustração podem dar origem à irritação.
- Alguém o insulta ou faz pouco caso dos seus desejos. A mágoa seria uma reação típica.

Você também pode perguntar a um amigo em quem confia o que ele notou na sua manifestação de raiva. Uma pessoa que o conheça bem pode ser capaz de indicar padrões que freqüentemente o deixam irritado.

Quando você estiver em contato com os sentimentos que acompanham a sua irritação, você estará em posição de procurar soluções para esses sentimentos. Você poderá decidir expressar o seu desapontamento (medo, frustração, mágoa...) para o alvo da sua raiva em vez de fulminar a pessoa com sentimentos coléricos ou alimentar ressentimento.

Expressando os Sentimentos Que Acompanham a Irritação

Eis alguns exemplos de situações nas quais a irritação poderia ser uma reação típica. Em cada uma delas, observe como o sentimento por trás da irritação é identificado e compartilhado. Ao terminar de ler os exemplos, trabalhe com os exemplos da prática.

- **Situação:** Um amigo promete telefonar e não liga. Você encontra esse amigo vários dias depois.
Possíveis sentimentos: desapontamento, mágoa.
Mensagem-eu sem irritação: — Fiquei realmente desapontado por você não ter ligado porque eu estava esperando falar com você.

- **Situação:** Seu filho ou filha adolescente chega em casa às três horas da manhã.
Possíveis sentimentos: Medo, preocupação.
Mensagem-eu sem irritação: — Eu realmente fico apavorado quando você chega em casa tão tarde porque tenho medo de que algo tenha acontecido a você.

- **Situação:** Seu cônjuge ou parceiro fica zangado e grita com você.
Possíveis sentimentos: desprezado, magoado, ameaçado.
Mensagem-eu sem irritação: — Eu me sinto desprezado quando gritam comigo porque não sou respeitado.

Seguem-se outras situações que poderiam estimular a sua irritação. Considere cada uma delas e os sentimentos que poderiam provocar a irritação. Escreva então uma mensagem-eu que expresse esses outros sentimentos.

- **Situação:** Você tem um amigo que freqüentemente telefona na hora do jantar. Embora goste de conversar com ele, você já informou a ele a hora que costuma jantar e lhe pediu que procurasse ligar em outro horário. Ele

continua a telefonar, pedindo desculpas por ligar nessa hora e dizendo:
— Eu tenho que falar com você; simplesmente não posso esperar!
Possíveis sentimentos aliados à irritação: ______________

____

Mensagem-eu: ______________________________________

____

- **Situação:** Sua filha adolescente quer viajar no fim de semana. Você não está muito seguro com relação à situação e quer pensar a respeito. Ela o fica pressionando para que dê logo resposta.
Possíveis sentimentos aliados à irritação: ______________

____

Mensagem-eu: ______________________________________

____

- **Situação:** Seu pai às vezes fala com você como se você ainda fosse criança e, sem você pedir, lhe dá conselhos sobre como você deve administrar a sua vida.
Possíveis sentimentos aliados à irritação: ______________

____

Mensagem-eu: ______________________________________

____

- **Situação:** Sua chefe lhe pede constantemente para trabalhar além do horário, embora você já tenha repetidamente explicado a ela que precisa ser avisado com antecedência para poder planejar a sua vida doméstica. Ela não dá atenção aos seus pedidos.
Possíveis sentimentos aliados à irritação: ______________

____

Mensagem-eu: ______________________________________

____

Você praticou escrevendo respostas aos exemplos que fornecemos a você; agora está na hora de você trabalhar com as suas situações particulares. Dedique-se alguns minutos a escrever os exemplos no seu caderno, situações reais da sua vida. Recorde um incidente de raiva, identifique os outros sentimentos e escreva uma mensagem-eu para expressar esses sentimentos. (Talvez você tenha descrito alguns episódios de irritação no seu "Diário de Sentimentos" que possa usar para este exercício.)

Expressar sentimentos de maneiras construtivas, como por meio das mensagens-eu, com freqüência ajuda a resolver esses sentimentos. Mas e se isso não acontecer? E se você der consigo freqüentemente desapontado, sem graça, magoado, ansioso... O que você pode fazer?

Sugerimos que você examine o propósito dos seus sentimentos e as convicções que deram origem a eles. Dê uma olhada na tabela de "Propósitos das Emoções Desagradáveis Habituais" no Apêndice B. Estude a finalidade a que serve cada emoção e as conseqüências de perseguir esse objetivo. A seguir, pense nas suas convicções. Você está fazendo exigências, dizendo que não consegue suportar as coisas, se queixando e culpando? O que você está dizendo a si mesmo a respeito da situação que o está perturbando? De que maneira você pode converter as suas convicções irracionais em racionais? Talvez uma revisão do quarto e do quinto capítulos o ajude a explorar e modificar suas convicções irracionais.

Se tudo o mais falhar, ou seja, se a raiva continuar a lhe causar problemas, se você não conseguir reconhecer nenhum outro sentimento ou não estiver conseguindo realizar mudanças depois de um sincero esforço, talvez esteja na hora de procurar a ajuda de um psicólogo qualificado ou de outro tipo de terapeuta.

Agora que você desenvolveu uma certa habilidade de expressar a sua raiva e outros sentimentos negativos (você fez os exercícios de treinamento, não fez?), vamos dar uma olhada rápida nos seus bons sentimentos e no que você pode fazer com eles.

Não Esqueça os Elementos Positivos!

— Estou realmente me sentindo bem por ter resolvido esta questão. Agora eu sei o que preciso fazer.

— Que bom ver você! Tenho realmente sentido falta das nossas conversas.

— Estou animado com a possibilidade de trabalharmos juntos!

(Para o seu filho de sete anos) — Você arrumou o seu quarto sozinho! Estou feliz por ver que você está aprendendo a organizar as coisas. E aposto como você também está se sentindo bem.

Bons sentimentos estimulam bons sentimentos e fortalecem os relacionamentos. Quando você se concentra nos elementos positivos, você aumenta a proximidade, ajuda a outra pessoa a se sentir bem com relação a você e a estimula a se relacionar com você de um modo positivo. Compartilhar os seus bons sentimentos também ajuda a aumentar a auto-estima da outra pessoa. Quando você expressa abertamente bons sentimentos, você demonstra que dá valor e respeita a outra pessoa, tornando mais provável que ela se sinta bem com relação a si mesma.

Outra vantagem: quanto mais você se concentra nos elementos positivos, menos você talvez precise lidar com os negativos. A criança de sete anos que sabe que você fica muito feliz quando ela arruma o quarto talvez não precise de um lembrete na próxima vez. O colega de trabalho que sabe que você está entusiasmado pode também começar o projeto com otimismo.

Assim sendo, quando você se sentir bem com relação a outra pessoa, compartilhe esse sentimento com ela. E especialmente quando você amar alguém, digo isso à pessoa!

Leve agora alguns minutos relacionando situações com pessoas nas quais você se sente bem. Escreva o que você dirá para compartilhar esses sentimentos.

Agora que estudamos maneiras de comunicar aos outros tanto os sentimentos negativos quanto os positivos, vamos examinar o outro lado da moeda da comunicação, ou seja, ouvir e dar a perceber que compreendemos os sentimentos dos outros.

Prestando Atenção aos Sentimentos

Prestar atenção aos sentimentos dos outros não fez parte da criação da maioria das pessoas, de modo que você pode não ter a habilidade de ouvir bem no que tange ao conteúdo emocional. Você pode achar os sentimentos ameaçadores ou simplesmente não saber o que fazer quando alguém tenta dizer a você o que está sentindo. Você pode até ter uma reação desfavorável.

Eis algumas das maneiras pelas quais as pessoas geralmente respondem quando os outros compartilham seus sentimentos:

- Perguntar: — Por que você se sente dessa maneira?
- Fazer sermão: — Bem, se você fizesse... você não se sentiria dessa maneira.
- Criticar: — A sua reação está sendo exagerada.
- Julgar: — Bem, o que você esperava? Você sabe como ele é!
- Moralizar: — Você não deveria deixar que ela o aborrecesse dessa maneira.
- Fazer-se dono da verdade: — Bem que eu avisei.
- Bancar o psicólogo: — O seu problema é...
- Consolar: — Isso é péssimo, mas as coisas sempre acabam se resolvendo.
- Dar conselhos: — Por que você simplesmente não...

Esse tipo de resposta em geral faz com que as pessoas percam a vontade de dizer o que estão sentindo. E você? Quando você recebe uma dessas respostas, você se sente inclinado a se abrir mais com a pessoa?

Talvez algumas dessas respostas se pareçam com as que você dá quando alguém tenta compartilhar sentimentos com você. É claro que as pessoas usam determinadas respostas para diferentes finalidades. Quando você se sentir tentado a dar uma dessas respostas, pense no seu propósito.

Por exemplo, você se vê como uma pessoa que precisa sempre resolver os problemas? Você acha que sabe a resposta, que sabe resolver problemas excepcionalmente bem? Se for este o caso, dar conselhos e/ou bancar o psicólogo seriam suas respostas características.

Manter a distância é importante para você? Ou os sentimentos o deixam pouco à vontade? Neste caso, você pode tentar controlar a situação interrompendo o processo de compartilhamento criticando, julgando, moralizando, fazendo sermões ou se fazendo dono da verdade.

Se você tem a tendência de consolar, será que você está querendo agradar quando garante à pessoa que tudo vai ficar bem? Infelizmente, a tentativa de pintar um quadro cor-de-rosa raramente é aceita por uma pessoa aborrecida.

Examine os seus motivos. Se você deseja melhorar o seu relacionamento com outra pessoa e aumentar a proximidade existente, ponha de lado a sua programação e esforce-se para desenvolver a capacidade de ouvir.

Elementos da Arte de Saber Ouvir

Agora que você aprendeu o que não deve fazer quando alguém compartilha sentimentos com você, o que fazer? Vamos examinar algumas maneiras de responder que servem para estimular as outras pessoas a dizer a você o que estão sentindo.

Silêncio

Permanecer em silêncio e deixar a outra pessoa desabafar pode estimular o compartilhamento. Às vezes isso é tudo que a pessoa precisa. O silêncio comunica a aceitação.

Afirmações de Reconhecimento

Na maioria das vezes, a outra pessoa precisará que você faça um comentário para mostrar a ela que você está prestando atenção. O comentário pode ser simplesmente uma resposta que faz com que a pessoa saiba que você está ouvindo e prestando atenção: "Hã-hã"; "Estou ouvindo"; "Sei". É melhor evitar dizer "Eu entendo como você se sente", porque a pessoa pode não acreditar em você e talvez se sinta menosprezada.

O Ouvinte "Espelho"

A resposta do ouvinte "espelho" é mais ativa e vai além das afirmações de reconhecimento. É uma declaração feita com as próprias palavras procurando demonstrar que se compreende os sentimentos da pessoa e as circunstâncias associadas aos sentimentos. Este processo merece um exame mais atento.

Suponha que sua esposa chegue do trabalho e diga:

— Hoje eu realmente meti os pés pelas mãos. Meu chefe me fez uma pergunta a respeito do projeto da minha equipe e eu não soube responder!

A situação obviamente perturbou sua esposa e talvez a deixado sem graça e até assustada, dependendo de quão seguro é o emprego, de quão autoconfiante ela é, de quantas pessoas estavam presentes e de outros fatores. Até agora, você só sabe que o incidente a afetou emocionalmente ("Eu realmente meti os pés pelas mãos"). Você pode reagir inicialmente refletindo o sentimento que ouviu:

— Parece que foi uma ocasião bastante desagradável e você ficou chateada porque não sabia a resposta.

Ao responder dessa maneira, você mostra que está em sintonia com os sentimentos dela e com as circunstâncias que produziram os sentimentos — a expectativa dela de estar preparada para as perguntas do chefe. É bastante provável que sua esposa aprecie a sua compreensão.

Uma resposta de um ouvinte "espelho" abre a comunicação e a pessoa com freqüência tem vontade de falar mais. Neste caso, você apenas continua a ouvir, refletindo o que ouve nas suas palavras.

Ela: — É, foi embaraçoso. O chefe deve estar pensando que eu sou uma idiota!

Você: — Você está sem graça e se perguntando o que ele estará pensando a seu respeito.

Ela: — É claro. Sou chefe da equipe e deveria conhecer o nosso objetivo. Quero dizer, se eu não sei, ele vai pensar que sou incompetente e eu posso perder o emprego!

Você: — Então você está preocupada com a possibilidade de ser demitida.

(E assim por diante.)

Compare essas respostas de um ouvinte "espelho" com as reações comuns "castradoras" como:

— Como você não sabia a resposta?

— É melhor você se enfronhar rápido nas atividades da sua equipe.

— Não se preocupe. Tudo vai dar certo. Descubra a resposta certa e converse amanhã com o seu chefe.

Como a sua esposa se sentiria se você desse uma dessas respostas?

À semelhança das mensagens-eu, as respostas de um ouvinte "espelho" podem ser elaboradas por meio de um formato específico. O formato é simplesmente: Você sente (expresse o sentimento que você está ouvindo) porque (expresse as circunstâncias que produziram o sentimento). Uma palavra de advertência faz-se necessária aqui: É muito fácil tentar interpretar o que a outra pessoa está sentindo. Atenha-se à compreensão e ao reflexo; a psicologia amadora em geral funciona como um balde de água fria!

Eis outros exemplos de ouvinte "espelho".

Falante: — Não consegui o emprego! Eu achava que tinha me dado bem na entrevista. Não consigo entender o que aconteceu.

Ouvinte: — Você está se sentindo triste e confuso porque não conseguiu o emprego apesar de ter se dado bem na entrevista.

Falante: — Você nunca me escuta! Tudo que você faz é dar conselhos. Se eu quiser conselhos, escreverei para Dear Abby!

Ouvinte: — Você está zangado porque acha que eu não estou escutando.

Falante: O professor de história avisou que vai ter uma prova na segunda-feira. Ele me pegou completamente de surpresa! Eu estava planejando ir acampar com Ken e Rob neste fim de semana. Agora não vou poder ir. E eu estava realmente com vontade de viajar.

Ouvinte: — É realmente frustrante você não poder acampar com seus amigos no fim de semana.

Às vezes é melhor deixar a pessoa falar até que o silêncio dela indique que ela disse tudo o que pretendia dizer. A seguir, você pode fazer um resumo do que ouviu.

Falante: — Não sei o que vou fazer. Estou tão chateada... Kirk terminou comigo! Ele disse que chegou à conclusão de que não estava pronto para casar. Foi um choque para mim. Os planos para o casamento já tinham sido feitos e até os convites enviados. O que eu vou dizer para todo mundo? Estou me sentindo uma completa idiota. E eu ainda o amo muito. O que vou fazer?

Ouvinte: Parece que você está realmente magoada porque Kirk mudou de idéia. E você está sem graça por causa do que os outros poderão pensar.

Não se deixe limitar pela fórmula; ela pode ser modificada para se adaptar ao seu estilo. Eis outras "dicas" que as pessoas costumam achar proveitosas:

— Imagino que você esteja...
— Parece que você está se sentindo...
— Entendi que você está dizendo...
— Tenho a impressão de que você está sentindo...
— Estou sentindo...
— Por favor, me corrija se eu estiver errado, mas...

"Porque" pode ser substituído por "a respeito", "com", "em" ou "por".

O importante é captar os sentimentos e as circunstâncias, elaborá-los e devolvê-los à pessoa de um jeito que a pessoa possa entender sem interpretações ou "rótulos" psicológicos.

Eis algumas situações para você praticar. Crie uma resposta de ouvinte "espelho". Você pode usar a fórmula: "Você se sente — porque", ou elabore a sua resposta segundo o seu estilo pessoal.

- **Situação:** Uma amiga faz o seguinte comentário:
  — Fred e eu estávamos planejando ir para o lago neste fim de semana, mas ele chegou em casa gripado ontem à noite.
  Resposta: ______________________________
  ____

- **Situação:** Seu filho diz:
  — Por que tenho que fazer o dever de casa antes de sair para brincar? As outras crianças não precisam fazer isso!
  Resposta: ______________________________
  ____

- **Situação:** O seu chefe diz:
  — Já expliquei várias vezes a você como eu quero que você trate as reclamações dos clientes. O que eu preciso fazer para que você entenda?
  Resposta: ______________________________
  ____

- **Situação:** Seu cônjuge diz:
  — O médico disse que é uma cirurgia sem importância, mas não sei não...
  Resposta: ______________________________
  ____

Pense em algumas ocasiões recentes em que alguém tenha tentado dizer a você como se sentia ou em que você tenha percebido algumas indicações não verbais de emoções. Pense no que você disse ou fez. Anote essa atitude no seu caderno. No caso de cada incidente, pense no que você poderia ter dito, em uma resposta de ouvir refletido. Como você formularia as respostas? Escreva-as. Ao terminar, leia a seção seguinte para tomar conhecimento de outras possibilidades para ser um ouvinte "espelho".

Elementos a Ser Considerados pelo Ouvinte "Espelho"

Para ser um bom ouvinte "espelho", é recomendável manter em mente o seguinte:

- **Sintonize-se com a linguagem corporal.** Os sentimentos com freqüência são comunicados de uma forma não verbal. Observe a expressão facial, a postura e os gestos da pessoa para obter pistas a respeito do que ela está sentindo. Examine também a sua linguagem corporal. As suas expressões e a sua postura indicam que você está prestando atenção e se importa com o que a pessoa está dizendo? Você mantém contato visual com ela? A sua postura é relaxada mas ao mesmo tempo interessada?
- **Ouça o tom de voz.** Outra forma de comunicação não verbal é o tom de voz. Preste atenção à voz da pessoa: o volume, a inflexão, a intensidade. A pessoa está triste, feliz, zangada, magoada, animada, alegre? O seu tom de voz precisa transmitir compreensão e interesse. Se o seu tom for monótono, o que você disser não causará o menor efeito.
- **Seja cauteloso ao refletir os sentimentos.** Você não pode ter certeza de como a outra pessoa está se sentindo; só pode tentar adivinhar da melhor forma possível baseado no que você vê e ouve. Se você usar um tom veemente, o seu feedback pode ser interpretado como um pronunciamento. Assim sendo, é melhor usar um tom de voz cauteloso, indicando que você está dando um pal-

pite. Alguns acham que é interessante usar um estilo interrogativo: "Você está se sentindo desvalorizado porque seu chefe não nota a sua contribuição?" No entanto, tome cuidado para que a sua "investigação" não seja profunda demais.

- **Seja o mais preciso que puder.** Para que a pessoa sinta que está sendo ouvida, as suas respostas precisam ser permutáveis com as declarações dela, como se ela estivesse dizendo exatamente as mesmas palavras que você. Procure captar a intensidade dos sentimentos. Advérbios como realmente, muito, bastante podem ajudá-lo a igualar a intensidade: "Você está realmente desanimado..."

  Se você tiver dificuldade em captar os sentimentos, pode demonstrar interesse mas permanecer em silêncio até obter mais pistas sobre o que a pessoa está sentindo. Ou então você pode dizer a ela que não está entendendo bem e pedir a ela que descreva de novo os sentimentos que a afligem.

  Você também pode responder com uma mensagem incompleta e pedir mais detalhes: "Você parece estar bastante zangado. O que foi exatamente que aconteceu?" ou "Conte mais um pouco mais para que eu possa entender melhor".

- **Aceite o silêncio.** Às vezes a pessoa ficará em silêncio depois de ouvir a resposta de um ouvinte "espelho". Esta atitude freqüentemente significa que ela está digerindo o que você disse. Aceite simplesmente o silêncio e resista à tentação de preencher o vazio. Talvez você fique pouco à vontade com o silêncio, mas este pode ser produtivo. Se o silêncio persistir, você pode dar um palpite e dizer o que você acha que está acontecendo: "Parece que você está se perguntando o que fazer". Ou então, se você achar que o silêncio pode indicar que você errou o alvo, diga o que está sentindo: "Talvez eu tenha entendido mal. Mas eu realmente gostaria de compreender o que está acontecendo. Você pode me dar mais detalhes?"

  O silêncio também pode indicar que a pessoa disse tudo o que queria dizer a respeito do assunto. Aceite a decisão dela. Você pode sugerir que ela fale mais tarde, se ela quiser.

- **Evite interpretações.** O ouvinte "espelho" simplesmente manda de volta o sentimento que escutou e as circunstâncias que o provocaram. Interpretar significa dar o seu significado pessoal ou opinião a respeito do que foi dito. A sua opinião pode estar certa, mas a interpretação talvez faça a pessoa sentir que está sendo analisada em vez de compreendida.

  Suponha que um amigo seu diga:

  — É realmente difícil dobrar o cara! Tentei todas as técnicas que conheço para levá-lo a experimentar o produto sem nenhum risco para ele. O que eu tenho de fazer para convencê-lo?

  Um ouvinte "espelho" captaria o sentimento de frustração ou desânimo:

  — Parece que você está frustrado e desanimado porque esse cara é um osso duro de roer.

  Uma possível interpretação poderia envolver a especulação de que seu amigo está inseguro quanto à competência profissional dele. Talvez você esteja certo, mas ele provavelmente não está preparado para ouvir isso. Por conseguinte, se você dissesse: "Parece que você está desanimado e inseguro com relação à sua habilidade como vendedor" você provavelmente o desestimularia.

Convidando a Pessoa a Compartilhar os Sentimentos

Às vezes um amigo ou parceiro não diz o que está sentindo. Você pode fazer comentários que o incentivem a compartilhar os sentimentos.

Mencione o que você está percebendo: "Você parece deprimido. Aconteceu alguma coisa?" A pessoa pode se abrir ou apenas dizer algo como: "Não, estou apenas um pouco cansado". Aceite o desejo de privacidade dela e fique atento a outras oportunidades. Mas seja cauteloso; não se manifeste cada vez que detectar um sentimento, pois você pode incomodar a pessoa.

As Mensagens-Eu do Ouvinte "Espelho"

Na última seção deste capítulo, vamos mostrar como um ouvinte "espelho" pode usar mensagens-eu para ajudar a resolver conflitos.

Você precisa estar preparado para ouvir quando envia mensagens-eu porque freqüentemente a outra pessoa também as endereçará a você.

> Barbara estava zangada com o marido Dan. Ambos trabalhavam fora o dia inteiro e Barbara estava achando que Dan não andava cumprindo a parte que lhe cabia das tarefas domésticas.
>
> — Estou me sentindo sobrecarregada por trabalhar o dia inteiro e ainda ter de fazer quase tudo em casa.
>
> Mesmo ela tendo se esforçado ao máximo, Dan ficou na defensiva.
>
> — Ah não, lá vamos nós de novo! Muito bem, diga o que você quer de mim.
>
> Barbara adotou a postura de ouvinte "espelho":
>
> — Parece que você ficou zangado comigo por eu ter tocado no assunto.
>
> — Bem, não é isso, mas cada vez que eu acho que estou pegando no pesado, nunca parece suficiente.
>
> Barbara permaneceu com a mensagem refletida:
>
> — Então você também está se sentindo assoberbado?
>
> — Estou, quero dizer, as coisas têm sido difíceis ultimamente no trabalho e me sinto realmente exausto quando chego em casa.
>
> — Eu consigo entender como você se sente. O problema é que também chego em casa muito cansada. Será que existe uma maneira de resolvermos este impasse?

Barbara acalmou a irritação de Dan sendo uma ouvinte "espelho". Ela poderia ter se sentido tentada a revidar quando ele disse: "Ah não, lá vamos nós de novo", mas essa reação teria provocado uma briga que provavelmente não teria resolvido nada. Ao usar o ouvir refletido e mensagens-eu, Barbara preparou o caminho para a negociação.

É claro que todos os conflitos não são solucionados com tanta facilidade. Muitas vezes os casais, pais e filhos, amigos, irmãos, sócios precisam aplicar princípios capazes de resolver conflitos. O décimo segundo capítulo apresentará um método para solucionar conflitos. Mas você deve compreender que ser um ouvinte "espelho" e enviar mensagens-eu pode ajudar a manter o clima de respeito na discussão e tornar o ambiente mais leve.

Aplique a Fórmula AEP

A — *Aceite* a si mesmo e aos seus sentimentos. Eleja um sentimento que você gostaria de compartilhar. Seu objetivo poderia ser apenas obter feedback ou expressar um sentimento como a raiva ou a mágoa em um relacionamento. Aceite plenamente o que você está sentindo e o fato de que os seus sentimentos são válidos.

E — *Escolha* novos propósitos, convicções e sentimentos. Examine a finalidade de compartilhar seus sentimentos. Caso você esteja zangado, por exemplo, você deseja vencer, controlar, se vingar ou defender os seus direitos? Quais as conseqüências de você perseguir um desses propósitos? Você está disposto a aceitar as conseqüências ou você escolheria outro objetivo? Talvez a sua finalidade seja obter uma maior cooperação ou garantir que seus desejos sejam respeitados. Identifique suas convicções. No caso da raiva ou da mágoa, examine as partes hostis do seu pensamento. Faça um exame atento para verificar se você está fazendo exigências, não conseguindo suportar a situação, queixando-se ou culpando. De que maneira você pode transformar as suas convicções em um pensamento mais racional? Você consegue identificar o humor na situação? Anote as suas observações no seu caderno.

Se você está apenas compartilhando os seus sentimentos para obter feedback, talvez não haja necessidade de escolher outros. Mas se você estiver zangado com a outra pessoa, talvez seja mais vantajoso examinar os possíveis sentimentos por trás da sua raiva. Você está desapontado? Sentindo-se ameaçado? Envergonhado? Será melhor você expressar esses sentimentos ou a pessoa será receptiva à sua raiva?

P — *Ponha* em prática as novas escolhas. Escreva o que você vai dizer e a provável resposta da pessoa. Se você estiver enviando uma mensagem-eu a respeito de um problema em um relacionamento, escreva como você responderia à provável refutação da pessoa. Você poderia preparar uma conversa positiva consigo mesmo para permanecer calmo e concentrado na sua meta. A visualização também pode ajudar. Quando você tiver um plano, ponha-o em prática. Avalie então o que aconteceu e por que você acha que as coisas aconteceram dessa maneira.

A boa comunicação não surge naturalmente para a maioria de nós, mas ela é algo que definitivamente vale a pena ser desenvolvido; ela pode fazer uma grande diferença nos nossos relacionamentos. Nós o encorajamos a rever com cuidado o capítulo e experimentar os procedimentos que recomendamos. Você certamente ficará satisfeito por tentar!

Itens Principais: Capítulo 11

1. Quando você quiser expressar os seus sentimentos, escolha um momento e um local em que a outra pessoa realmente esteja disposta a ouvi-lo e defina uma maneira eficaz de transmitir a sua mensagem. Para começar, você poderia dizer algo como: "Eu gostaria de conversar com você a respeito de... Este é um bom momento?"
2. Evite mensagens-você que atacam e acusam: "Você me deixa furioso", "A culpa é sua".
3. As mensagens-você podem ser uma verdadeira afronta: "Qual é o seu problema? Você está deliberadamente tentando me levar à loucura?" As mensagens-você tendem a acusar, censurar, ridicularizar, julgar e colocar a responsabilidade do que você está sentindo em outra pessoa.

4. Use mensagens-eu, que simplesmente declaram como você se sente, e assuma a responsabilidade pelos seus sentimentos sem atacar, culpar, ridicularizar ou criticar a outra pessoa: "Fico magoado quando falam comigo desse jeito" em vez de "Não fale comigo dessa maneira!"
5. Mensagens que podem ser expressas por meio de uma fórmula simples: "Quando — eu me sinto — porque". Outras maneiras de expressar mensagens-eu: "Eu me sinto..." ou "Estou me sentindo...".
6. Alguns elementos das mensagens-eu eficazes são: um tom de voz e uma linguagem corporal respeitosos; uma escolha adequada de palavras (especificando como você se sente); acreditar que a outra pessoa respeita os seus sentimentos.
7. Quando você usar mensagens-eu para expressar irritação, elas devem permanecer respeitosas, enfatizando como você se sente com relação às conseqüências que o comportamento da pessoa tem para você: "Fico zangado quando sou criticado em público porque não quero que as pessoas pensem que eu sou um idiota".
8. Se a expressão direta da sua irritação não surtir o efeito desejado, você talvez consiga mais cooperação se externar outros sentimentos que acompanham a raiva: "Fico sem graça quando sou criticado em público porque os outros podem pensar que eu sou um idiota".
9. Use também mensagens-eu para expressar sentimentos positivos: "Estou realmente me sentindo bem por ter resolvido esta questão".
10. A comunicação também envolve ouvir e compreender os sentimentos dos outros. Podemos fazer com que a outra pessoa perca a vontade de dizer o que está sentindo quando questionamos, fazemos sermões, criticamos, julgamos, moralizamos, nos fazemos donos da verdade, bancamos os psicólogos, consolamos ou damos conselhos.
11. Entre os elementos da arte de saber ouvir estão: o silêncio — deixar a pessoa falar; as afirmações de reconhecimento: "Hã-hã", "Estou ouvindo", "Sei"; e ser um ouvinte "espelho": responder com suas palavras procurando mostrar que você entende os sentimentos da pessoa e as circunstâncias associadas a eles.
12. Uma fórmula simples para elaborar uma resposta de ouvinte "espelho": "Você está sentindo... porque...". Outras maneiras são: "Imagino que você esteja sentindo...", "Parece que você está sentindo...".
13. Fatores a ser considerados quando você for um ouvinte "espelho": entre em sintonia com a linguagem do corpo; seja cauteloso ao refletir os sentimentos; seja o mais preciso que puder; aceite o silêncio; evite interpretações.
14. Se um amigo ou parceiro não quer dizer o que está sentindo, você pode fazer comentários que o incentivem a compartilhar os sentimentos. Respeite o desejo da pessoa de falar ou não sobre o que está sentindo.
15. Quando você envia uma mensagem-eu, você talvez receba uma de volta. Esteja preparado para usar os elementos da arte de saber ouvir. Esse diálogo pode levar à solução do conflito.

12

Encontrando uma Solução

Resolvendo Conflitos e Sentimentos

Tente enxergar do meu ponto de vista.

— PAUL MCCARTNEY: "WE CAN WORK IT OUT"
(Nós podemos encontrar uma solução)

Esta é a essência do conflito: tentar fazer a outra pessoa enxergar as coisas do nosso ponto de vista. Paul continua cantando: "A vida é muito curta e não podemos perder tempo com brigas e picuinhas, meu amigo". Como essa frase é verdadeira! No entanto, muito poucas pessoas, em todos os níveis de relacionamento, seguem essa sabedoria. Nações lutam contra nações, chefes com funcionários, amigos com amigos, maridos com mulheres, pais com filhos... Os programas de entrevistas na televisão atingem picos de audiência quando levam os convidados a brigar uns com os outros e com a platéia.

As pessoas brigam por qualquer coisa; das coisas mais insignificantes às mais sérias.

> Dan e Marty eram amigos muito chegados e se envolveram em uma acalorada discussão a respeito de quem era o "melhor técnico" da NFL. A polêmica arruinou uma festa...

> Ray e sua futura nora, Carla, nunca estavam de acordo em nada. As divergências entre as duas criou um atrito entre Carla e o noivo. O casamento foi cancelado.

Como acontece no amor, o conflito envolve emoções. A raiva, a mágoa e a desconfiança desempenham um grande papel nele. A não ser que você compreenda os sentimentos envolvidos, tanto os seus quanto os da outra pessoa, ambos provavelmente acabarão com os mesmos sentimentos com os quais começaram... ou se sentindo ainda pior. É claro que o conflito continua sem solução.

É vantajoso compreender os propósitos e as convicções envolvidas no conflito. Você quer estar certo, controlar a situação, vencer ou ir à forra? Você acha que a outra pessoa está sendo injusta, ridícula, que ela quer derrubar você? Quais serão as idéias dela?

> Connie acreditava que Jack não se importava com os sentimentos dela. Na verdade, ele se importava muito, ele só não compreendia por que ela se sentia daquela maneira! Quando ele entendeu a maneira dela de ver as coisas, ou seja, "Você não se importa com os meus sentimentos porque não demonstra que os compreende!", ele descobriu de que maneira ela chegou a essa conclusão. Ele estava agora em posição de descobrir como poderia fazer com que Connie soubesse que ele entendia como ela sentia. Connie, por sua vez, veio a compreender que o fato de Jack não responder não significava que ele não se importava, mas apenas que ele não sabia como demonstrá-lo.

É a nossa maneira de perceber as coisas que confere significado às nossas experiências. No entanto, no contexto do conflito humano, não é fácil lidar com a percepção. De um modo geral, os sentidos (visão, tato, olfato, audição e paladar) nos colocam em contato com o ambiente e as outras pessoas. Eles respondem à pergunta: "O que é isso?" A nossa percepção adiciona significado à informação sensorial, respondendo dessa maneira à pergunta: "O que isso significa?"

Quando o objeto da percepção é uma rosa, uma pedra ou um gatinho, as questões são claras e o significado simples e direto. No entanto, quando o objeto da percepção é a comunicação humana, as questões são muito complexas e seu significado está sujeito a todos os tipos de nuanças e sutilezas. As pistas são verbais e não verbais, visuais e auditivas, e estão carregadas de significado, freqüentemente mais de um ao mesmo tempo! Não é de causar surpresa que existam tantos mal-entendidos!

É claro que as suas percepções são governadas pelas suas convicções e atitudes, que por sua vez são formadas pelas suas experiências. Quando Jack diz "Entendo o que você quer dizer", ele está dizendo que realmente compreende. Para Connie, essas mesmas palavras significam que Jack "está mais ou menos prestando atenção", mas não está realmente interessado no que ela está sentindo. Ela compara o que Jack diz à resposta que o pai habitualmente dava quando algo importante estava acontecendo na vida dela: — Que bom, querida.

Connie deseja que Jack expresse mais ativamente que a entende.

Quando você se torna consciente das suas percepções, você percebe de que maneira elas podem ampliar ou restringir a sua habilidade de entender os outros. Em decorrência disso, aquilo que faz sentido para você pode não fazê-lo para mais ninguém e vice-versa.

Os mal-entendidos geralmente se expressam em respostas como: "De onde você tirou essa idéia?" ou "Seja lógico e pense como eu". Quando você se torna mais consciente, você se dá conta de que essas diferenças limitam a sua habilidade de entender os outros.

A Resolução dos Conflitos Começa com a Aceitação e o Entendimento

Quando você se vê diante de um conflito, você pode achar que a melhor maneira de resolvê-lo é mudar o ponto de vista da outra pessoa. Mas na verdade qualquer esperança de uma resolução positiva dos conflitos só começa quando você reconhece e aceita diferenças individuais e compreende que as percepções e as convicções individuais de cada pessoa limitam a possibilidade do entendimento mútuo.

As convicções que envolvem querer que as coisas sejam do seu jeito, sair sempre ganhando e estar no controle da situação geram sentimentos em você e naqueles com quem você se relaciona. Essas convicções freqüentemente produzem o conflito, e quando este é alimentado por sentimentos intensos, é difícil resolvê-lo. Você precisa saber quais os seus sentimentos que estimulam o conflito. Muito importante também é você fazer um esforço ativo e sincero para entender os sentimentos da outra pessoa. Enquanto vocês não compreenderem os sentimentos um do outro e não comunicarem claramente esse entendimento um ao outro, vocês não conseguirão resolver o conflito. Uma pessoa só se sente pronta para tentar encontrar uma solução para um conflito quando acha que é ouvida e compreendida.

Você não precisa concordar com as convicções e os sentimentos da pessoa, mas precisa aceitar a idéia de que eles fazem sentido para ela. Se você insistir em que o outro deve mudar, você provavelmente ampliará o conflito.

Tomemos o caso de Ben e sua filha Patricia de dezenove anos. Repare na falta de aceitação e entendimento.

> Patricia tinha economizado dinheiro para comprar um carro. Ela examinou os classificados e escolheu um carro que estava dentro das suas possibilidades. Ben estava preocupado, achando que o carro que ela estava pensando em comprar poderia causar muitos problemas. Ele tentou convencê-la a continuar a procurar e talvez economizar um pouco mais para poder adquirir um modelo mais novo. Mas Patricia teimou, afirmando que precisava do carro naquele momento. Ela também disse a ele que não estava interessada nos conselhos dele:
>
> — Não tenho mais dez anos de idade, papai; posso tomar minhas próprias decisões!

Ben retrucou:

Eu sei que você pode, querida, mas você não sabe nada a respeito de carros! Você pode usar o carro de sua mãe até conseguir economizar o suficiente para comprar um que esteja em boas condições.

Mas Patricia não queria ouvir os argumentos do pai. Ela estava determinada a comprar o carro que Ben condenava. Seguiu-se uma áspera discussão que deixou um profundo mal-estar entre pai e filha. O comentário final de Ben foi:

— Vá em frente, então, mas quando essa porcaria quebrar, não venha chorando pedir minha ajuda!

Patricia comprou o carro e poucos dias depois teve de consertar o freio. Ben sentiu prazer em dizer a ela:

— Eu avisei...

Ben realmente não ouviu nem deu a entender que compreendia os sentimentos e as convicções de Patricia. Se ele tivesse reconhecido o desejo dela de independência e autonomia, bem como a sua própria necessidade de estar certo, a situação poderia ter terminado de um jeito diferente. Ben poderia ter compreendido o desejo da filha de tomar a própria decisão, ter se oferecido para ajudá-la a procurar um carro ou sugerido que ela pedisse a um mecânico que examinasse os carros que ela tinha em vista. Oferecer ajuda e fazer sugestões é bem diferente de tentar convencer uma jovem adulta a fazer as coisas de outra maneira. Se mesmo assim Patricia ainda insistisse em comprar um carro que Ben considerava uma má escolha, ela teria que aprender com as conseqüências do que escolhesse.

Quando você se conscientiza da sua "lógica pessoal" e das suas convicções, você prepara o terreno para o entendimento, o diálogo, a concessão mútua e o acordo.

A Comunicação e a Resolução de Conflitos

Uma solução pode ter início quando você comunica claramente os seus sentimentos em vez de dizer às pessoas o que quer que elas façam. Dizer o que você está sentindo gera maiores possibilidades de entendimento e solução. Ouça a outra pessoa com atenção. Você deve realmente escutar toda a mensagem e os sentimentos em vez de ficar desatento porque "já sabe" o que vai ser dito. Em vez de ficar pensando em resistir, na luta pelo poder e no desafio de verificar quem está certo, concentre-se no processo do diálogo e de ouvir um ao outro. Você reduzirá a tensão e aumentará a oportunidade de vocês realmente escutarem um ao outro, o que é um importante passo no caminho da confrontação para a colaboração.

Você pode começar apresentando o problema como você o vê. Essa atitude se torna uma oportunidade para a cooperação: "Parece que estamos com um problema. Gostaria de saber como você se sente e também de compartilhar com você os meus sentimentos. Podemos então descobrir em que pontos nós concordamos. Não é uma questão de quem está certo e sim de como encaramos o problema e de como podemos resolvê-lo juntos".

Se você está esperando desenvolver um relacionamento positivo e solucionar o conflito, você precisa comunicar a emoção que está sentindo e não o julgamento que faz do outro. Quando você julga ou acusa outra pessoa, você imediatamente cria uma situação na qual a pessoa se coloca na defensiva. Se em vez disso você disser como está se sentindo, você não estará julgando a outra pessoa e ela não sentirá que está sendo acusada. A oportunidade de resolver o conflito torna-se uma possibilidade e as chances de um acordo aumentam.

Dizer o que você sente é uma resposta bem mais adequada do que apontar um dedo para a outra pessoa e julgá-la, mas até mesmo a manifestação dos sentimentos precisa ser feita com cuidado. Quando você comunica uma emoção, o outro pode ficar na defensiva mesmo que essa não tenha sido a sua intenção. O seu tom de voz, expressão facial ou linguagem corporal podem ser interpretados como um ataque. Seja sensível à maneira pela qual a mensagem é enviada, recebida e interpretada. Preste atenção aos seus hábitos de linguagem corporal e tom de voz. A sua comunicação não verbal e a sua necessidade de vencer ou controlar a situação podem aumentar ou diminuir o problema.

James Creighton, psicólogo e especialista em resolução de conflitos, apresenta alguns pontos importantes relacionados com o esclarecimento da diferença entre os julgamentos e os sentimentos. Seguem-se alguns dos seus exemplos de "sentimentos e emoções" comparados com "julgamentos e acusações". Pergunte a si mesmo se cada mensagem o estimula a responder aos sentimentos da outra pessoa de uma maneira solidária e amável ou se faz com que você tenha vontade de se defender.

Sentimentos e Emoções

Estou preocupado porque estamos gastando dinheiro demais com os cursos das crianças. Considero o número de cursos excessivo.

Fiquei muito desapontado e aborrecido porque você não chegou em casa a tempo de irmos à festa.

Julgamentos e Acusações

Você está sendo descuidado e anda gastando dinheiro demais com as crianças. Você as está matriculando em cursos e atividades que estão além dos nossos recursos. Você não parece compreender os nossos limites.

Você nunca se importa com os meus sentimentos. Fizemos planos e eu fico sempre em segundo plano. Não posso contar com você no que diz respeito aos nossos planos sociais.

A linguagem eficaz para resolver conflitos descreve os seus sentimentos com relação às conseqüências que o comportamento de uma pessoa tem para você em vez de censurar e fazer julgamentos. Quando as mensagens relacionam um sentimento com a descrição de um comportamento, o motivo da sua contrariedade fica claro, por exemplo, "Quando você não aparece para jogar na hora marcada, fico zangado porque marcamos um compromisso e você me deixou esperando". Você descreve a conseqüência específica do comportamento da pessoa e o sentimento que o está afetando. Quando você se comunica dessa maneira, você envia mensagens-eu respeitosas. Mas se você disser: "Quando você não aparece para jogar na hora marcada, fico zangado porque você parece que nunca se lembra de nada que é importante para mim", você terá feito um julgamento. Essa descrição negativa atrapalha a resolução do conflito. A pessoa que você julgou se sente atacada e mal compreendida. Essas declarações são mensagens-você, que acusam e censuram, incentivando a pessoa a se colocar na defensiva e contra-atacar.

Você pode ter a tendência de generalizar a partir de uma situação e fazer com que essa generalização se encaixe em vários eventos. "Você nunca..." "Você sempre..." "Nada jamais..." Compreenda que essas generalizações, além de insultuosas, encerram julgamentos e fazem a outra pessoa ficar na defensiva, elas são incorretas. Generalizações absolutas como "nunca", "sempre" e "nada" não refletem a realidade.

Quando você tiver um problema com alguém, seja específico. Mencione o comportamento que o está afetando. Em vez de dizer: "Você não se importa com o que eu quero", que é uma declaração acusadora genérica, você poderia dizer: "Sinto por você ter comprado as entradas para o concerto sem me perguntar. Eu preferiria assistir a um filme. Estou magoado por que não fui consultado".

Você precisa tomar muito cuidado com a linguagem empregada na resolução dos conflitos. Quando mal-entendidos complexos ou simples interferem na comunicação, pode não ser o que você diz e sim o que é ouvido e interpretado que melhora ou destrói o relacionamento.

Pense em algumas situações nas quais você tenha estado em conflito com alguém na sua vida. Anote o que você disse e a resposta que recebeu. Você fez julgamentos e acusações? Como você poderia reformular os seus comentários para refletir os seus sentimentos sem julgar? Como você poderia usar mensagens-eu para iniciar uma discussão sobre a resolução de um conflito?

Aceite a Responsabilidade pelos Seus Sentimentos e Interpretações

Talvez você goste de responsabilizar os outros pelos seus sentimentos. No entanto, a única maneira de ter um relacionamento sincero e harmonioso é aceitar a responsabilidade pelos próprios sentimentos. O processo de comunicação mais eficaz é aquele no qual você expressa abertamente os seus sentimentos, compreendendo que os criou e é responsável por eles. Mostrar-se aberto a um diálogo sincero aumenta a possibilidade de resolver o conflito.

A mensagem-eu é uma maneira direta de aceitar a responsabilidade pelos seus sentimentos em vez de colocar a culpa nos outros. Ao assumir a responsabilidade, você adota uma posição mais firme e não considera os outros responsáveis pela maneira como se sente.

Uma mensagem-eu diz: "Fico zangado quando sou agredido na frente do grupo". Uma mensagem-você diz: — Você não teve consideração por mim e me magoou quando falou daquele jeito comigo diante do grupo. (No décimo primeiro capítulo você encontra uma análise detalhada das mensagens-eu.)

As mensagens-você refletem julgamentos, exigências e insensibilidade. Quando você tiver feito um julgamento e sido exigente e insensível, tome consciência do seu comportamento e também do efeito dele sobre a outra pessoa. Essa percepção, aliada à sua disposição de admitir os seus erros e modificar o seu comportamento, pode ser um importante passo na direção de melhorar o relacionamento. Substituir a insensibilidade por compreensão e carinho pode exercer um profundo efeito no relacionamento. Ao admitir que tem defeitos e que cometeu erros, você perceberá que os outros estão mais dispostos a trabalhar com você.

Susan e Kelly estavam planejando uma festa-surpresa para as bodas de ouro dos pais. Susan, a mais velha, gostava das coisas bem organizadas. Ela queria que a festa funcionasse com perfeição. Kelly, por outro lado, era informal. Ela apreciava a espontaneidade e queria que as coisas acontecessem naturalmente.

O conflito era inevitável. Sempre que falavam a respeito dos planos, a "conversa" se transformava em uma disputa sem solução. À medida que o dia da festa se aproximava, Susan começava a entrar em pânico. Ela achava que o evento seria um desastre a não ser que ela e Kelly resolvessem algumas questões.

Quando Susan pensou a respeito do que poderia fazer, começou a examinar as diferenças entre a atitude dela e a de Kelly. Ela compreendeu que tinham estilos diferentes; como poderiam chegar a um acordo? Susan começou a analisar o que poderia ter dito ou feito para contribuir para o problema entre ela e Kelly. Ela se deu conta de que fizera exigências, estimulando uma revolta em Kelly. É claro que o padrão não era novo; conflitos semelhantes tinham ocorrido desde que eram crianças.

Susan aproximou-se de Kelly com um pedido de desculpas e um apelo para que ela cooperasse.

— Kelly, estamos num beco sem saída. Reconheço que fui muito intransigente com relação à maneira como eu queria organizar a festa e essa atitude não nos ajudou a planejar uma ocasião divertida para a mamãe e o papai. Sinto muito. Será que existe um jeito de resolver o assunto para que nós duas fiquemos satisfeitas com os planos?

Kelly ficou surpresa e agradecida com o pedido de desculpas da irmã. Elas começaram então a fazer planos que fossem aceitáveis para ambas.

Princípios da Resolução de Conflitos

Parte do trabalho básico que está por trás da nossa abordagem à resolução de conflitos foi desenvolvida por Rudolf Dreikurs. Ele acreditava que a habilidade de agir com eficácia na resolução de conflitos se baseia em atitudes que refletem a cooperação em vez de um comportamento de oposição que é a fonte do conflito e do atrito. A tabela que se segue apresenta alguns exemplos de cada um dos tipos de atitudes.

Os Passos para a Resolução de Conflitos

Descobrimos que os quatro passos seguintes ajudam a resolver os conflitos: Estabelecer respeito mútuo; identificar o verdadeiro problema; procurar áreas de concordância; tomar decisões em conjunto. Vamos examinar de perto cada um desses passos.

Atitudes que Favorecem ou Interferem na Resolução Eficaz dos Problemas

Atitudes Positivas	Atitudes Negativas
Interesse social, disposição de dar e receber.	Hostilidade ou resistência.
Confiar e acreditar nos outros.	Desconfiança.
Sentimento de igualdade.	Sentimentos de superioridade ou inferioridade.
Coragem. Confiança em si mesmo e na própria habilidade.	Medo e falta de confiança na capacidade de obter êxito.

Primeiro Passo: Estabelecer Respeito Mútuo

Quando o respeito mútuo está presente, existe o entendimento e a aceitação do ponto de vista um do outro. O objetivo é que as duas partes saiam vencedoras; cada pessoa é capaz de entender em parte o seu ponto de vista. Ambas estão interessadas em se sentir bem consigo mesmas e com o relacionamento. A solução de conflitos se baseia em cada pessoa tratar a outra com respeito, com igualdade. O tom de voz demonstra simpatia e o vocabulário comunica o interesse e a vontade de manter um relacionamento eficaz.

Ouvir é melhor do que discutir. A discussão apenas inicia uma batalha que pretende definir quem está certo. Ouvir com atenção e comunicar que você escuta, entende e se importa faz com que a outra pessoa se comporte da mesma maneira.

É melhor evitar dizer: "Eu sei como você se sente". Por quê? Porque você não sabe realmente o que o outro está sentindo. Você só pode supor. Em vez disso, você poderia fazer uma declaração cautelosa como: "Será que você está sentindo...?" ou "Tenho a impressão de que você está sentindo...". Este tipo de declaração permite que a pessoa aceite ou rejeite a sua maneira de interpretar os sentimentos dela. Se a pessoa não concordar com a sua interpretação, ela poderá dizer como está se sentindo. Por exemplo: "Eu não estava zangada; eu estava desapontada". Este esclarecimento e troca de informações favorecem a comunicação e o relacionamento. Ao escutar a outra pessoa e comunicar com clareza as convicções e os sentimentos, vocês demonstram um respeito mútuo. Vocês estão agora em posição de continuar a resolver o conflito.

A fim de desenvolver a resolução dos conflitos, cada um de nós precisa se tornar sensível à necessidade das outras pessoas de se sentir importantes, respeitadas, apreciadas e valorizadas. Quando olhamos uns para os outros dentro dessa perspectiva, ficamos menos inclinados a nos interessar apenas pelos nossos interesses egoístas.

Se você agir como se fosse superior e estivesse no comando da situação, tentando controlar e vencer a todo custo, você tornará impossível a resolução dos conflitos. À medida que você se tornar consciente de como as suas convicções e emoções o limitam e restringem, você poderá aprender a trabalhar com as suas idéias, sentimentos e convicções de uma maneira que aumenta a cooperação.

Segundo Passo: Identificar o Verdadeiro Problema

Você já reparou com que freqüência, em uma discussão acalorada, o assunto que está sendo discutido não é o verdadeiro problema? Vocês podem estar discutindo a respeito da hora do dia em que um evento deverá ocorrer, da distribuição de responsabilidades e o que vocês esperam um do outro.

A verdadeira questão, no entanto, envolve convicções e finalidades. Por exemplo:

- Você sente que seu status ou prestígio está sendo ameaçado. O verdadeiro problema é: você deseja poder e quer controlar a situação.

  Fred tem Ph.D. e há vinte e cinco anos pertence ao corpo docente da Glenwood Heights High School. Ele está acostumado a ser ouvido e respeitado pelos novos professores. No entanto, os membros mais antigos do corpo docente freqüentemente não apóiam as suas idéias. Esta é uma ameaça à condição de Fred. É comum ele entrar em conflito com os professores mais antigos.

- Você sente que a sua superioridade está sendo desafiada. O verdadeiro problema é: os outros não estão levando em conta a sua autoridade.

  Joe tem dois filhos: Pam, de catorze anos, e Julian, de onze. Ele espera que eles façam as obrigações depois da escola. Freqüentemente, ao chegar em casa do trabalho, ele constata que as tarefas não foram realizadas. A questão das obrigações dá origem a um conflito aberto e à resistência passiva das crianças.

- Você sente que está sendo tratado injustamente. O verdadeiro problema é: você não está recebendo a devida atenção e a sua contribuição não está sendo valorizada. Você está magoado e quer se vingar.

  Sally sente que está sendo preterida e que novos funcionários estão sendo contratados para funções que ela deveria ocupar. Há três anos ela está na mesma posição enquanto muitos dos seus colegas foram promovidos. Sally está magoada e se sentindo negligenciada. Os seus sentimentos fazem com que ela deixe de cooperar como uma maneira de ir à forra.

O verdadeiro problema pode ser você querer estar certo, fazer com que as coisas aconteçam do jeito que você quer, assumir o controle da situação, demonstrar superioridade e querer vencer ou se vingar. Você só consegue lidar adequadamente com o assunto que está sendo discutido quando reconhece de que maneira os verdadeiros problemas, ou seja, os seus propósitos e convicções, estão atrapalhando o solucionamento da questão. Além disso, você não deve esquecer que a outra pessoa envolvida no conflito pode não estar consciente dos seus sentimentos ou nutrir sentimentos semelhantes aos seus.

> Nos seus quatro anos de casamento, Mark e Sharon têm ido passar as festas de fim de ano na casa dos pais de Mark. No verão eles também passaram uns tempos na casa de campo dos pais dele. Este ano Sharon quer passar as festas com a sua família. Mark acha que o fato de eles terem ido para a casa dos seus pais durante quatro anos estabeleceu uma tradição e que surgirão problemas se eles não forem desta vez. Ele está sugerindo que deixem para ir à casa dos pais de Sharon em uma outra oportunidade. Sharon acha isso injusto. Mark é de opinião que não seria justo com os seus pais abandonar a tradição. Tem lugar uma discussão.

Mark e Sharon estão presos em uma luta pelo poder. Enquanto não reconhecerem isso, nenhuma solução para o conflito poderá acontecer. Eles precisam respeitar os sentimentos um do outro e procurar um ponto comum de concordância. Eles poderiam começar simplesmente por ouvir os sentimentos um do outro e reconhecer que concordaram em brigar. Depois de tomar essas medidas, eles estão em posição de gerar alternativas como, por exemplo, dividir o tempo entre as duas famílias, ir à casa dos pais de cada um deles em anos alternados ou convidar as duas famílias para ir à sua casa, o que satisfaria o desejo de Sharon de passar algum tempo com a sua família. A seguir, eles poderiam decidir como conversar com os pais de Mark a respeito da decisão que tomaram, respeitando assim a preocupação de Mark com os sentimentos dos pais.

As disputas por poder e controle, superioridade, estar com a razão, retaliação etc. são importantes obstáculos a ser superados na resolução de conflitos. Enquanto os verdadeiros problemas não forem identificados, compreendidos e trabalhados, poucas mudanças poderão ocorrer no processo de resolução de conflitos.

Pense em um conflito recente na sua vida. Faça algumas anotações no seu caderno a respeito do incidente. Qual era o verdadeiro problema no conflito? Vocês dois estavam interessados em assumir o controle da situação, vencer, ir à forra etc.? (Examine a "Escala de Avaliação de Exigências Habituais" no segundo capítulo para obter pistas com relação ao verdadeiro problema caso você esteja tendo dificuldade para identificá-lo.) Se o conflito não foi resolvido de um modo satisfatório, de que outra maneira você poderia ter conversado com a pessoa?

Terceiro Passo: Procure Áreas de Concordância

Quase todas as pessoas que estão em conflito não percebem que quando o iniciam, elas começam com um acordo: elas concordam em brigar! O conflito exige cooperação; ninguém consegue lutar sem um oponente. Por conseguinte, ao lidar com o conflito, a meta é tentar modificar o acordo e converter a discussão em cooperação positiva procurando novas áreas de concordância.

Você pode começar o processo de buscar um acordo perguntando a si mesmo: "O que posso fazer para inserir mais cooperação no relacionamento e torná-lo mais agradável? Como posso mudar as minhas convicções, propósitos, sentimentos ou atitudes?"

Uma das maneiras de começar a resolver o conflito é procurar um ponto, convicção ou idéia no qual ambos estejam de acordo. Isso pode ajudar a fazer o processo funcionar, cria energia positiva e faz com que as pessoas se sintam estimuladas e tenham esperança de que é possível trabalhar em conjunto.

Angie e Tim estavam atracados em uma batalha verbal por causa do orçamento doméstico. Angie estava zangada e acusava Tim de ser imprudente com o dinheiro deles. Tim se colocou na defensiva e acusou Angie de ser sovina demais com as finanças da família.

A discussão continuou durante mais ou menos cinco minutos. Angie, que era advogada, finalmente compreendeu que a "negociação" deles não estava chegando a lugar nenhum. Ela disse consigo mesma que sabia ser mais eficiente; afinal de contas, ela lidava com negociações o tempo todo no trabalho. Angie respirou fundo e disse:

— Tim, não estamos resolvendo este problema e me dei conta de que comecei mal quando fiz acusações. Sinto muito. — Ela passou então a se concentrar no que realmente estava causando o conflito. — Parece que ambos estamos convencidos de que estamos certos e essa atitude não vai nos ajudar a resolver o problema. Será que existe uma maneira de chegarmos a um acordo?

Tim também se acalmou, admitindo que fora um pouco negligente com as finanças.

Angie perguntou a Tim se ele tinha idéias a respeito de como poderiam resolver a questão. Tim pensou por um momento e depois propôs que ele recebesse uma certa quantia para gastar durante o mês e que se ele quisesse gastar mais teria de conversar com Angie a respeito do assunto. Angie achou a idéia boa.

No entanto, eles tinham opiniões diferentes a respeito de qual seria essa quantia. Tim propôs 150 dólares. Angie achou que o valor estava muito além do que o orçamento permitia, de modo que fez uma contraproposta de 75 dólares. Tim se recusava a aceitar essa quantia, de modo que propôs um acordo em 100 dólares. Angie concordou.

A resolução dos conflitos acaba provocando uma mudança mútua de comportamento e fazendo com que cada pessoa decida se esforçar para melhorar o relacionamento. A decisão fundamental é tomada no sentido de cooperar em vez de brigar, e de trabalhar conscientemente para resolver o conflito. Esta atitude cria uma atmosfera totalmente diferente e abre o relacionamento ao acordo e à redução do conflito.

Quarto Passo: Participar Mutuamente na Tomada de Decisão

Depois de identificar os problemas e as áreas de concordância e discordância, o próximo passo envolve desenvolver uma solução experimental. Você pode começar pedindo idéias à outra pessoa ou propondo você mesmo soluções alternativas. Nós gostamos de usar o processo de brainstorming. O brainstorming segue uma seqüência específica a fim de ser eficaz:

1. Propor soluções. As idéias são propostas pelas duas pessoas. (Fazer uma lista ajuda a recordar as idéias durante o passo da decisão.)
2. Aceitar todas as idéias neste estágio. A avaliação das sugestões é adiada até que todas as idéias sejam apresentadas. (Isso ajuda a estimular a criatividade e a aceitação. Se as idéias de uma das pessoas forem imediatamente rejeitadas pela outra, aquela que teve a idéia pode ficar desestimulada ou zangada.)

   O brainstorming promove uma atmosfera de cooperação que energiza o processo. A meta é resolver o conflito e os dois estão trabalhando para alcançá-la apresentando idéias, mesmo que pareçam "loucas" neste estágio.
3. Rever todas as propostas apresentadas e trabalhar visando uma solução mutuamente aceitável, talvez combinando partes de várias sugestões diferentes. Depois que as duas pessoas acabarem de apresentar soluções,

elas devem rever cada sugestão e decidir que idéia ou combinação de idéias ambas estão dispostas a aceitar. As sugestões podem ser modificadas ou substituídas. Lembre-se de se concentrar em descobrir qualquer coisa, por menor que seja, com relação à qual ambos concordem (a data, a hora, quem vai ser convidado, quem faz as compras, quanto gastar com o vinho, quem faz o cheque etc.) Se o brainstorming não tiver produzido soluções mutuamente aceitáveis ou áreas de concordância, vocês podem fazer outro brainstorming ou adiar o assunto para dar a ambos a oportunidade de pensar.

Quando uma solução ou acordo for alcançado, é preciso definir claramente o seu papel no cumprimento da decisão com que ambos concordaram e decidir o que será feito se você ou a outra pessoa não cumprir o prometido. Quando as duas pessoas participam da resolução de conflitos, vocês podem chegar a acordos aceitáveis para ambas e compatíveis com os seus objetivos comuns ou compartilhados. O problema é mútuo; a solução precisa ser mutuamente aceitável. Quando as duas pessoas dividem igualmente o poder na tomada de decisão, a cooperação substitui a resistência.

Até agora discutimos os passos básicos para a resolução de um conflito. Se o processo levar a um acordo, você terá solucionado o conflito. Mas o que acontece se houver um impasse e os dois não chegarem a um acordo? A próxima seção oferece sugestões para lidar com impasses.

O impasse!

Os psicólogos Don Dinkmeyer e Jon Carlson desenvolveram um método destinado a lidar com os impasses nos conflitos de relacionamento. Eles afirmam que os impasses geralmente ocorrem porque uma pessoa está forçando a mudança e a outra está resistindo a ela. Os impasses geram o mal-estar no relacionamento, mas também criam a oportunidade de aprofundar o relacionamento e possibilitam que ele satisfaça necessidades que anteriormente eram satisfeitas e recorra a recursos não utilizados. Dinkmeyer e Carlson sugerem os seguintes passos para tornar os impasses produtivos:

- Não tenha pressa. Não force soluções.
- Preste bastante atenção ao que a outra pessoa está dizendo. Seja um ouvinte "espelho".
- Utilize mensagens-eu. Declare claramente os seus sentimentos.
- Faça uma pausa se uma resolução não estiver surgindo. Imagine possíveis soluções.
- Especifique áreas de concordância ou de discordância.
- Restrinja a discussão ao assunto em questão. Evite acusar ou querer se vingar.
- Concentre-se em ouvir e compartilhar sentimentos.
- Fale como se você fosse a outra pessoa e declare como a outra encara a situação e se sente a respeito dela.
- Se o impasse continuar sem ser resolvido, identifique maneiras de resolvê-lo com mais eficácia em outra oportunidade.

Promova Reuniões Regulares para Melhorar a Comunicação no Âmbito Familiar

As reuniões em família são uma ferramenta bastante útil para tomar decisões em conjunto e resolver conflitos relacionados com problemas que afetam a família inteira. Todos os membros da família se comprometem mais com as decisões que ajudam a tomar. Você pode programar reuniões regulares em família para: compartilhar sentimentos, convicções e opiniões; dar a todo mundo a chance de ser ouvido; oferecer estímulo e um feedback positivo; tomar decisões a respeito das responsabilidades da família (p. ex. tarefas domésticas); resolver divergências; planejar as atividades de lazer da família.

O ideal é iniciar com assuntos leves, começando com a idéia de fazer planos e tomar decisões em conjunto em uma reunião semanal e definir a hora, o lugar e a programação do primeiro encontro "oficial". As primeiras reuniões podem incluir tópicos como compartilhar sentimentos positivos a respeito de coisas que tenham acontecido depois do último encontro, rever a discussão da última reunião, concluir assuntos pendentes, trazer à baila novas questões (tendo em vista tanto o divertimento quanto planos e problemas). Talvez seja interessante encerrar o encontro com um resumo e uma avaliação da reunião. Programe alguma atividade de lazer em família para o final de cada reunião.

Os encontros em família são mais eficazes se você: compartilhar a liderança das reuniões; começar e encerrar as reuniões na hora marcada; definir as regras básicas; tomar decisões conjuntas; dar a todo mundo a chance de colocar assuntos em discussão; usar o brainstorming para gerar idéias; concentrar-se nas soluções e não nas queixas; discutir os sentimentos agradáveis e os sucessos pelo menos tanto quanto os problemas.

Os pais precisam deixar claro que algumas das questões não estão abertas para uma decisão conjunta em família. As tarefas domésticas, as férias, as excursões e os passeios, as atividades e os programas são assuntos muito interessantes para ser discutidos com a família inteira. A possibilidade de um dos pais mudar de emprego ou de a família precisar se mudar por alguma razão, não. Leve em consideração os sentimentos dos filhos, mas nestes assuntos, a decisão cabe aos pais.

À medida que a família aprende a trabalhar em conjunto, as reuniões podem ser uma boa oportunidade para resolver conflitos. Suponha que Laura e Melinda dividam o quarto e estejam discutindo a respeito de quem tem direito a mais espaço. O assunto pode ser debatido na reunião para que os outros membros da família possam opinar na questão. É claro que a decisão final terá de ser aceitável para as duas meninas.

Os casais que não têm filhos podem aplicar os mesmos princípios a uma "reunião de casal" semanal, o que garantirá que eles reservarão um período para conversar sobre os problemas que estão tendo, arejar as idéias e sentimentos, e tomar decisões em conjunto.

Levando em Consideração Todas as Possibilidades

Os conflitos são resolvidos com mais eficácia quando consideramos primeiro as necessidades humanas básicas de amor, aceitação e respeito. Evite a humilhação, o desrespeito e a falta de interesse, pois estas atitudes afastam as pessoas em vez de uni-las.

Procure mais de perto semelhanças entre você e a outra pessoa e maneiras pelas quais elas podem ser ampliadas para que mais pontos de concordância sejam encontrados. Encontrar esses pontos o ajudará a avançar de um pequeno entendimento para áreas importantes nas quais você poderá cooperar e exigirão uma melhor comunicação com a outra pessoa. Se vocês desenvolverem um sentimento de respeito mútuo e de que vocês têm alguns valores em comum, vocês poderão compartilhar o que sentem de uma maneira mais aberta e sincera.

Uma forma eficaz de melhorar a comunicação e começar a reduzir o conflito é interromper a resistência. Em vez do habitual "Sim, mas..." na conversa, remova o "mas" da comunicação. Ao retirar o "mas" e dizer "sim", você imediatamente demonstra respeito e aprende a entender o ponto de vista da outra pessoa. Você passa a apreciar mais o jeito como ela vê o mundo. Você pode então começar a identificar e relacionar pontos de concordância entre vocês. Qualquer progresso, por menor que seja, é vantajoso.

Exemplo de um Diálogo de Negociação de Conflito

James e Vicki têm um filho único de nove anos, Jay. Vicki acha que Jay precisa aprender a ter responsabilidade e a tolerância de James frustra suas tentativas de ajudar a criança a se tornar responsável. James é de opinião que Jay é novo demais para assumir responsabilidades. Depois de tomar conhecimento da negociação de conflitos, Vicki decidiu se aproximar de James para tentar resolver o problema. Certa noite, antes do jantar, enquanto Jay estava na casa de um amigo, Vicki trouxe o assunto à baila:

VICKI: — James, quero discutir uma coisa com você. Já conversamos antes sobre o assunto, e eu realmente gostaria de resolvê-lo agora. Quando espero que Jay assuma uma responsabilidade, ele corre para o seu lado e você contraria as minhas instruções. Eu sinto que você falta ao respeito comigo porque parece que o que eu quero não tem importância. — (Declarando o problema. Comunicando os sentimentos por meio de uma mensagem-eu.)

JAMES: — Vamos lá. Eu já disse a você, não sei quantas vezes, que ele ainda é pequeno; você espera demais dele! Deixe que ele seja criança. Ele logo vai crescer.

VICKI: — Consigo perceber que você está contrariado com as minhas expectativas, mas eu me preocupo muito com a criação dele. — (Como ouvinte "espelho", ela reformula suas preocupações em uma mensagem-eu.)

JAMES: — Eu também. E também me importo muito com a infância dele. Não quero fazer com ele o que os meus pais fizeram comigo. Eles esperavam que eu fosse um adulto em miniatura desde o momento em que aprendi a falar e eu não faria isso com criança nenhuma!

VICKI: — Eu entendo que você esteja preocupado com a possibilidade de eu estar sobrecarregando Jay. Mas na verdade não é sobre isso que estou falando.

JAMES: — Interessante. Sempre que dou as costas, tenho a impressão de que você está pedindo a ele que faça alguma coisa!

VICKI: — Então você acha que eu estou importunando Jay? — (Ouvinte "espelho".)

JAMES: — Exatamente!

VICKI: — Tudo bem, não estamos de acordo em relação ao que é melhor para Jay. E me parece que ambos achamos que estamos certos. Só que tentar provar que estamos certos não vai nos levar a lugar nenhum. Eu gostaria que pudéssemos chegar a um acordo, a uma decisão com a qual ambos fôssemos capazes de conviver. Você está disposto a me ajudar nisso? — (Salientando o verdadeiro problema e pedindo cooperação.)

JAMES: — Claro, desde que você não o trate como se ele tivesse trinta anos.

VICKI: — Ambos concordamos então em que queremos que ele se torne um adulto responsável quando crescer? — (Procurando encontrar um ponto de concordância.)

JAMES: — É claro.

VICKI: — Ótimo. Acho que as coisas ficariam mais fáceis para Jay se começássemos a treiná-lo agora para ser responsável atribuindo a ele tarefas bem simples. O que você acha? — (Começando a explorar alternativas.)

JAMES: — Não sei não. Isso para mim ainda tem cara de reformatório. O que você tem em mente?

VICKI: — Estou disposta a começar com coisas bem pequenas. Achei que poderíamos fazer uma lista de algumas tarefas que as crianças da idade dele podem fazer e escolher algumas para começar. Você entende o que eu quero dizer, fazer uma espécie de brainstorming.

JAMES: — Estou disposto a tentar. O que você sugeriria, por exemplo?

VICKI: — Bem, talvez ele pudesse aprender a lavar a louça.

JAMES: — Acho que ele é pequeno demais para isso!

VICKI: — Eu sei que haverá sugestões na lista com relação às quais não estaremos de acordo. Mas por ora, será que podemos apenas relacionar o que nos vier à cabeça e deixar para avaliar a lista depois que a terminarmos? Caso contrário, poderemos acabar discutindo sobre cada idéia que surgir e não conseguir nenhuma sobre a qual estejamos de acordo. Tudo bem para você?

JAMES: — Claro.

VICKI: — Muito bem, a louça é uma idéia, mas pode não ser a melhor. Quais são as suas idéias?

JAMES: — Na verdade, não pensei no assunto. Mas você pensou em perguntar a ele o que ele gostaria de fazer?

VICKI: — Ótimo; perguntar a Jay. Já temos duas idéias. Alguma outra?

JAMES: — Para mim já basta.

VICKI: — Você não gosta da idéia de ele lavar a louça. Eu estou disposta a aceitar a sua proposta de conversarmos com Jay. No entanto, eu me pergunto o que faremos se ele não tiver nenhuma idéia.

JAMES: — Não creio que isso seja um problema, mas se você acha que é, acho que podemos escolher algumas tarefas para ter de reserva.

(Vicki e James continuaram o brainstorming. Eles consultaram um livro sobre educação infantil e tiveram algumas idéias de possíveis tarefas para Jay, como colocar a roupa para lavar no cesto, dar a ele um despertador, ensiná-lo a programá-lo e deixar que ele fosse responsável por acordar de manhã, dar comida para o cachorro, pôr a mesa etc.)

VICKI: — Muito bem, já temos a nossa lista. Quando vamos falar com Jay sobre o assunto?

JAMES: — Que tal hoje à noite, depois do jantar?

VICKI: — Ótimo. Quero que você saiba que estou realmente contente por você ter cooperado. Estou feliz por termos chegado a um acordo.

JAMES: — Tudo bem.

Senso de Oportunidade

Muitas vezes os conflitos não são resolvidos devido à falta do senso de oportunidade. Freqüentemente as pessoas querem discutir os problemas no auge da discussão, mas esse é em geral o pior momento. Os ânimos estão exaltados e o ouvinte "espelho" e as mensagens-eu provavelmente só irão aumentar o conflito. Existem ocasiões em que os problemas precisam ser discutidos imediatamente. No entanto, sempre que possível, é melhor começar a discussão em um momento tranqüilo, uma ocasião em que seja mais fácil para você permanecer calmo e concentrado em resolver a questão. Vicki trouxe o problema à baila em um momento tranqüilo, estava preparada, escolheu as palavras com cuidado e estava pronta para escutar os sentimentos e as convicções de James.

Fundamentos do Processo de Resolução de Conflitos

O processo básico de resolução de conflitos pode ser resumido em alguns fundamentos simples. À medida que você se familiarizar com os passos discutidos neste capítulo, você estará mais bem preparado para reduzir o conflito e aumentar a concordância.

Comece por concentrar-se em como o problema pode ser resolvido em vez de tentar descobrir quem é culpado pelo problema. Ouça atentamente e com empatia os pensamentos, convicções e sentimentos da outra pessoa. Assuma a responsabilidade pelos seus sentimentos e pelo seu comportamento.

Leve em conta todas as possíveis soluções. Procure até mesmo pequenas áreas de concordância.

Seja aberto e sincero. A comunicação aberta e sincera das suas convicções, pensamentos e sentimentos fará com que a outra pessoa compreenda mais rapidamente tanto você quanto a situação. Esforce-se para desenvolver um relacionamento voltado para a resolução de conflitos no qual ambas as partes estejam empenhadas em solucionar a questão.

Aplique a Fórmula AEP

A — *Aceite* a si mesmo e aos seus sentimentos. Depois de decidir participar da negociação de um conflito, entre em contato com os seus sentimentos e aceite-os. Se você estiver magoado e/ou zangado, admita o fato para si mesmo.

E — *Escolha* novos propósitos, convicções e sentimentos. Examine a sua finalidade ao discutir o conflito. A sua intenção é buscar uma solução mutuamente aceitável ou você quer persuadir a outra pessoa ou obrigá-la a submeter-se aos seus desejos?

Identifique as convicções por trás de qualquer sentimento de hostilidade. Você está fazendo exigências com relação à outra pessoa? Você deseja puni-la? O que você está dizendo a si mesmo que o está deixando irritado? De que maneira a outra pessoa pode estar encarando a situação? O que você acha que ela está sentindo? Quais são alguns possíveis pontos de concordância?

Depois de responder a essas perguntas, você estará em posição de criar convicções mais racionais que o ajudarão a envolver-se em uma negociação produtiva.

Decida qual a melhor maneira de compartilhar seus sentimentos. Baseado no seu conhecimento da outra pessoa ou da situação, seria melhor expor a sua irritação ou os outros sentimentos que a acompanham (como desapontamento, frustração, a sensação de não estar recebendo a devida consideração)?

P — *Ponha* em prática as novas escolhas. Faça algumas anotações no seu caderno a respeito do seguinte: como você pode usar os métodos deste capítulo para encontrar uma solução para o seu conflito atual? Baseado no que você conhece da outra pessoa, qual a melhor maneira de começar? Com um brainstorming? Como um ouvinte "espelho"? Comunicando os seus sentimentos por meio de mensagens-eu? Esperando o "momento certo"? Como você acha que a pessoa vai reagir? O que você vai fazer com a reação dela? Escolha algumas idéias para resolver o conflito que você apresentar. Prepare algumas frases que você possa dizer para si mesmo (quinto capítulo) ou visualizações (décimo capítulo) que possam ajudá-lo a permanecer calmo e concentrado na meta em questão. Avalie os resultados do seu empenho depois da negociação do conflito.

Trabalhar com os seus sentimentos e resolver conflitos pode ser difícil e envolver desafios, mas vale a pena o esforço para todas as pessoas envolvidas.

Itens Principais: Capítulo 12

1. As pessoas brigam por qualquer coisa, das mais insignificantes às mais sérias. Os mal-entendidos e os conflitos acontecem até mesmo nos relacionamentos mais sólidos e equilibrados. O conflito é tão universal quanto o amor!

2. O mal-entendido geralmente é expresso em respostas como: "De onde você tirou essa idéia?" ou "Não consigo entender como alguém pode se sentir dessa maneira". Traduzindo, isso significa: "Seja lógico e pense como eu".

3. Qualquer esperança de uma resolução positiva para um conflito só começa quando você reconhece e aceita as diferenças individuais, e percebe como as percepções e as convicções de cada pessoa limitam o potencial para o entendimento mútuo.

4. Uma solução pode começar a surgir quando você comunica com clareza os seus sentimentos em vez de dizer às pessoas o que quer que elas façam.

5. Você pode começar apresentando o problema como você o vê: "Parece que temos um problema. Eu gostaria de saber o que você está sentindo e tenho vontade de compartilhar com você os meus sentimentos, porque depois conheceremos os pontos em que estamos de acordo. Não é uma questão de definir quem está certo e sim de verificar como ambos encaramos o problema e de que maneira podemos resolvê-lo juntos".

6. Comunique com clareza os seus sentimentos. Declare simplesmente como você se sente; evite fazer julgamentos. Seja específico, não generalize, ou seja, não use palavras radicais como "sempre", "nunca", "nada".

7. Aceite a responsabilidade pelos seus sentimentos e interpretações.

8. Use mensagens-eu: "Quando... eu me sinto... porque...". Preste atenção ao que a outra pessoa está dizendo. Seja um ouvinte "espelho": "Você está se sentindo... porque...".

9. Os passos da resolução de conflitos são: (1) Estabelecer respeito mútuo — compreender e aceitar o ponto de vista um do outro; (2) Identificar o verdadeiro problema — o assunto que está sendo discutido raramente é o verdadeiro problema, que pode estar relacionado com a vontade de estar certo, fazer com que as coisas aconteçam como você quer, desejar estar no controle da situação, demonstrar superioridade, querer ganhar ou ir à forra; (3) Procurar áreas de concordância — quando o conflito está presente, as duas pessoas concordaram em brigar: descubra novas áreas de concordância que envolva a cooperação; (4) Tomar as decisões em conjunto — fazer um brainstorming para descobrir soluções que ambos estejam dispostos a aceitar.

10. Caso surja um impasse, eis algumas coisas que você pode fazer: não ter pressa e não forçar soluções; usar as suas habilidades de comunicação; fazer uma pausa para pensar em soluções; adiar a discussão para outra ocasião.

11. Os conflitos são resolvidos com mais eficácia quando consideramos todas as possibilidades. Pense nas necessidades humanas básicas do amor, da aceitação e do respeito. Identifique e relacione pontos de concordância. Qualquer progresso, por menor que seja, é vantajoso.

12. Sempre que possível, discuta os conflitos em uma ocasião tranqüila. Procure concentrar-se em como o problema pode ser resolvido em vez de tentar descobrir quem é o culpado. Procure até mesmo pequenas áreas de concordância. Esforce-se para desenvolver um relacionamento voltado para a resolução de conflitos no qual ambas as partes estejam empenhadas em resolver a questão.

13

Conclusão

"Realmente Depende de Mim Como Eu Me Sinto?"

O maior prazer que a vida proporciona
é a superação das dificuldades,
passar de uma etapa do sucesso para outra,
criar novos desejos e satisfazê-los.

— SAMUEL JOHNSON

Como você se sente realmente depende de você. Quase sempre você tem uma escolha.

Dê início ao processo de escolha identificando o propósito das suas emoções. Até que ponto elas estão sendo úteis para você neste momento?

A seguir, examine as suas convicções para verificar se você está se nutrindo de fortes sentimentos negativos. Você aprendeu que pode modificar o seu modo de pensar irracional tomando a decisão de parar de fazer exigências, de achar que não consegue suportar as coisas, de se queixar e de censurar.

As suas imagens mentais influenciam poderosamente as suas emoções. Combine a visualização com a conversa positiva consigo mesmo para alterar as imagens e palavras de sua mente e poder escolher novos sentimentos.

Você pode controlar o estresse, a depressão, a raiva e a ansiedade induzindo-se ao relaxamento. A respiração profunda favorece o estado de relaxamento.

Essas técnicas fundamentais, aliadas a outros procedimentos específicos que você aprendeu, cujo objetivo é lidar com as emoções individuais, o provêem de poderosas ferramentas para que você assuma o comando dos seus sentimentos. Ponha em prática essas sugestões, torne-as parte da sua vida e você terá o poder da escolha emocional.

Bem... quase. A verdadeira experiência da escolha emocional requer mais um componente que ninguém pode dar para você: a confiança em si mesmo.

A Fé Remove Emoções

Harold H. Mosak, psicólogo de Chicago e meu amigo, usa a expressão "crer para ver" (não "ver para crer", o ponto de vista cético, e sim crer para ver, a perspectiva otimista).

Estamos confiantes de que você crê pelo menos um pouco que pode fazer alguma coisa a respeito dos seus sentimentos negativos, caso contrário você não teria lido este livro. O fato de crer em si mesmo o ajudará a aplicar as técnicas que aprendeu. Conserve essa confiança em si mesmo, porque é a única maneira pela qual você pode alcançar o seu objetivo ou qualquer outra coisa que valha a pena ser feita. Nós lhe ensinamos como escolher novos sentimentos, mas a decisão de fazer o esforço cabe a você.

O psiquiatra M. Scott Peck oferece algumas palavras simples porém poderosas no início do seu livro, *The Road Less Travelled* (A Estrada Menos Percorrida): "A vida é difícil." Ninguém pode negar a sabedoria dessa frase. Mudar a si mesmo envolve um esforço árduo. E nada é realizado sem autoconfiança. A fórmula do sucesso também é simples: Confiança + Esforço = Progresso.

Como Conservar a Fé

Existem coisas que você pode fazer para estimular e manter a autoconfiança.

- Identifique seus pontos fortes. Faça isso com regularidade. Faça um inventário dos seus pontos fortes e anote-os no seu diário. Você é dinâmico? Decidido? Persistente? Criativo? Anote tudo que você considerar como pontos favoráveis e avalie-os.
- Acompanhe seu progresso. Não espere até se tornar perfeito! Você terá de esperar muito tempo! Anote cada passo positivo que você der em direção à realização da sua meta. Felicite-se por qualquer progresso que você faça, por menor que ele possa parecer para você.
- Aceite os fracassos. A vida não é uma escada; nem sempre você sobe quando dá um passo. Ela se assemelha mais a uma onda que avança e recua. Mas a cada avanço, o movimento em direção à praia aumenta. Você cometerá erros; isso é ponto pacífico. Afinal de contas, você é humano. Quando você falhar, pergunte a si mesmo: "O que eu aprendi com isso?"
- Espere resultados positivos. O seu comportamento tende a ser compatível com as suas expectativas. Você freqüentemente obtém o que espera. Embora você seja imperfeito e vá cometer erros, as expectativas negativas aumentam suas chances de errar. Em vez disso, espere ser bem-sucedido; você não tem nada a perder e tudo a ganhar.
- Use seu senso de humor. O senso de humor é o seu melhor aliado na hora de enfrentar os desafios da vida. Quando você consegue rir dos próprios erros, a sua maneira de perceber as coisa muda. O humor combate o desânimo, o inimigo da mudança.

"Posso Realmente Me Sentir Melhor em Pouco Tempo?"

A resposta a esta pergunta é: depende. Depende de você. Há quanto tempo você vem se sentindo dessa maneira? Por quanto tempo você quer continuar a se sentir assim? O que esse sentimento está proporcionando a você, qual é a finalidade? Quais são as conseqüências de você se sentir dessa maneira? Essas são as perguntas que você deve fazer a si mesmo quando não estiver se sentindo bem. A intensidade de fé, determinação e persistência que você tiver em mudar determinará a rapidez do seu progresso.

A Prática Gera o Progresso

Se você quer aprender a jogar golfe ou tênis, você treina, relaxado, o manejo do taco ou da raquete. O mesmo se aplica com relação a modificar os sentimentos. Você aumenta as suas chances de dominar o jogo do sentimento quando pratica as técnicas que aprendeu. Mantenha seu diário em dia. Não pare de fazer anotações nele nem de praticar apenas porque terminou de ler o livro. O segredo se encontra na aplicação. Aplicar as técnicas por meio da prática as aperfeiçoa e torna as suas chances de sucesso muito maiores. Assuma o compromisso consigo mesmo de fazer anotações no seu diário e aplicar as novas técnicas sempre que experimentar um sentimento indesejado.

Seja Paciente Consigo Mesmo

O poder da escolha emocional não acontecerá de repente e nem você o praticará com perfeição. No entanto, com paciência e perseverança, você poderá aprender a aplicar as técnicas deste livro para assumir o controle das suas emoções. Você talvez não seja capaz de perceber isso agora, especialmente se estiver experimentando fortes emoções negativas na sua vida, mas certamente é possível.

Os seres humanos têm a extraordinária capacidade de fazer escolhas capazes de modificar a vida. Ajudamos milhares de pessoas a aprender como desenvolver e usar essa capacidade. Você pode fazer a mesma coisa... agora que você sabe que depende de você como você se sente!

Itens Principais: Capítulo 13

1. Realmente depende de você como você se sente. Você quase sempre tem uma escolha.
2. Comece o processo de escolha identificando o propósito das suas emoções. A seguir, examine as suas convicções: modifique qualquer modo de pensar irracional tomando a decisão de parar de fazer exigências, de deixar de crer que não consegue suportar as coisas, de se queixar e censurar.
3. Combine a visualização com a conversa positiva consigo mesmo para alterar as imagens e palavras na sua mente para que você possa escolher novos sentimentos.
4. A respiração profunda e o relaxamento podem ajudar a controlar o estresse, a depressão, a raiva e a ansiedade.
5. A fé remove emoções. A confiança em si mesmo o ajudará a aplicar as técnicas que você aprendeu. Confiança + Esforço = Progresso.
6. Para conservar a fé em si mesmo: identifique seus pontos fortes, acompanhe seu progresso, aceite os fracassos, espere resultados positivos e tenha senso de humor.
7. A intensidade de confiança, determinação e persistência que você tiver para mudar determinará a rapidez do seu progresso.
8. Assuma o compromisso consigo mesmo de continuar a fazer uso de suas capacidades e de anotar a sua experiência no diário. A prática não gera a perfeição, mas pode favorecer o progresso.
9. Por fim, seja paciente consigo mesmo. Com paciência e perseverança, você poderá aprender a aplicar as técnicas deste livro para assumir o controle das suas emoções. Como você se sente depende de você — é você quem decide!

Apêndice A

Diário de Sentimentos

Uma das ferramentas mais úteis para o crescimento em direção a um poder maior de escolha emocional é o diário de sentimentos. Um simples caderno é suficiente para você manter um registro escrito das suas reações e do seu progresso. Esse diário o ajudará a aplicar os conceitos que está aprendendo neste livro.

Faça cinco colunas nas páginas do seu caderno: Sentimentos, Circunstâncias, Pensamentos, Propósito, Intensidade. (Ver exemplo na próxima página.) Quando você tiver um sentimento desagradável, registre-o no diário assim que puder. (Se você preferir um caderno grande e não puder carregá-lo com você sempre, providencie fichas ou um bloco pequeno para fazer breves anotações para mais tarde transcrever no diário. Por exemplo: "Chefe telefonou — ansiedade".)

Quando você escrever no diário, anote os seus sentimentos, as circunstâncias que deram origem aos sentimentos e, da melhor forma que conseguir lembrar, o que você estava pensando na ocasião. Use então a tabela do Apêndice B para identificar a possível finalidade da sua emoção. Avalie a intensidade do sentimento em uma escala de 1 a 5, sendo que 5 é o grau mais forte de intensidade. Procure qualquer padrão nas circunstâncias que tenha gerado o sentimento e os pensamentos a respeito dessas circunstâncias. As circunstâncias podem ser uma situação ou algo que você ou outra pessoa tenha feito. Os padrões mostram temas recorrentes nas circunstâncias

Sentimentos	Circunstâncias	Pensamentos	Propósito	Intensidade

ou nos seus pensamentos ou propósitos. Os padrões de alguns sentimentos desagradáveis podem ser:

- Ficar contrariado ou zangado quando certas pessoas fazem uma coisa mas não se aborrecer quando outras fazem o mesmo. Será que as pessoas com as quais você fica contrariado ou zangado possuem características de personalidade semelhantes às de alguém do seu passado, ou às suas?
- Ficar aborrecido em determinadas situações muito semelhantes. Qual será a origem desse sentimento? Qual o encadeamento?
- Pensamentos repletos de idéias catastróficas, censuras, exigências ou sentimentos de desamparo.
- Ficar deprimido quando as coisas não saem do jeito que você quer.
- Ficar zangado ou ansioso quando você não consegue controlar as situações.

Faça o mesmo com relação aos sentimentos agradáveis. O que você estava pensando quando teve um sentimento agradável? O que você achou agradável na pessoa ou na circunstância? E o que dizer do propósito dos sentimentos agradáveis? Por exemplo, você fica feliz quando está no controle da situação ou quando é o centro das atenções?

Nós o encorajamos a escrever no diário durante várias semanas para detectar os seus padrões e observar as mudanças ocorridas neles e na intensidade à medida que você vai avançando na prática das técnicas apresentadas no livro. Não deixe de colocar a data em cada registro para poder fazer comparações no decorrer das semanas seguintes.

Não transforme este processo em uma tarefa esmagadora; encare-o como uma aventura de autodescoberta!

Depois de identificar os sentimentos desagradáveis, as convicções irracionais e o propósito em uma determinada circunstância, conteste os seus pensamentos irracionais e crie novos pensamentos e um novo propósito. (Reveja os métodos de contestação no segundo capítulo.) Escreva no seu diário seus novos pensamentos, propósito, sentimentos e o novo comportamento resultante.

Novos Pensamentos	Novo Propósito	Novo(s) Sentimento(s)	Novo Comportamento

Reconhecendo os Sentimentos

Às vezes encontrar uma palavra para descrever um sentimento particular representa um desafio. Chegamos à conclusão de que um vocabulário de sentimentos é útil. Segue-se uma lista de palavras que descrevem sentimentos.

Palavras para Sentimentos Desagradáveis

com medo
irritado
furioso
contrariado
envergonhado
inútil
incompetente
entediado
confuso
derrotado
deprimido
desapontado
desanimado
desconfiado
abatido
embaraçado
idiota
culpado
magoado
menosprezado
nervoso
rejeitado
apavorado
chocado
estressado
triste
desinteressado
pouco à vontade
infeliz
Outras: _________

Palavras para Sentimentos Agradáveis

aceito
apreciado
corajoso
calmo
certo
à vontade
confiante
bem-disposto
alvoroçado
determinado
estimulado
entusiasmado
grato
alegre
feliz
esperançoso
amado
contente
orgulhoso
normal
relaxado
respeitado
seguro
satisfeito
animado
confiável
otimista
maravilhoso
Outras: _________

Apêndice B

Propósitos das Emoções Desagradáveis Habituais

Emoção	Propósito	Explicação
Irritação	• controlar • vencer • vingar-se • defender os direitos	Se você não estiver conseguindo o que quer, você poderá gerar irritação para forçar os outros a se submeter ao que você quer. Essa atitude pode envolver a tentativa de estabelecer o controle, ganhar (p. ex., uma discussão) ou ir à forra se você achar que seus desejos foram contrariados. Você também pode usar a irritação para defender os seus direitos. Ela é então usada para fazer a outra pessoa "recuar". A irritação dirigida a si mesmo freqüentemente é usada como uma tentativa de obrigar-se a fazer alguma coisa ou como uma punição.
Contrariedade	• demonstrar desaprovação • interromper uma distração • criar movimento	A contrariedade é uma forma mais amena da irritação. Com freqüência é usada quando o comportamento de alguém se revela indesejável ou inconveniente. Ela pode ser usada para demonstração, reprovação, interromper uma distração ou criar movimento, que são métodos destinados a estabelecer o controle, mas não é tão intensa quanto a irritação que tenta forçar a obediência.
Apatia	• rebelar-se sutilmente	A apatia é freqüentemente mal compreendida. Ser apático não significa apenas não se importar. A apatia é uma forma sutil de rebeldia, uma atitude de poder passivo da parte de uma pessoa que não tem coragem de se rebelar abertamente.
Tédio	• fazer com que alguém crie estímulo para você • demonstrar que você não gosta de alguma coisa	Quando você está entediado, você pode se recusar a assumir a responsabilidade pelo adequado preenchimento do seu tempo; você quer que outra pessoa torne as coisas interessantes para você. O tédio indica que você não gosta da situação atual mas não está disposto a fazer nada a respeito dela.

Emoção	Propósito	Explicação
Confusão	• demonstrar que não está entendendo • evitar tomar uma decisão • evitar uma expectativa	Confusão pode simplesmente significar que você não entende alguma coisa, mas ela também pode ser usada para evitar tomar decisões ou agir de acordo com as expectativas. Exemplo: você explica uma coisa várias vezes e a outra pessoa diz: "Ainda estou confusa". Você fica exasperado e desiste. O seu sentimento de irritação sugere a possibilidade de que o propósito da confusão da pessoa seja evitar a tarefa. A confusão dela conseguiu derrotar você.
Desespero	• dar a si mesmo oportunidade para desistir	O sentimento de desespero geralmente indica que a pessoa tentou e falhou várias vezes. O desespero é um nível profundo de desânimo que permite que a pessoa desista. (Ver "Desânimo" mais adiante.)
Depressão	• expressar raiva • controlar • dar um tempo • obter ajuda • expressar o sofrimento	Sentir-se "deprimido" nem sempre significa que a pessoa está sofrendo de depressão. Todo mundo se sente deprimido de vez em quando, mas a depressão é um fenômeno psicológico e físico complicado.[1] Sentir-se deprimido envolve um intenso sentimento de tristeza. Às vezes a pessoa deprimida pode estar tendo um ataque de raiva silencioso. A pessoa que é o alvo da raiva pode então se sentir culpada e responsável. Dessa maneira, você está no comando. Ficar deprimido pode permitir que você dê um tempo e se afaste da vida para fazer com que os outros assumam a sua responsabilidade ou não esperem nada de você. No sofrimento causado por uma perda, sentir-se deprimido faz parte do processo de cura.
Desapontamento	• demonstrar insatisfação • expressar reprovação	Sentir-se desapontado é uma maneira de demonstrar insatisfação quando você não consegue o que quer. Você pode ficar desapontado com outra pessoa, com uma situação ou consigo mesmo. Às vezes o desapontamento está combinado à contrariedade para demonstrar desaprovação.

1 Ver no capítulo 6 a análise detalhada da depressão.

Emoção	Propósito	Explicação
Desânimo	• dar a si mesmo permissão para dar um tempo ou desistir	Quando você está desanimado, você está se sentindo insatisfeito com o seu desempenho ou com o de outra pessoa. As pessoas que se desanimam com facilidade freqüentemente são altamente competitivas, não são corajosas e se preocupam demais com o status. Essas pessoas têm muita dificuldade para correr riscos; elas querem garantias e têm medo do fracasso. Ficar desanimado possibilita que a pessoa dê um tempo ou desista.
Constrangimento	• livrar-se de uma situação difícil ou embaraçosa • parecer melhor do que outra pessoa • controlar o comportamento futuro da pessoa	Se você fizer algo de que não goste, você poderá ficar constrangido para se livrar de uma situação difícil ou embaraçosa. Ao declarar o seu constrangimento, você espera que alguém o desculpe. Se você ficar sem graça por causa de outra pessoa, você poderá achar que ela é idiota por se comportar dessa maneira; por conseguinte, você é superior a ela. Você poderá usar o constrangimento para garantir que a outra pessoa irá se comportar como você quer: "Não faça isso; vou ficar constrangido". Se outra pessoa o deixar sem graça, você poderá ficar zangado para dar o troco.
Medo e Ansiedade	• proteger-se • gerar animação • gerar movimento	Esses sentimentos estão estreitamente relacionados. Eles podem servir para proteger você e, às vezes, para impedir o seu desempenho porque você acha que vai falhar. O medo do fracasso é muito mais devastador do que o fracasso em si. Esses sentimentos também podem ser usados para gerar animação ou movimento; eles podem estimulá-lo e fazer com que você tome uma atitude.

Emoção	Propósito	Explicação
Culpa	• punir a si mesmo • eximir-se de agir da maneira apropriada • demonstrar superioridade • proteger-se de intensos sentimentos de raiva • expressar "boas" intenções que na verdade não existem.	A culpa é uma emoção complicada. Somos ensinados a nos sentir culpados quando fazemos coisas erradas. A culpa pode ser usada para a autopunição. Às vezes a culpa é usada para desafiar a obrigação sem que haja uma admissão ou desafio aberto. Você sabe o que deveria fazer, mas não quer fazê-lo. Assim sendo, quando você não se comporta, você se sente culpado e espera se safar apesar de ter se comportado mal. Você pode usar a culpa como desculpa para agir de uma maneira inapropriada. Esta atitude é semelhante a usar a culpa para resistir à obrigação, só que neste caso, quando você se sente culpado, você já está sofrendo. Por que você deveria acrescentar ainda o fardo de mudar? Às vezes a culpa pode ser usada para expressar superioridade. Quando você pratica uma injustiça, você "é decente o suficiente para se sentir mal". Desse modo, você menospreza as pessoas que não são íntegras o bastante para se sentir mal quando erram. Elas não são tão boas quanto você, que sofre! A culpa pode servir para proteger você da raiva. Em vez de admitir a sua raiva, você se sente culpado, por acreditar que é melhor sentir-se mal com relação à sua reação do que deixar que a pessoa saiba que você está zangado. Em geral nos sentimos culpados quando queremos causar uma boa impressão. Mas se as suas intenções fossem realmente puras, você não agiria de uma maneira inadequada! Os sentimentos de culpa são um indício de que algo precisa mudar. Se você efetuar a mudança necessária, a culpa é saudável.

Emoção	Propósito	Explicação
Mágoa	• dar oportunidade a si mesmo para ir à forra	Nós achamos que os outros nos magoam. Na verdade, somos nós que nos magoamos. Quando alguém lhe faz uma coisa que você considera prejudicial, você pode inicialmente se desvalorizar por achar que deve ser uma pessoa horrível, caso contrário o outro não o teria tratado dessa maneira. Mas instantaneamente você corrige o seu pensamento, deixa de se culpar e passa a culpar a outra pessoa por tratar você assim. Você então gera raiva para se vingar da outra pessoa.
Pena	• evitar agir • demonstrar superioridade	Quando você sente pena de si mesmo, você se desvaloriza e se abstém de tomar medidas positivas. "Se eu sou uma pessoa que inspira piedade, o que posso esperar de mim mesmo?" Quando você sente pena dos outros, você demonstra a sua superioridade. Você desvaloriza a pessoa e faz coisas por ela ou não espera nada dela. Ter pena dos outros não é compaixão. A genuína compaixão ou empatia exibe um interesse sincero ao mesmo tempo que preserva a auto-estima da pessoa.
Tristeza	• expressar desapontamento • fazer com que os outros assumam a sua responsabilidade • demonstrar compaixão	A tristeza pode demonstrar que estamos desapontados com nós mesmos, com os outros ou com uma situação. Aliada à autocomiseração, ela é usada para passar adiante a responsabilidade. A tristeza pode ser uma forma moderada de depressão. Você pode demonstrar a sua compaixão por meio da tristeza. Você se sente mal a respeito de algo que aconteceu com alguém e se mostra solidário. Ficar triste por causa de uma situação é diferente de sentir pena. A pena comunica que a pessoa é incapaz de lidar com a circunstância. A tristeza reconhece que a situação é desfavorável mas não considera a outra pessoa incapaz.
Propósito	• demonstrar receio • expressar medo • tentar evitar que uma coisa aconteça	Quando você se preocupa, você está expressando receio e medo do futuro. A preocupação freqüentemente expressa o "pensamento mágico". Você acha que o fato de se preocupar com uma situação durante um tempo suficiente e com bastante intensidade, ela não acontecerá! E que se você não se preocupar, ela está fadada a acontecer!